普通高等学校"十四五"规划行政管理专业新形态精品教材
南昌大学行政管理国家级一流专业建设点示范教材

编 委 会

主 任
尹利民

副主任
袁小平　黎欠水

委 员（以姓氏拼音为序）

韩　艺　　江国平　　罗文剑　　聂平平

唐　兵　　文卫勇　　许祥云　　周庆智

南昌大学"十四五"双一流建设专项基金资助成果

公共组织理论

尹利民　聂平平　主编
曹京燕　芦苇　副主编

PUBLIC ORGANIZATION THEORY

华中科技大学出版社
http://www.hustp.com
中国·武汉

内容提要

《公共组织理论》一书全面、系统地介绍了公共组织理论的相关概念和理论知识。首先阐述了公共组织的内涵与要素、类型与特征,以及研究方法、研究意义和理论体系,其次梳理了公共组织理论的历史演进,并从公共组织的结构、环境、文化、运行、绩效、伦理和变革等方面进行了重点论述,进而明确了公共组织研究的基本范围,厘清了公共组织研究的基本思路,并强调了公共组织在发展中应做好稳定与变革之间的平衡。为了适应启发式、互动式教学的需要,每章均以引导案例为开端,将理论教学与案例教学融为一体,以期帮助读者更好地理解与掌握本书内容,使读者能够运用理论去分析和解决具体的现实问题。

本书主要面向行政管理、公共管理硕士(MPA)等公共管理学科相关专业的学生,也适合政府与第三部门的广大公共管理实践工作者阅读使用。

图书在版编目(CIP)数据

公共组织理论/尹利民,聂平平主编. —武汉:华中科技大学出版社,2022.5
 ISBN 978-7-5680-8244-0

Ⅰ.①公… Ⅱ.①尹… ②聂… Ⅲ.①管理组织学 Ⅳ.①C936

中国版本图书馆 CIP 数据核字(2022)第 077534 号

公共组织理论
Gonggong Zuzhi Lilun

尹利民　聂平平　主编

策划编辑:周晓方　宋　焱	
责任编辑:林珍珍	
装帧设计:廖亚萍	
责任校对:张汇娟	
责任监印:周治超	
出版发行:华中科技大学出版社(中国•武汉)	电话:(027)81321913
武汉市东湖新技术开发区华工科技园	邮编:430223
录　排:华中科技大学出版社美编室	
印　刷:武汉市籍缘印刷厂	
开　本:787mm×1092mm　1/16	
印　张:19.25　插页:2	
字　数:422千字	
版　次:2022年5月第1版第1次印刷	
定　价:59.90元	

本书若有印装质量问题,请向出版社营销中心调换
全国免费服务热线:400-6679-118　竭诚为您服务
版权所有　侵权必究

总　序

当前,全球化、信息化、市场化构成了现代社会的主基调,它们不仅促进了生产力的快速发展,而且带动了一系列社会变革。可以说,变化才是这个时代永恒的主题。无论在经济、社会还是政治等领域,协同、合作、共享、共同体等成为关键词,而这些又与"治理"紧密联系在一起。传统的"管理"过渡到现代的"治理",这表明治理主体与客体的权力观念、利益关系及身份地位等都发生了不同程度的改变,而这种改变正是推动社会现代性发展的基本力量。

在迈向现代社会的进程中,政府的力量是不可或缺的,或者说,现代国家的政府正在以某种方式介入或承担着广泛的公共服务职能,为现代社会的转型提供动力。因此,从这个意义上说,一个高效服务型的政府是现代社会的重要标志。正基于此,我们提出要构建国家治理体系和治理能力的现代化,建设高效的服务型政府,以加快我国向现代社会转型。构建国家治理体系和治理能力现代化的时代需求,不仅推动了公共管理学科重心转移,而且也带来了公共管理专业结构的变化。现代经济学、社会学、政治学、心理学和法学等学科理论的相互交叉和借鉴成为现代学科发展的主流,新文科概念的出现加速了学科间相互跨界,以更好地服务于社会经济发展的需要。显然,公共管理作为一门应用性很强的学科,也应该广开门路,以开放包容的姿态,从其他学科吸收更多的营养,带动本学科的快速发展。可喜的是,近些年,我国公共管理学科不断从心理学、法学、经济学等学科中汲取资源,形成学科交叉,从而使公共管理学科呈现出蓬勃发展的态势,这不仅缩小了我国公共管理学科与国际公共管理学科的差距,而且提升了其社会服务能力,为我国国家治理体系和治理能力现代化建设提供了智力支持。

党的十八大报告指出,要推动高等教育的内涵式发展。那么,如何来推动高等教育的内涵式发展?在笔者看来,除了遵循教育发展、知识发展和人的发展的基本规律外,就是要重视学科的建设和发展,而学科建设的根本目的是培养高水平人才。显然,在学科建设的环节中,课程建设不可或缺,换言之,学科建设的层次需要通过高水平的教材建设来实现。因此,国内外著名高校都非常重视通过高质量、高水平的教材建设来推动课程建设,进而提高学科建设水平,最终实现高水平人才培养的目标。

1887年,伍德罗·威尔逊发表的《行政学之研究》标志着公共行政学的诞生。公共管理学经历了传统的公共行政、行为公共行政、新公共行政和现代公共行政几个重要的发展阶段,后又发展到公共管理、新公共管理和公共服务的阶段,至今已有百余年的历史。在中国,公共管理仍然是一门新兴学科,仍然处在从国外引进、借鉴和消化理论的阶段,公共管理学科的本土化还没有完成。为此,中国人民大学出版社引进了多种公共管理的经典教材,将"经典教材"系列、"公共管理实务"系列、"政府治理与改革"系列、"学术前沿"系列、"案例"系列和"学术经典"系列全方位引入中国。同时,该社还积极推进公共管理学科教材的本土化,组织国内著名的公共管理学者编写教材,积极向各大高校推送,这些举措对推进公共管理学科的发展起到了很重要的作用。

尽管如此,公共管理学科还处在不断发展的过程中,我国也正在进行大规模的政府机构改革,如"放管服"的改革、"省直管县"的改革、行政管理体制的改革等,这些改革的最新成果应该反映在公共管理学科的教材中,而现有的教材并没有体现这一趋势,没有把最新的改革成果嵌入教材之中。为了弥补这一缺憾,我们与华中科技大学出版社合作,组织编写了这套教材。与已有的公共管理类教材相比,本系列教材具有以下几个特点。

第一,前沿性。系列教材注重将最新的公共管理研究成果引入教材之中,反映公共管理最新的研究理论和学术主张,在内容上凸显其前沿性。比如,公共管理的前沿研究包括公共服务动机、公共服务的共同生产、绩效管理、数字政府、技术治理等领域,这些最新的研究内容在《公共组织理论》《绩效管理》等教材中得到系统的体现。

第二,时代性。立足于新时代的背景,瞄准乡村振兴等国家战略需求,将人才振兴、乡村规划、乡村建设行动等内容纳入系列教材,比如,《人力资源开发与管理》《乡村振兴与乡村规划十讲》《乡村振兴综合服务与社会实践十讲》等教材具有明显的时代性和战略需求导向。

第三,交叉性。公共管理学科越来越注重借鉴其他学科的资源来丰富本学科的内涵,因此,本系列教材除了涉及传统的公共管理外,还注意吸收其他学科资源,充实和丰富教材的内容。比如,与其他同类教材相比,《管理心理学》《乡村振兴与乡村规划十讲》《社会工作理论》等教材吸收了心理学、社会学、政治学等学科资源,具有明显的学科交叉性。

第四,数字化。本系列教材充分利用现代数字技术,把相关的知识点串联起来,每个章节都附带二维码链接,既方便学生学习和教师教学,又能使学生加深对知识点的理解,达到融会贯通的效果。

本系列教材是南昌大学行政管理国家级一流专业建设点示范教材的一部分,《乡村振兴综合服务与社会实践创新》等是省级一流课程的配套教材,由南昌大学公共管理学院与华中科技大学出版社共同组织策划,得到了华中科技大学出版社人文社科图书分社周晓方社长的大力支持。为保证教材的质量,编写本系列教材之初,成立了由该领域诸多学者组成的编辑委员会来具体组织实施。另外,本系列教材的出版得到了南昌大学"十四五"双一流建设专项经费的支持,借此,谨向所有为本系列教材出版付出艰辛努力和大力支持的单位和个人表达崇高的敬意和衷心的感谢!

丛书编委会
2021 年 11 月 8 日

前 言

本书是"南昌大学行政管理国家级一流专业建设点示范教材"丛书之一,本书在第一版基础上,做了大量的编写和修订工作。

首先,新版教材明确了公共组织理论的学科定位和研究范围,即有针对性地去研究公共管理的主体和载体等问题,是对公共管理学和组织理论结合部分的纵深研究,借以巩固学生的专业理论知识和专业基础。其次,本教材侧重于理顺公共组织的研究思路,力求从静态、动态、生态和心态等多维度对公共组织进行综合全面的研究。静态维度主要研究公共组织的理论流派和结构;动态维度主要研究公共组织的运行、绩效评估和战略变革;生态维度主要研究公共组织的环境;心态维度主要研究公共组织的文化、伦理。最后,本教材侧重案例素材,尽可能采用新的、可读性强的、现实性强的案例阅读材料,试图回应公共组织理论课程案例教学的目标。

在十多年前,由于本学科领域尚未有较系统与较完善的公共组织理论教材,出于服务教学的目的,2009年,尹利民和聂平平一起编写了《公共组织理论》(第一版),并由武汉大学出版社出版。本书自出版以来,弥补了公共组织理论教材在公共管理学科中的不足,产生了一定的学术影响和社会反响,也被不少兄弟院校、MPA班、在职研究生班援引为主要教材或参考书目。但经隔数年,案例所呈现的焦点或热点已经变迁,国家公共组织结构也已经整合、重组,公共组织建设面临全新的时代背景,公共组织的未来发展规划也有了新的时代取向。

在这个背景下,对第一版的修订势在必行。在第一版的基础上,本版对数据进行了更新、补充,尽可能采用最新的统计数据;更换了绝大多数案例,以突出时代的热点问题和焦点争议;力求体现党对公共组织的引领,在论述中增设了党的结构体制的内容;依据2018年的大部制改革,对我国最主要的公共组织——政府结构做了新的描述。在理论流派上,本版对公共组织理论演变的阐释,不仅从管理学的角度切入,更考虑了公共行政的发展脉络;在教学资源上,本版匹配了更多的案例材料、拓展阅读资料、相关视频、课后练习和复习试卷等,试图从多维度启发学生的理论和实践认知,提升学生解决具体问题的能力。同时,本书注重反映党的十九大以来的公共组织建设的理论与实践,并将近年来公共组织理论的最新科研成果融汇于各个章节之中,也选用了一些新闻媒体的案例作为阅读素材。在此,向提供了思想支持和智力支持的作者、媒体表达我们诚挚的谢意。总体上来看,本书虽为修订版,但是修订率高达60%以上。本书信息含量大,融理论与实践为一体,是一本严谨规范而又不失活泼风趣的富于案例的教材,值得公共组织领域的研究者和实践者、教师、学生以及对公共组织感兴趣的读者参考阅读。

本书是团队协作和集体智慧的成果。尹利民主编对本书的编写目标、思路、主要特色、案例的选择规范和内容进行了总体把关。各章具体的分工是:尹利民负责第一章;芦苇负责第二章、第三章;高瀚负责第五章、第六章;曹京燕负责第七章、第八章;王海英负责第四章、第九章。

本教材的出版得到了华中科技大学出版社人文分社社长周晓方和编辑宋焱女士及出版社其他编辑的热心支持和细致服务,在此,向他们表示诚挚的谢意!

由于掌握的资料还不够全面,也存在一定的疏漏,遗憾和错误在所难免。期待广大读者不吝赐教,对本书提出批评和建议,我们将在广大读者的帮助和建议下,不断完善本教材,与公共管理学科共成长。

目录 contents

第一章　导论 ... 1

　　第一节 ｜ 公共组织概述 ... 2
　　第二节 ｜ 公共组织与私营组织的差异 ... 10
　　第三节 ｜ 公共组织理论与其他学科的关系 ... 18
　　第四节 ｜ 公共组织理论的研究意义、研究途径和内容体系 ... 22

第二章　公共组织理论的历史演进 ... 32

　　第一节 ｜ 古典管理时期的组织理论 ... 35
　　第二节 ｜ 行为科学时期的组织理论 ... 43
　　第三节 ｜ 科学决策时期的组织理论 ... 47
　　第四节 ｜ 系统科学时期的组织理论 ... 50
　　第五节 ｜ 当代公共组织理论的发展 ... 53

第三章　公共组织的结构 ... 60

　　第一节 ｜ 公共组织结构概述 ... 62
　　第二节 ｜ 公共组织结构的类型和层次 ... 64
　　第三节 ｜ 公共组织设计 ... 73
　　第四节 ｜ 中国公共组织的结构体制模式 ... 81
　　第五节 ｜ 公共组织结构的未来趋势 ... 85

第四章　公共组织环境 ... 89

　　第一节 ｜ 公共组织环境概述 ... 92
　　第二节 ｜ 公共组织环境分析 ... 97
　　第三节 ｜ 公共组织与环境的关系 ... 105
　　第四节 ｜ 公共组织环境管理 ... 113

第五章　公共组织文化 ... 123

　　第一节 ｜ 公共组织文化概述 ... 124

| 第二节 | 公共组织文化的内容与特征 … 135
| 第三节 | 公共组织文化的功能 … 139
| 第四节 | 公共组织文化建设 … 142

第六章　公共组织运行 … 151

| 第一节 | 公共组织运行概述 … 152
| 第二节 | 公共组织的领导与决策 … 157
| 第三节 | 公共组织的执行与沟通 … 170
| 第四节 | 公共组织的反馈、监督和控制 … 183

第七章　公共组织绩效 … 195

| 第一节 | 公共组织绩效概述 … 197
| 第二节 | 公共组织绩效评估 … 203
| 第三节 | 公共组织绩效评估的实践 … 210

第八章　公共组织伦理 … 229

| 第一节 | 公共组织伦理 … 231
| 第二节 | 公共组织责任 … 240
| 第三节 | 公共组织伦理建设的途径 … 246
| 第四节 | 公共组织伦理的失范与匡正 … 252

第九章　公共组织战略与变革 … 263

| 第一节 | 公共组织的战略管理 … 267
| 第二节 | 公共组织的变革 … 277
| 第三节 | 公共组织模式发展的趋势 … 287

参考文献 … 296

后记 … 298

第一章

导 论

第一节 公共组织概述

组织在人类文明中有着极其重要的地位,是人类社会极为普遍的一种社会现象,也是人类社会所特有的现象。个人的力量是有限的,这种有限的力量无法满足社会对生产力的需要,更无法满足人们对美好生活的向往,于是组织应运而生。组织具有超越人类个体的体能和智能限制,从而达到社会群体共同目标的作用。在古代社会,组织的主要功能就是把一个个分散的个体联合起来,形成合力,以实现仅凭个体无法企及的目标。现代社会中,组织在国家和社会中的作用更加凸显。社会的各个方面以组织为媒介产生了更加紧密交错的社会关系,也越发印证了彼得·德鲁克说的:"社会已经成为一个组织的社会。在这个社会里,不是全部也是大多数的社会任务是在一个组织里和由一个组织完成的"[①]。显然,公共组织作为组织的一种类型,其重要性不言而喻,它在国家行政活动中扮演着非常重要的角色。那么,什么是公共组织?它具有何种特征?

一 公共组织的内涵与特征

(一) 什么是公共组织

在了解什么是公共组织之前,有必要先了解什么是组织。组织是一个概念,也是一个不断发展的形式,从原始人类的群体和氏族组织、长老组织、简单的家庭组织,到私有制出现以后以阶级关系为主题的组织形态(阶级、国家、民族、政党等),一直到近代社会的农业组织、工业组织、军事组织、科教文卫组织以及民间社团组织等,都是为实现某种目标而按一定形式组成的具有一定功能的整体。

那么如何界定"组织"呢?对于"组织"一词,不同国家不同历史时期的不同的人们理解各不相同。在中国,组织的原义是"编织",就是用丝麻制成各种布帛,如"饬国人树桑麻,习组织"(《辽史·食货志》)。在西方,"组织"一词源于器官。英语中organization的词根是organon,指器官,牛津大辞典上解释,"组织"是为特定目的而进行有系统的安排。1873年,英国哲学家斯宾塞第一次将这一概念延伸运用到社会科学研究中,这使"组织"一词有了社会学的含义,即"人为组织"。

---

① 彼得·德鲁克.后资本主义社会[M].张星岩,译.上海:上海译文出版社.1998:52.

20世纪初,组织理论的兴起为"组织"一词赋予了更广泛的含义。切斯特·巴纳德将"组织"定义为:一个有意识地协调两人或两人以上活动与力量的系统。① 斯蒂芬·P.罗宾斯和玛丽·库尔特认为:"组织"这个术语是指一种实体,它具有明确的目的,包含人员和成员,并且具有某种精细的结构。② 管理学家卡斯特和罗森茨韦克关于"组织"的定义为:第一,有目标的,即怀有某种目的的人群;第二,心理系统,即群体中相互作用的人群;第三,技术系统,即运用知识和技能的人群;第四,有结构的活力整体,即在特定关系模式中一起工作的人群。③ 他们对组织做出的概括都较为笼统,这是因为组织处于不断变化之中。赫伯特·西蒙认为,任何一个组织,其实质都是人类群体的信息沟通与相互关系的复杂模式。在公共管理学研究中,"组织"则常被定义为:"追求一定目标的人的集合体"或"为了实现共同目标分配工作的任何结构和过程"④。

通过对各种组织的研究,人们发现了组织所具有的共性:① 组织是人们在相互交往中形成的一定行为关系的集合;② 组织是追求一定目标的社会实体;③ 组织是人们相互协作的表现,这种协作建立在工作分工的基础上;④ 组织有一定的结构和行为方式;⑤ 组织有其内在的精神意识,这种精神并非自发形成,而是有意养成的,最终系统化为组织文化;⑥ 组织是一个开放系统,随着组织环境的变化而有机发展⑤。

根据上述特征,我们将"组织"一词定义为:在一定的社会环境中,人们通过相互交往而形成的具有共同心理意识,并为了实现某一特定目标而按一定的方式联合起来的有机整体。在组织的若干特征中,组织目标与行为是组织的本质性特征,尤其是组织目标,它被许多学者视为对组织进行系统研究的逻辑起点。⑥

人类社会中各种组织的目标千差万别,总体上可以归结为以追求社会公共利益为目标和以追求私人利益为目标两大类型。在现实社会中,有一些组织以实现私人利益最大化为目标,这是私营组织;而有一些组织的目的是服务于公共利益,这是公共组织。由于对组织的理解各有差异,人们对公共组织也有不同的界定。有学者认为,"公共组织,从广义而言,凡是不以营利为目的,而是以服务社会大

视频 1-1
广东省红十字会宣传片
(资料来源:腾讯视频)

---

① 尼古拉斯·亨利.公共行政与公共事务[M].孙迎春,译.北京:中国人民大学出版社,2002:94.
② 斯蒂芬·P.罗宾斯、玛丽·库尔特.管理学[M].7版.孙健敏,黄卫伟,王凤彬,等译.北京:中国人民大学出版社,2004:16.
③ 唐兴霖.公共行政组织原理:体系与范围[M].广州:中山大学出版社,2002:3.
④ 陈振明,孟华.公共组织理论[M].上海:上海人民出版社,2006:2.
⑤ 朱国云.组织理论:历史与流派[M].南京:南京大学出版社,1997:217.
⑥ 彭和平.公共行政管理[M].北京:中国人民大学出版社,1995:61.

众，提高公共利益为宗旨的组织；从狭义上来看，乃是行使行政权，达成公共目的的组织"。① 有学者认为，公共组织是"一个基于合作而组成的公共团体；其范围涵盖了行政、议会、司法三个政府部门与相关组织；在公共政策的制定方面发挥重要作用，因而是政治过程的组成部分；与民营部门管理在许多重要的方面存在明显差异；与民营部门或个人亦有密切之关系"②。在本书中，我们倾向于对公共组织做广义的理解：公共组织就是以管理公共事务、维护公共秩序、服务全体社会成员、协调公共利益关系为宗旨，并拥有相应的公共权力、承担相应的公共责任的组织实体。公共利益是公共组织发展的逻辑起点和核心价值，公共性是公共组织的本质。公共组织覆盖行使国家权力的公共部门，如政府和立法部门、司法部门等机构，以及政党、军队、教会和公共教科文卫等事业单位；此外，还包括非政府组织和公共企业等。非公共组织一般不以公共利益为目标，它们所追求的是组织成员的私人利益。作为市场主体的企业是典型的非公共组织，以盈利为目的的社会中介组织也属于非公共组织。另外，在政治生活中，服务于非公共利益的特定利益集团也属于非公共组织。

（二）公共组织的特征

1. 公共组织追求的是公共价值

视频 1-2
广西壮族自治区
真心真情扶真贫
精准攻坚拔穷根
（资料来源：
腾讯视频）

公共利益的构成在价值上具有多元综合性，具体体现为公共产品、服务、安全、秩序、公正、民主等，这些价值是保证社会成员正常有序的共同生活的基础，有效地为社会提供这些必需的公共利益是公共组织存在和发展的合法性基础。正如美国公共管理大师 B·盖伊·彼得斯在《政府未来的治理模式》一书中所说的：对公共利益的关注也许是整个改革运动最重要的组成部分，政府工作人员在改革过程中应该思考的基本问题，是所采取的改革方案以及政策过程的结果能否使公众受益。③ 公共价值应是公共组织发展的逻辑起点和终点。

---

① 张成福，党秀云．公共管理学[M]．北京：中国人民大学出版社，2001：130．
② 戴维·H．罗森布鲁姆，罗伯特·S．克拉夫丘克，德博拉·戈德曼·罗森布鲁姆．公共行政学：管理、政治和法律的途径[M]．5版．张成福，等译．北京：中国人民大学出版社，2002：5．
③ B·盖伊·彼得斯．政府未来的治理模式[M]．吴爱明，夏宏图，译．北京：中国人民大学出版社，2001：22．

2. 公共组织行使的是公共权力

公共组织处于政治的主流地位,在设定公共事务议程方面扮演着重要的角色。[①] 公共组织要么拥有法定的公共权力,要么拥有由公共权威部门授予的公共权力。许多公共组织的活动具有强制性,如,公民有纳税义务,即使对于税务机构不满,也无法另找其他机构或另设新的机构。在一些情况下,政府是服务的提供者,也是公共权力的执行者,所以公共组织的活动本身即具有强制性,对于职权范围以内的事务,公共组织皆有管辖权,如果公民有违法乱纪的行为,公共组织可依法对其进行处分。当然,公共组织必须在宪法和法律规范下行动。公共组织依明文规定而行动,缺乏法律授权则不能行动。公共权力的使用必须强调规范性和程序性,防止权力的专断和滥用。

3. 公共组织受到高度的社会监督

公共组织的基本性质是政治性的组织,"国家公职人员应当生活在'金鱼缸'中,其一举一动都必须接受来自舆论或人民大众的批评和监督"[②],他们的所作所为必须是公开的、透明的。目前,许多国家设立"阳光法案",设立公务人员财产申报制度,重大公共工程进行公开招标,其目的都是引起公众的高度关切和对政府组织活动的严密监督,使公共组织的活动真正以民意为依归。

4. 公共组织推行的是公共责任

任何社会都要承担社会责任,承担社会责任是组织取得合法身份的前提。营利性组织的社会责任是"守法谋利",不违背市场经济规则,是其履行社会责任的道德底线。公共组织承担的是公共责任,公共责任有广义和狭义之分。广义的公共责任指的是公共组织的工作人员在工作中必须对国家权力主体负责,必须通过履行自身的职责来为公民谋利益。狭义的公共责任是指公共组织的工作人员未履行法定的义务和职责时所必须承担的责任。如 2010 年国际标准化组织(ISO)已正式发布社会责任指南(ISO26000),这个国际标准是自愿性标准,各类组织可根据实际需要自主选用。

5. 公共组织花费的是公共财政

公共组织虽然可以通过政治权威或公共权力的行使而提供某些产品或服务,形成独占市场的局面,但在民主国家中,基于自由经济的理念,政府所提供的产品或服务大多具有公共财产的性质。公共财产具有无排他性和无竞争性,很少有私营组织会乐意提供这类产品或服务。此外,有些公共工程规模相当庞大,并非私营组织所能负担的,只能由政府来负担建设公共组织谋求的是社会效益最大化、社会整体利益最大化,而

---

① 罗伯特•B.登哈特.公共组织理论[M].3 版.扶松茂,丁力,译.北京:中国人民大学出版社,2003:119.
② 罗伯特•B.登哈特.公共组织理论[M].3 版.扶松茂,丁力,译.北京:中国人民大学出版社,2003:18.

非经济利益最大化,因此公共组织的经济成本主要以国家财政投入为主,部分通过社会捐赠和赞助获得。

二 公共组织的要素与类型

(一) 公共组织的要素

公共组织在构成要素的种类上与一般组织大体一致,但其要素的内涵却并非与后者完全一样。公共组织的构成要素主要可以分为物质要素和精神要素两种。

1. 物质要素

公共组织的物质要素包括以下几个方面。

(1)组织人员。任何组织都是以人为核心的,离开了人的参与,一切组织都不复存在,一切组织活动都无法进行。人的素质或状况直接影响公共组织的效能。

(2)制度规范。制度规范是指以书面文件等形式对组织构建、组织行为、运行程序等做的规定。规章制度需要足够的相容性,以与其他组织和社会规则相适应。组织制度对组织成员具有普遍的约束力,这是公共组织与一般组织最明显的区别之一。

(3)经费物资。公共组织开展活动必然离不开经费的支持,否则公共组织就会陷入瘫痪状态,组织的各项工作就无法展开;同时,公共组织必须具备技术设备、工具以及组织正常运转所必需的各种材料和资源。其中,经费状况是决定组织物资规模的关键性因素。

(4)技术与信息。公共组织构成因素中的技术不仅包括组织活动过程中采用的科学技术,而且包括组织决策原则和方式在内的政治技术;信息是组织活动不可或缺的因素,信息传递的途径和方式也是组织各部分相互协调的途径和方式,组织过程在一定意义上是一个收集—整理—传递—反馈信息的过程。

2. 精神要素

公共组织的精神要素包括以下几个方面。

(1)组织目标。组织都是为了实现某个目标而建立的,组织目标决定了组织的行为方式和发展方向,是组织成员认为可以追求并达到的某种未实现的状态或条件。公共组织的目标是实施对公共事务的管理和协调公共利益关系。

(2)组织设计。组织设计主要指组织结构的分化和整合以及组织目标的修正,它是公共组织构成诸要素中最复杂的部分之一。组织是一个开放系统,因而必须依靠组织设计来进行调整,以适应客观环境的变化。

(3)组织文化。组织文化是组织所共有的、具有相对稳定性的价值观。组织文化是实现组织目标的共同心理基础。组织文化的广泛弥漫和无形渗透,把整个组织聚合起来。

(4)权责结构。权责结构是保证公共组织角色明晰化的基本手段。组织必须围绕组织目标,对组织机构的权责范围进行界定,明确组织机构的活动领域和责任范畴。权责机构决定组织的规模、内部职位设置等方面的内容。在通常情况下,权利与责任成正比关系,即权愈盛,责愈大。

(二)公共组织的类型

公共组织包括政府组织、非政府组织(或非营利组织、第三部门)和事业单位、公共企业等。狭义的政府组织仅指行政机关,广义的政府组织还包括立法机关和司法机关,甚至军事机关。在当代,由于政党组织(特别是执政党)与国家权力紧密相连,人们倾向于把政党组织视为准国家权力组织。这样,广义的政府组织还应包括政党组织。

1. 政府组织

政府组织在公共组织体系中处于核心地位,它根据宪法和法律的授权,通过运用公共权力对社会公共事务进行管理。政府组织曾经被认为是社会公共事务唯一的管理者。现代政府发挥作用的领域已大大缩小,通常在市场机制不能有效发挥作用的社会公共事务领域承担责任,一定程度上弥补了市场失灵。纵观西方国家政府职能的演变,可以看到,政府已从自由资本主义时期的"守夜人",发展到凯恩斯主义时期的"全能政府",再到现代市场经济条件下的"有限政府"。在当代社会,政府组织在公共管理中的作用主要体现在以下几个方面:① 制定法律法规和政策,促进并维护社会和经济良性运行;② 提供公共产品和服务;③ 治理外部效应;④ 维护社会公平,协调和解决社会冲突,保护弱势群体;⑤ 维持宏观经济稳定,促进产业结构优化。

2. 政党组织

英国政治家伯克认为政党是基于大家一致同意的某种特定思想,以共同奋斗来促进国家利益而结合的团体。政党的组织结构受到多方面组织变量的影响,如政党决策机构的组成和权力以及两者之间的关系,权力集中与分散的程度,政党官僚机构的结构和规模,政党基层单位或地方单位的性质和功能等。由党派竞争所产生的政党组织和不具备竞争环境的政党组织(如一党制下的政党组织)有很大不同。中国共产党的组织结构具有整体完善严密、纵向和横向系

案例 1-1
英国辉格党和托利党

统体系完善、功能明确的特点。政党组织在公共管理中的功能表现在以下几个方面。① 利益表达和整合功能。执政党合法控制政府,或是在议会中控制多数席位,以对公共政策产生重要影响。② 政治社会化功能。政党需要借助各种舆论工具,向公民宣扬执政党的价值取向、公共政策意图和施政目标,以增强公民对政党的认同和支持。③ 政治领导和政治动员功能。政党通过整合公共资源并实现其优化配置,以维护主权和领土完整以及国家安全,维护和促进社会的和谐稳定。①

3. 非政府组织

视频 1-3
环保组织建红海
"水下博物馆"
保护珊瑚礁
（资料来源:
搜狐视频）

政府之外的公共组织,也可以笼统地称为非政府组织(non-government organization,NGO)。所谓非政府组织,是指主要由志愿人员组成,不以营利为目的,主要开展公益性或互益性社会服务,处于政府组织和市场组织以外的地位合法的自治型社会组织。非政府组织也可称为非营利组织(non-profit organization,NPO),二者在内涵和外延上基本一致。非政府组织强调的是其与政府的区别,非营利组织强调的是其与企业的区别。相对于"非营利组织","非政府组织"一词在国际社会更为通用,历史也更加悠久。

对于非政府组织,较普遍的是用剩余法来进行界定:政府为第一部门,企业为第二部门,剩下的为第三部门即非政府组织。第三部门这一概念最早由美国学者莱维特提出,他把第三部门界定为处于政府与企业之间的各种社会组织。第三部门承担了政府和企业不愿做、做不好或不常做的事。② 总体来看,第三部门是指非政府性的、以自愿服务社会公共利益为目标的社会组织。其主要特征是具有正规性、民间性、非营利性、志愿性、公益性与自治性。非政府组织在公共管理中的作用体现在以下几个方面:① 提供广泛的社会公共服务和公益服务;② 参与公共物品的供给,改善公共物品的供给效率和供给质量;③ 参与公共治理,有效监督和制约政府,实现政府与公民社会的合作共治。

4. 事业单位

事业单位是一种具有中国特色的形成于计划经济体制下的社会公共组织,类似于国外的公共服务机构。2014 年 1 月 24 日,我国修订的《事业单位登记管理暂行条例实施细则》,将事业单位定义

---

① 黄健荣.公共管理学[M].北京:社会科学文献出版社,2008:122-123.
② 王绍光.多元与统一——第三部门国际比较研究[M].杭州:浙江人民出版社,1999:6.

为：国家为了社会公益目的，由国家机关举办或者其他组织利用国有资产举办的，从事教育、科研、文化、卫生、体育、新闻出版、广播电视、社会福利、救助减灾、统计调查、技术推广与实验、公用设施管理、物资仓储、监测、勘探与勘察、测绘、检验检测与鉴定、法律服务、资源管理事务、质量技术监督事务、经济监督事务、知识产权事务、公证与认证、信息与咨询、人才交流、就业服务、机关后勤服务等活动的社会服务组织。

2020年3月3日发布的《参照〈中华人民共和国公务员法〉管理的单位审批办法》第三条规定，事业单位列入参照管理范围，应当同时具备以下两个条件：一是具有法律、法规授权的公共事务管理职能；二是使用事业编制，并由国家财政负担工资福利。在事业单位所提供的公共服务中，很大一部分是为了满足经济社会发展和人民群众精神文化生活需要的公益性服务。作为事业单位存在的各种社会中介组织，如各种司法救助和仲裁机构，各类信息、咨询部门，科学普及和推广机构等，可以为社会生产和生活的有效运行提供各种服务和帮助。

5. 公共企业

公共企业是政府通过直接投资或股权控制形成的，以实现公共利益为首要经营目标的相对独立的组织化经营实体。公共企业是特定的法人组织，它向公众提供商品和服务，如电信、电力、供气、邮政、供水以及公共交通、社会保险事业等。公共企业具有一定的经营目标，其运行受政府的制约，服务于国家的整体利益和长远利益，故又称公益型企业。公共企业与政府组织、非政府组织和私营组织存在明显差别。公共企业表现出如下特征。① 公共性。这一特征体现在其生产供给上的非竞争性和消费上的非排他性。② 有偿性。公共企业在提供公共产品过程中强调效率和效益，遵循成本收益和供给需求的经济学法则。③ 盈利性。一般而言，除政府政策性亏损外，公共企业提供产品或服务不仅是有偿的，而且必须是盈利的，这与政府或第三部门有很大差异。④ 管制性。公共企业必须接受政府和公民的监督。公共产品和服务的定价，公共企业的存在、规划和规模等，均强调公民参与，强调政府实时监控以及管理过程的公开性和透明性。

将公共组织分为政府组织、非政府组织、事业单位以及公共企业是一种较为普遍的分类方式。这种分类在某种程度上也考虑了公共组织公共权力的强制性大小。由于公共事务管理指向的是多元的利益关系，仅靠说服、动员等手段是难以达到其目标的，事实上，大部分公共事务管理是依靠公共权力的强制性来完成的。因此，相对其他标准而言，以拥有的公共权力的强制性大小来划分公共组织，更能揭示公共组织的本质特征。按此标准划分，公共组织主要可分为以下三种类型。

第一，强制型公共组织。这类公共组织主要指政府部门。强制型公共组织的主要特点之一就是根据宪法和法律的授权，依靠公共权力对公共事务实行强制性管理。它对某一事务做出裁决，有关组织和个人必须遵从，否则将受到惩罚。例如，纳税人必须接受税务管理部门的管理，逃避管理必将受到处罚。

第二，半强制型公共组织。在市场经济条件下，政府管理是"有限管理"，即在市场失灵的一定范围内实施管理。市场功能的内在缺陷需要这样一些公共组织存在：这些

视频 1-4
江苏消协起诉南京水务
(资料来源：优酷视频)

视频 1-5
联合国儿童基金会救助索马里饥荒儿童
(资料来源：优酷视频)

公共组织实施管理更多的是依靠市场手段而不是行政手段,其管理行为对当事人有一定的强制性,要求当事人遵守,但这类公共组织的强制性在一定程度上是可对抗的,当事人也可拒绝裁决。这类公共组织的典型如各种形式的仲裁委员会,通常情况下,当事方应遵从仲裁委员会的裁定。但若当事人对裁决结果持异议,他不一定要照章执行,而可以向法院起诉,法院裁定才是最终的裁定。此外,消费者权益保障委员会、各种行业协会等也是现实生活中人们经常接触的半强制型公共组织。

第三,非强制型公共组织。除上述两类公共组织外,还有一类公共组织不仅数量多,而且也担负着重要的公共事务管理任务。这类公共组织的最大特点是非强制性和服务性,其中多数是非营利组织。非强制型公共组织主要是各种院校、社会学校、研究所、基金会、医疗保健机构、文化和科学团体、各种咨询服务机构以及公共企业等。①

以上我们划分了公共组织的三种类型,这也反映出公共事务管理的三个基本层次。实践证明,单纯强化强制型公共组织的管理职能并不能适应市场的需要,只有这三种类型的公共组织协调发展,才能建立功能完备的公共管理组织体系。

第二节 公共组织与私营组织的差异

社会科学理论认为,人们的社会活动大致包括三大领域,即政治活动领域、经济活动领域和社会活动领域,相应地,社会存在三个部门:在政治活动领域的是政府组织,为第一部门;在经济活动领域的是营利部门,为第二部门;在社会活动领域的是非政府组织,为第三部门。第一部门负责宏观调控和制定重大方针政策;第二部门从事生产、运输、贸易等经济活动,以营利为目的;第三部门是非政府、非营利组织的集合。目前,这种划分方法是我们所熟悉和认可的。

公共组织的理论研究表明,我们缺少简单明了的观点把公共组织和私营组织区分开。也就是说,想对公共和私人领域进行清楚的

---

① 朱立言,谢明.公共管理概论[M].北京:中国人民大学出版社,2007:38.

分界是不可能的,但把公共和私人领域的区别过于简单化是有误导性的。这就向我们提出了一些挑战:界定公共组织和私营组织之间的区别是否有意义?它们的区别究竟是什么?这些区别会起到什么作用?这一系列的问题对实践管理和公共政策来说,"意味着我们必须避免过于简单化的问题,防止草率地得出公共和私营组织之间存在鲜明区别的结论"[1]。一些当代西方行政学家认为,公共组织和私营组织之间的差异往往被过分夸大。早在1997年当代组织理论学家波兹曼就提出:所有组织都是公共的,因为政治权力对所有组织的一些行为和过程都有影响,一个组织需要依靠政治权力才能存在,但又受到政治权力的制约。[2]

不管公共组织、私营组织和方兴未艾的第三部门的领域如何模糊,只要我们深入分析,就有助于澄清一些重要的事实。"过于简单地认为公共部门和私营部门有什么显著的差异,这种说法不能解决问题。挑战来自于弄清并分析其间可能的差异以及相似之处。"[3]为了着手应对挑战,我们有理由相当清楚地认识到公共组织和私营组织存在的差异,同时必须意识到其复杂性。阿利森也认为,"公共管理和私营管理至少像它们在某些方面彼此相似一样,在另一些方面是彼此不同⋯⋯而且,其差异比相似性更重要"[4],"承认私人组织与公共组织存在的客观差异,并分析这种差异对于我们准确把握公共组织的性质特征十分关键"[5]。

一 政府控制与市场支配的差异

1953年,达尔和林德布洛姆提出了一个复杂的连续统一体模型。这一模型包括各种类型的组织,这一连续统一体的一端是企业(主要由市场支配的组织),另一端是机构(公共的以及政府控制的组织)。他们描述了位于这一连续统一体中的不同形式的机构和企业,其范围是从最具公共性的组织到最私人化的组织(见表1-1)。达尔和林德布洛姆并没有说明他们关于机构和企业间的不同特点的见解如何能运用于包括在这一连续统一体中的所有组织。然而,他们却暗示,在这一连续统一体中,组织离公共性这一端越远,机构的特点就越难以适用于该组织,而企业的特点则变得越来越适用。表1-1中,在分割线下方排列的组织就是人们通常所说的公共组织、政府机构或是国有企业;横线上方排列的组织就是通常所说的私营组织或是自由企业;而横线上排列的组织就是被人们广泛认为既非公共又非私营的组织。

---

[1] 海尔·G.瑞尼.理解和管理公共组织[M].2版.王孙禹,达飞,译.北京:清华大学出版社,2002:65.

[2] Bozeman B. All Organizations Are Public: Bridging Public and Private Organizational Theories[M]. San Francisco:Jossey-Bass,1987:80.

[3] 海尔·G.瑞尼.理解和管理公共组织[M].2版.王孙禹,达飞,译.北京:清华大学出版社,2002:73.

[4] 欧文·E.休斯.公共管理导论[M].2版.彭和平,周明德,金竹青,等译.北京:中国人民大学出版社,2001:303.

[5] 陈振明.公共管理学——一种不同于传统行政学的研究途径[M].2版.北京:中国人民大学出版社,2003:42.

表 1-1　机构、企业以及半官方组织

私人企业
私人非营利性组织（如原子能委员会、人力资源研究开发公司）完全依赖政府合同和补贴金
受到法规严格管理的私人公司（受到法规严格管理的私人所有的公益事业）
通过政府合同获得很大一部分资金，但主要收益来自对私人进行商品服务销售的私人公司
受到一般性政府规范管理（如肯定行动、职业安全与健康管理规定等）的私人公司
私人公司
政府拥有部分所有权的私人企业
政府机构
国有企业或是公共公司（邮政管理局、田纳西峡谷规划机构、纽约港口管理局）
由政府赞助、支持的企业；由政府建立，但股票上市交易的企业（联邦抵押贷款联合会）
一些政府工作项目或是机构，主要借助私人卖主或生产商购买的方式来运作（医疗保障制度、公共住房计划）

（资料来源：海尔·G. 瑞尼. 理解和管理公共组织[M]. 王孙禺，达飞，译. 北京：清华大学出版社，2002：70）

二　所有权和资金支持的差异

早在 1973 年，沃姆斯利和扎尔德就指出，一个组织在由公共和私人所构成的连续统一体中所处的位置至少取决于两个主要因素——所有权和资金。组织可以是政府或者私人所有。它们可以通过政府渠道获取大部分的资金，将这两种要素以不同方式组合，产生如表 1-2 所示的四种结果：第一，公共所有并使用公共资金的组织，如政府；第二，公共所有但由私人提供资金支持的组织，如美国邮政管理局和政府经营的公益事业；第三，私人所有但由政府提供资金支持的组织，如某些与国家息息相关的公司，它们主要通过履行政府的采购合同获取资金；第四，私人所有并且由私人提供资金的组织，如超级市场。

表 1-2　公共组织和私人组织：所有权和资金

	公共所有	私人所有
公共资金（税收、政府合同）	国防部、社会保障部、警察部门	国防项目承包商、兰德公司、人力资源开发研究公司、橡树山国家实验室
私人资金（私人捐款、商品销售）	美国邮政管理局、政府经营的公益事业、联邦住房贷款银行团	通用汽车公司、IBM、通用电气、食品仓储连锁店、美国青年基督教联合会

（资料来源：海尔·G. 瑞尼. 理解和管理公共组织[M]. 2 版. 王孙禺，达飞，译. 北京：清华大学出版社，2002：72）

表 1-2 是有局限性的,它没有考虑效率与管理方面的问题,如通用汽车公司、IBM 公司等通过政府采购合同获得资金,但其经营管理却相当自主,很明显属于私人组织范畴。但是这种分类方法依然给我们提供了相当清晰的脉络,帮助我们区分公共组织、私人组织以及介于二者之间的非政府组织、非营利组织。

公共组织与私营组织都要运用资源去生产商品与服务,然而在公共组织中,产出是很难量化的,由于缺乏对绩效的评价,很难对不同的投资做比较。

三 政治权威和经济权威的差异

公共组织不可避免地具有政治权威。公共管理的主体是政府,政府与企业组织和其他组织的区别在于,它在维护自身秩序方面具备比其他一切组织都要高的普遍权威。在波兹曼的研究中,他描述了有关组织的两个方面:政治权威和经济权威。但他将这两个方面视为不可分割的统一体,随着所有者和管理人员对组织收益和财产控制权的强化,经济权威会相应增加;而随着外部政府对他们财政的控制权越来越大,经济权威会相应减少。波兹曼和他的同事运用这种分类方法设计了对公共组织、私营组织和居于两者间的其他组织形式的研究,如图 1-1 所示。图 1-1 显示了波兹曼所描述的可能的组合形式。可以看到,由所有者管理的私营组织位于图的一端(经济权威极大,政治权威极小),传统意义上的政府机构则位于相对的另一端(经济权威极小,政治权威极大)。其他一系列没有这么典型的复杂的组织形式则反映了这两种要素的共同组合情况,位于这两端的中间,或者经济权威强些,或者政治权威强些。

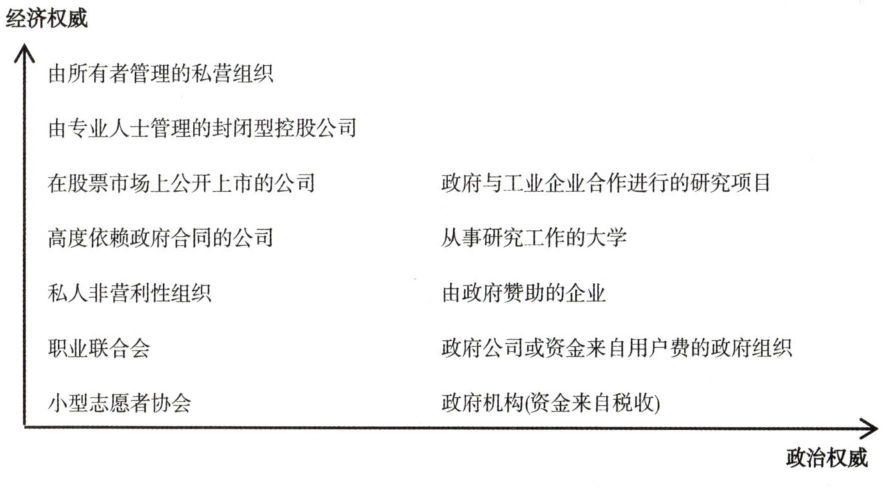

经济权威
　由所有者管理的私营组织
　由专业人士管理的封闭型控股公司
　在股票市场上公开上市的公司　　　政府与工业企业合作进行的研究项目
　高度依赖政府合同的公司　　　　　从事研究工作的大学
　私人非营利性组织　　　　　　　　由政府赞助的企业
　职业联合会　　　　　　　　　　　政府公司或资金来自用户费的政府组织
　小型志愿者协会　　　　　　　　　政府机构(资金来自税收)
　　　　　　　　　　　　　　　　　　　　　　　　　　　政治权威

图 1-1 "公共性":经济权威和政治权威

(资料来源:海尔·G.瑞尼.理解和管理公共组织[M].2 版.王孙禹,达飞,译.北京:清华大学出版社,2002:72)

四　环境、交易和程序方面的差异

公共组织和私营组织之间的差异激发学者进行了一系列的研究。这些研究旨在找出公共组织和私营组织的区别因素。佩里和雷尼的研究发现，公共组织的独特需要限制了为私营组织设计的方法在公共组织中的适用性。阿利森在1984年，纽斯塔特在1989年都发现了一些反映公共部门特性的因素，但他们基本上只是吸收了雷尼、巴克夫与莱文在1976年发表的观点（这一观点由雷尼在1989年修订）。这些研究区分了公共组织和私营组织之间在环境、交易和组织程序三个方面的差异。保罗·C.纳特和罗伯特·W.巴可夫后来又对这个清单做了一定程度的补充，加入了第三部门在这三个方面与政府组织和私营组织的区别。具体差异如表1-3所示。

表1-3　政府组织、私营组织与第三部门的差异

因素		部门		
		政府组织	第三部门	私营组织
环境	市场	市场由监督机构构成	市场由监督机构和委托人的购买行为构成	人们的购买行为决定了市场
		提供同一服务的组织相互合作	相互默认或谈判而达成各自只为某一特定市场区域提供服务的协议	为提供某项服务相互竞争
		资金来源依赖预算拨款（免费服务）	资金来源既依赖预算拨款，又依赖服务收费和税金	资金来源依赖收费
		缺乏数据	合作以提供数据并且共享数据	数据充分可用
		市场信号弱	有的市场信号清晰，有的市场信号模糊	市场信号清晰
	制约	指令和义务限制了成员的自主权和灵活性	签约限制了自主权和灵活性（例如，医院的医生、表演艺术中心演员的自主权受限）	自主权和灵活性只受到法律和内部多数人意见的限制
	政治影响	需要缓冲装置以应对外部影响和帮助谈判	需要缓冲装置以应对签约方	政治影响被当作例外处理，没有特别的安排
		政治影响源于权威网络和用户	政治影响源于权威网络和签约方	政治影响是间接的

续表

因素		部门		
		政府组织	第三部门	私营组织
交易	强制力	人们必须资助和使用组织的服务	对服务的资助和使用依赖于对此做出规定的合同及安排	消费是自愿的,依赖所用情况付费
	影响范围	具有较大社会影响的大范围问题	协议的指令限制了社会关注的范围,不受立法干预	具有较小社会影响的窄范围的关注
	公众审查	计划不能保密或在暗地里制订	定期检查计划及其活动,并将此作为一项任务	可以隐蔽地制订计划并将计划保密
	所有权	公民经常以所有者身份向组织活动及其执行提出期望和要求	所有权属于促进了他们利益的使用者(如医院的医生)	所有权属于股东,他们的利益可以用财务指标衡量
		无所不在的利益相关者	许多利益相关者	除了股东之外,几乎没有利益相关者
组织程序	目标	长期和短期目标不断变化,复杂、相互冲突且难以界定	多重长期目标,很难将它们按照优先顺序排列,使得短期目标不清	清楚的、大家认同的目标
		最关注公平	既关注公平,又关注效率	最关注效率
	权力限制	执行依不受权威领导控制的利益相关者而定	执行依赖于关键的签约方(如医院的医生)的同意	执行被授权给有权力行动的权威人物
		政府控制下的机构管理	权威控制下的机构管理	基本不受外界影响的机构管理
		公共行动所带来的限制	传统所带来的限制	没有限制
	绩效期望	模糊并处于不断变化中,随选举和政治任命的变化而变化,鼓励无所事事	在共同的看法出现之前,对紧迫感有多种解释	清楚,在长时间内稳定不变,因而使人产生紧迫感

续表

因素		部门		
		政府组织	第三部门	私营组织
组织程序	激励	稳定的工作,赞同,任务和角色	专业标准创造了对工作的期望值	金钱

(资料来源:[美]保罗·C.纳特、罗伯特·W.巴可夫.公共和第三部门组织的战略管理:领导手册[M].陈振明等,译校.北京:中国人民大学出版社,2001:23-24)

五 结构、管理和角色方面的差异

(一)结构上的差异

尽管韦伯的官僚组织结构曾被认为可以通用于各类组织中,但随着社会的发展,这种官僚组织结构产生很多副作用。它无法快速有效地解决新出现的一些问题,无法应对社会快速变迁对组织带来的冲击。因此,随着工作价值观、工作任务与目标的变化,公共组织和私营组织及结构的发展趋势都在背离官僚组织结构的基本理念,朝向更富有弹性的组织结构发展。但是,由于公私属性的差异,公共组织和私营组织背离官僚组织结构的限度是不一样的。这种限度的差异是公私组织结构差异的集中体现。

在摈弃官僚组织结构的改革过程中,与私营组织相比,公共组织面临着更多的政治力量和政治实体的约束和影响,不能像私营组织那么容易地采取更分权和更灵活的组织结构。学者们的研究表明,公共属性在许多方面影响着组织的结构。这些影响和限制使得公共组织在背离官僚组织结构时存在更多限制,呈现出更集权、运作更程式化、组织沟通和反应更迟缓的特点。

(二)管理上的差异

(1)一般管理职能方面。尽管公私管理都具有一般的管理职能,但是公私组织在利益取向、目标层次、市场结构、权威性质、受约束状况等方面存在重要的区别。与私营组织相比,公共组织管理战略决策具有自己的特征:公共管理人员在决策过程中拥有的自主权和灵活性较少;公共管理人员在其下属和下层机构中享有的权利较小;在人事管理方面,公共组织中的管理人员和雇员更明显地感到行政管理的限制;公共管理人员感到工作表现和外在回报之间的联系不是很紧密。

(2)管理目标价值方面。与私营组织相比,公共组织除了追求效率目标还要追求公平价值,而且公平比效率更重要。很多学者在看到公共组织大量借用私营组织的管理方法和技术产生一些问题后,疾呼公共组织更重要的是为社会提供公共服务,其重要性远远超过对效率的追求。正如美国学者格罗弗·斯塔林所说的:"企业管理是追求利润,而公共管理者更关注大众福祉,即公众的利益。换句话说,组织成立私人公司是为了雇员与股东的利益,而公共机构应该为机构以外的人们的利益服务。"①

(3)管理客体方面。与私营组织相比,公共组织既要管理资源又要管理社会问题。而且对公共组织而言,管理社会问题更重要。其存在的目的是维持社会稳定而有序地运转。因为从公共组织尤其是政府诞生的那天起,它就承担着维持社会良性运转、解决社会公共问题的使命。一些私营组织无法完成或完成得不好的任务必须由政府或特定公共组织来完成。

(4)管理性质方面。公共管理不仅要提供服务,而且要进行管制。与私营组织不一样,为维护政治统治,作为统治阶级的工具的公共组织,需要凭借强制性的公共权力,在社会管理中承担"统治型"的角色。其管理过程是以强大的政治强制力作为后盾的。而私人组织则完全不具备这一性质。

(5)激励来源方面。公共组织是从国家财政得到资金支持的,而私营组织的生存取决于其获得和维持客户的能力。因此,私营组织的激励来源于顾客,它必须对顾客负责任,即我们平常听到的"顾客就是上帝",它必须提供更优质的服务来使顾客满意。而公共组织中的一些机构则持相对消极的态度,一些机构甚至把增加的客户看作对既得资源的一种约束,而不是一种机会。这种激励来源的不同有力地解释了为什么一个没有多少文化的小吃店老板对顾客的态度要比政府机构那些受过高等教育的、待遇不错的官员对客户的态度要礼貌得多。

(三)角色的差异

作为一种独特的社会组织,公共组织的存在还有其特殊的政治和社会理由。与私营组织相比,公共组织要单独承担一些特殊的社会角色,公共组织尤其是政府组织要承担统治职能、社会管理职能以及一些特殊的社会平衡职能。在现代市场经济国家中,政府在处理与市场的关系中不断从实践中摸索、定位自己的社会角色。一般来说,公共组织,尤其是政府,在社会中承担着以下私营组织所不能够承担的社会任务,扮演着自己独特的社会角色。

(1)政府是公共物品的提供者。这是政府在现代经济中的一种最基本的角色。在现代市场经济国家中,政府对交通运输、邮电、通讯、供水、供电、环境保护、基础研究、公共教育等公共设施和公共服

视频 1-6
国家电网最大可能避免拉闸限电
(资料来源:好看视频)

---

① 格罗弗·斯塔林.公共部门管理[M].陈宪,王红,金相文,等译.上海:上海译文出版社,2003:32.

务及市政工业设施都进行了大量直接投资,在基础设施建设和公共服务中发挥了重要作用。

(2)政府是宏观经济的调控者。由于市场固有的不完全性和缺陷性,市场失灵是难以避免的。因此,政府必须干预市场经济的运行过程,对经济生活加以宏观调控。如宏观经济总量或总供给与总需求之间的平衡问题,产业结构的调整和优化问题等都要政府来进行宏观调控。

(3)政府是外在效应的消除者。外在效应又称外部性,外部性的存在无法通过市场机制来加以解决,只能由政府来承担这一责任。在现代市场经济国家中,政府通过补贴或直接的公共部门的生产来促进积极外部性的产出,通过直接的管制来限制消极外部性的产生。

(4)政府是收入及财产的再分配者。一方面,市场经济不可能自动达到社会收入分配方面的公平与协调;另一方面,市场经济不可能解决全社会范围的失业、养老、工伤、医疗保险及扶贫助弱等社会问题,但这些问题的解决是保证市场经济正常运转的重要条件。因此,这一任务必须由政府来承担。

(5)政府是市场秩序的维护者。市场机制要发挥作用,势必要建立一套公认的,并能够实施的市场行为规则,以确保市场交易和市场竞争的公正和效率。此外,在市场机制中,自由竞争会导致垄断,造成市场混乱,因此需要政府创造和维护良性、有序竞争的市场结构。而对向市场经济体制过渡的国家来说,政府还必须承担培育和完善市场体系,促进市场体系的发育和成熟的一些职能。

尽管公共组织和私营组织存在着明显的不同,但在现实运转中,在一些情况下,公共组织与私营组织的界限是模糊不清的。并存于共同的组织环境中的公共组织和私营组织并不是截然分开的,而是在组织各自职能的形成过程中产生了相互关联、相互介入、相互影响的关系。一方面,公共组织依赖私营组织获取资源;另一方面,私营组织在很多时候参与到提供公共物品和公共服务的行为之中,或通过某种方式影响公共组织的决策。在现实的社会图景中,在二者相互影响的复杂关联中,公共组织与私营组织已经形成了不可分割的合作伙伴关系。

第三节 公共组织理论与其他学科的关系

公共组织理论是一门与管理学、组织学、政治学、公共管理学、行政组织学、组织行为学等有密切联系的学科。把公共组织理论与这些学科进行一定的比较有利于我们更加深入地认识和了解公共组织理论的学科特点与学科性质。

一　公共组织理论与管理学、组织学

管理是指社会组织通过计划、组织、领导、协调、控制等手段,优化配置组织资源,以高效实现预期目标的活动。管理学就是研究上述活动规律的学科,其中对组织活动规律的研究是管理学研究中最基础的部分,所以,在管理学研究的早期,管理学研究就是指组织研究,只是在后来,管理学研究的领域迅速扩展,不仅要研究组织问题,而且要研究决策、控制、领导、协调等问题,这使管理研究和组织研究开始出现分化,于是组织学从管理学中分化出来,成为隶属于管理学的一门分支学科。管理学作为一门基础性学科,其所阐释的管理的一般规律(以原则、定理表述),始终对组织学的研究起指导作用。

而公共组织理论则是在组织学的基础上进一步分化而来的,它属于组织学的分支学科,它把组织学所确定的一般原理、原则用于对公共组织的研究上,结合公共组织的特殊性,来进一步阐释公共组织的演化、发展、构成、运行的特殊规律。组织理论要接受管理学所确认的一般规律的指导,作为组织学分支学科的公共组织理论也必须接受管理学的指导。管理学和组织学都是公共组织理论的基础性学科。

二　公共组织理论与政治学

政治学是研究社会中权力的获得、配置与使用的学科。它的主要研究对象是社会中的权力,公共权力构成了权力的核心部分,它是公共组织有效管理社会事务的前提。政治学作为公共管理学的学科基础,为公共组织的研究提供了权威与合法的价值基础。公共组织是整个国家政治体系最基础的组成部分,是国家政治体系的核心。以国家机器为研究主体的政治学,必然要关注公共组织。不过政治学在研究国家公共组织时,只是从整个国家政治生活这个宏观的角度来分析公共组织在整个国家机关乃至整个政治生活中的地位和作用。如公共组织中既有国家机关组织,也有社会性组织,政治学在研究国家的政体、国家与社会关系的演变和发展时,就必须把这些公共组织作为重要的研究对象。另外,公共组织在整个社会组织中是体现国家政治意志最多的组织形态,所以其存在和活动方式不能不受政治学所确立的价值观的指导和规约。如公共组织中所秉承的"维护和实现社会正义、公平""政务公开""民主参与管理""公共组织有义务接受社会公众的监督"等理念,都是政治学为公共组织的活动提出的价值要求。

三　公共组织理论与公共管理学

公共管理学是研究公共组织如何依法对国家事务和社会公共事务进行有效管理

的学科。公共管理学的研究内容十分广泛，其中包括对公共组织自身的研究，如研究建立什么样的公共组织才是最有效的，在公共组织内部权力如何分配，对公共组织如何进行控制才能有效达成目标，等等。可见，公共组织理论是公共管理学的一门分支学科，它是从公共管理学中分离出来专门研究公共组织产生、演化、变革、发展以及构成、运行规律的。公共组织是实施公共管理的主体，是公共管理学需要研究的基础内容之一。之所以要把公共组织从公共管理学中分离出来独立研究，就是要全面、深入、细致地认识公共组织所具有的独特规律。公共管理学与公共组织理论尽管存在广泛的联系，但它们之间也有区别。公共组织理论以研究公共组织自身为己任，不涉及对组织外的某项社会公共事务的管理；而公共管理学的研究就更全面和广泛，它既研究组织自身的问题，又研究对某项社会公共事务进行管理的问题。

四 公共组织理论与行政组织学

公共管理最核心的主体是政府组织，客体是国家事务和社会事务。行政组织是公共组织中的核心部分，由于它行使国家行政权，在管理国家事务和社会公共事务的过程中扮演着至关重要的角色，同时在公共组织中行政组织的规模是最大的，为了探讨其构成及活动的特殊规律，需要把它从公共组织理论中分离出来进行单独研究。行政组织学是公共组织学的分支学科，尽管它有行政组织的特殊性所带来的特殊规律，但它仍然要接受公共组织理论所确认的价值理念、活动规则、管理方式等的指导。当然，行政组织学与公共组织理论是密不可分的，行政组织学的研究不但拓展了公共组织理论的研究内容及视野，而且深化了人们对公共组织的认识，有利于人们对除行政组织之外的公共组织的研究。

五 公共组织理论与组织行为学

组织行为学着重于从微观的角度进行研究，它侧重于个人和小组的行为，其研究的重点是组织中个人的行为以及小组成员的行为表现和态度的变化，如个体的劳动效率、价值观、学习能力、需求等个性特征，小组的角色、地位、成员及领导的个性，小组内的权力分配和信息传播以及冲突等。

与组织行为学不同，公共组织理论则是研究公共组织系统的构成子系统、子系统之间的相互协作关系、子系统对公共组织系统绩效的影响等。如公共组织整体机构的设计与规划、各机构部门的职权设置和相互间的协调运转、影响组织机构设计的环境因素、机构的变革或再构造、组织中的正式组织与非正式组织、组织中的信息沟通模式和信息决策系统以及组织的界线和活动行为，等等，都属于公共组织理论研究的重点课题。总之，公共组织理论侧重于对公共组织整体行为和整体效益的研究，而组织行为学则以个体的行为和个体的效益为研究重点。

公共组织理论与组织行为学也是相互联系的。组织结构方面的因素必然会影响个体的行为,同样,个体的行为和效益也必然会影响组织的整体效益。因此,研究组织行为学也必须考虑到整体组织的行为和效益。同理,组织学的研究也会涉及微观方面的问题。但是,即使在两者研究中相互交叉的方面,各自的侧重点也是不同的。例如,在对组织冲突的研究中,组织行为学侧重于研究个人与个人之间或小组内部成员之间的个性问题;而公共组织理论侧重于研究组织结构的设计以及各机构(包括岗位)之间的协调。组织行为学学者倾向于把冲突看作个人的问题;而公共组织理论学者则往往把同样的冲突看作组织机构设置和协调方面的缺陷所造成的结果。当然,运用两种理论对这些交叉问题进行研究并不能说明哪一种理论或方法正确与否,而是说明公共组织理论与组织行为学在对组织进行研究、分析时,其侧重的层次和角度是不同的。

六 公共组织理论的交叉学科属性

通过以上分析,我们可以发现,公共组织理论是一门交叉学科,如图1-2所示。

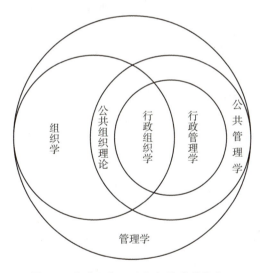

图1-2 公共组织理论与相关学科的关系

公共组织理论是公共管理学和组织学的交叉点。公共管理学和组织学都属于管理学门类。公共管理学和组织学理论构成公共组织理论的重要基础,是公共组织理论赖以生存和发展的"土壤"。公共管理学的理论是公共组织理论的立身之本,公共管理学的实践为公共组织理论的发展之源。公共组织理论包含于公共管理学和组织学中。行政组织学是行政管理学与公共组织理论的交叉学科,行政组织学包含于公共组织理论之中,也包含于行政管理学中。正如公共管理学包含行政管理学一样,公共组织理论亦包含行政组织理论。由此可见,公共组织理论的研究范围要大于行政组织理论,二者是一般与特殊的关系。

第四节 公共组织理论的研究意义、研究途径和内容体系

一 公共组织理论的研究意义

公共组织理论是公共管理学科体系中的重要组成部分,研究公共组织理论是推动我国公共事业管理实践和公共组织发展的需要。

(一)研究公共组织理论有助于推动公共事业管理实践

公共组织是实施公共管理的主体,是公共管理活动展开的基础。公共组织的构成、运行与发展状况决定着公共管理效能的高低。如果公共组织目标明确,权责配置合理,组织结构科学,组织规程健全,组织文化完善,则该组织内耗少,系统功能强,管理公共事务的效能就会比较高。相反,如果公共组织目标模糊,权责关系混乱,部门间职能交叉,人员和机构臃肿,则会造成组织中人浮于事,内耗加剧,公共资源浪费严重,组织效能低下。因此,为了提高我国公共组织管理社会公共事务的水平,以有限的公共资源投入产出更多的公共产品和服务,必须研究公共组织的构成原则和形式,研究公共组织的运行特征和规律。

(二)研究公共组织理论有助于推动公共组织发展

实现公共组织的科学化、民主化、法制化和现代化是公共组织发展的根本要求。不对公共组织进行系统的理论研究,就无法对公共组织的本质内涵、组织理念、结构规律、运行规律和发展规律进行深刻把握,也就谈不上实现公共组织的科学化、民主化、法制化和现代化。进入21世纪,人类的社会生产力水平达到了一个新的高度,各国都在进行生产关系的大幅度调整,社会发展的速度明显加快,这集中表现在知识和信息的更新速度越来越快,一个变幻莫测的知识社会、信息社会已经来临。在这样的外部环境下,必须对公共组织赖以生存的生态环境和公共组织本身进行系统研究。只有这样,才能使公共组织适应外界环境的变化,保持生机与活力,为管理好国家事务和公共事务奠定坚实的组织基础。[1]

---

[1] 张建东,陆江兵.公共组织学[M].北京:高等教育出版社,2003:16—17.

(三）研究公共组织理论有助于培养公共组织的专门人才

新中国成立七十多年来,我国的经济社会发展经历了一个艰难而曲折的发展历程,有很多经验和教训值得认真归纳、总结以及做理论提炼。马克思主义认为,生产力是推动经济和社会发展的基本动力,而人是生产力中最基本、最活跃、最关键的因素。当前,我国正处于社会转型期,为适应社会的转型,公共组织必须进行改革和发展。同理,公共组织的管理工作是由人来推动的,人是公共组织中最活跃、最能动的因素。随着社会的快速发展,公共事务越来越繁杂,这就需要大批的专门人才从事管理工作。因此,培养具有现代公共管理理念和技能,并能充分吸收和借鉴古今中外组织管理理论的精华的精干高效的公共组织人才,是公共事业管理的重要职责和任务。

二 公共组织理论的研究途径

公共组织的研究途径是多元的,不同的研究途径得出的结论与提出的建议有所不同,但是,任何途径的研究,都有助于我们更好地理解公共组织,从而实现社会的良好治理。近年来,学者们从不同的角度对公共组织进行了研究,总结出各自对公共组织研究途径的认识。其中,美国公共行政学者罗森布鲁姆总结了在公共组织中存在三种主要的研究途径,即管理途径、政治途径和法律途径。[1] 英国学者莱恩认为,公共部门的研究途径有三种,即传统的公共行政学派、管理途径和政策途径。[2] 我国台湾著名公共行政研究者吴琼恩认为,研究公共行政有三个途径,即管理途径、政治途径和文化途径。[3] 20世纪90年代以后,随着信息技术和互联网的发展,电子政府作为一种新型的网络组织出现了,与公共组织相关的网络问题研究日益增多,网络途径也成为公共组织的重要研究途径之一。因此,编者在这里将公共组织的研究途径概括为管理途径、政治途径、法律途径、政策途径、文化途径和网络途径。

（一）管理途径

公共组织研究的传统管理途径大部分脱胎于韦伯和泰罗的古典途径。从19世纪20年代开始,由于企业的科学管理带来高效率,科学管理原则被引入政府机构管理中。在巴纳德的组织理论中,已经预示了管理途径,其《经历的职能》(1938)一书是寻求全新的公共部门分析途径的第一个重要尝试。西蒙的《管理行为》(1947)则使管理途径成为公共部门的核心理论。正统的管理途径强调效率(efficiency)、经济或节约

---

[1] 戴维·H·罗森布鲁姆,罗伯特·S.克拉夫丘克.公共行政学:管理、政治和法律的途径[M].张成福等,校译.北京:中国人民大学出版社,2002:16-41.
[2] 简·莱恩.新公共管理[M].赵成根,等译.北京:中国青年出版社,2004:37-40.
[3] 吴琼恩.行政学[M].2版.台北:三民书局,2001:18-36.

(economy)和效能(effectiveness)的价值,认为这些价值应该主导公共组织的结构和过程。管理途径的七个职能分别是:计划(planning)、组织(organizing)、人事(staffing)、指挥(directing)、协调(co-ordinating)、报告(reporting)和预算(budgeting)。

管理途径是从两个方面来认识公共组织的:一是从管理功能及过程来考察公共组织,从组织活动的程序和技术上来界定公共组织;二是最大限度地提高组织效率作为公共组织的主要价值。可以说,科学管理精神与官僚组织结构就是其集中体现,而西方文官制度的确立就是其具体实践。

20 世纪 80 年代以来兴起的新公共管理运动标志着管理途径的复兴。新公共管理强调结果取向、绩效为本、解除管制、授权、竞争机制、顾客导向等。在这些价值导向下,许多新公共管理技术在公共组织中得到应用。主要有目标管理、全面质量管理、标杆管理和以绩效为基础的组织管理。

(二) 政治途径

政治是公共组织的核心,公共组织活动其实就是政治的实现过程。政治途径源于公共行政学者的实证观察,代表性、回应性和责任性充分体现出宪法的民主价值,因而政治的价值同样主宰着公共组织的活动。管理途径隐含一个假定:政治与行政二分,使行政事务脱离了政治过程,认为在科学方法的帮助下,可以找到管理的最佳方法。然而,随着政府职能的不断扩张,尤其是第二次世界大战后,美国罗斯福新政导致政治与行政二分的传统看法受到严重挑战,因而公共组织研究的政治途径得以兴起。[①] 公共组织活动之所以区别于其他管理活动,就在于其政治特性。

政治途径有三个重要前提。第一,政治途径主张政府不同于私营组织,必须对公共组织与私营组织加以区分。阿普尔比在《大民主》一书中提出,公共组织至少在三个基本方面与其他组织不同:范围、影响和考虑的广度;公共责任;政治特性。第二,政治途径强调政治权力的发展、维持和定位。依据政治途径的观点来看,权力是行政组织的中心因素,公共行政机构如果没能培育这种要素,就会显得无效率和无效能。第三,代表性是组织公共机构背后的主要力量。在公共事务中,各团体、政府及其他力图使特定价值体现在公共机构的任务和计划中的人都向行政机关施加种种影响。公共部门事实上是我们社会的缩影,反映着一个多元社会中的价值、冲突和竞争性力量。

政治途径的主要观点有以下几种。

(1) 多元主义(pluralism)。政治途径强调公共行政中的政治多元主义。公共组织和政府行政机构的组织应该是多元的。它们应当是社会中不同政治、社会和经济团体的代表,应该为这些利益团体提供代表机会,同时,公共政策应该通过机构间的政治竞争来制定。多元主义认为组织任务应当是复合的而非一元化的,或应当同时建立多个不同的组织。组织任务的多样化使公共机构获得广泛支持,并使行政人员能将工作

---

① 吴琼恩.行政学[M].2 版.台北:三民书局,2001:24.

重心从计划的某一方面转移到其他方面,以维持和强化选民的支持。

(2)自主性(autonomy)。多元主义要求政府机构反映社会不同的利益。代表性则进一步要求在政府行政机构内的组织单元具有高度的自主性。自主性能够使不同的单位将工作焦点集中于向其民众或顾客提供代表性意见。通过强调代表性需要,组织获取某种程度的自治是可能的,但它也可能使公共行政组织的一致行动和行政控制变得困难。

(3)与立法机构的联系(the legislative connection)。公共组织研究的政治途径也强调立法委员会和行政机构之间的联系。许多人认为立法委员会和小组委员会是公共机构的重要附属物。行政部门组织的繁衍和小组委员会的成长携手并进。公共行政者可能感受到负有责任,需要在心理上和政治上对立法机构的成员及政府任命的官员和其他行政部门负责。

(4)分权(decentralization)。公共组织研究的管理途径从效率和经济的观点提出集权化与分权化的问题。从这个角度来看,分权是一种方便公民获得政府服务的有效方式,但是,分权也使行政单位之间的协调和控制复杂化。从政治的观点来看,分权不能和代表性分开来考虑。因此,组织分权是政治性的。

(三)法律途径

公共组织研究法律途径的兴起有三个源头。第一个源头是行政法。它主要是指管制一般行政过程的一套法律和法规。第二个源头是公共行政司法化的发展。司法化趋势主要是将行政运作程序视为与司法程序一样,目的在于确保个人合法权益不受侵犯。法律在行政活动中发挥越来越重要的作用。第三个源头是宪法。宪法为公民个人提供更多的保护。

法律途径强调法治。它包含几个核心的价值。首先是程序性正当的法律程序。这一价值意味着基本的公平性,被认为是避免个人因政府恶意的、武断的、错误的或反复无常的违法行为而失去生命、财产与自由权利的必要程序。其次是个人应享有的实质权利和法律的平等保护。最后是公平,主要体现在授权法官对于那些享有宪法或法律规定的权利,而遭受行政官员的侵害的人进行救济。

法律途径的主要观点有以下几种。

(1)独立性(independence)。支持法律途径的公共组织理论认为,行使裁决功能的行政机构必须具有独立性,独立于政府的其他部门。

(2)委员会形式(the commission format)。行使准司法功能的机构通常由一个委员会来领导,而且这些机构的任务被定义成公共利益而进行管制,因此它们不该被某一政党所控制。它们应该被允许发展长期的、非党派的观点。因此,委员会来自同一政党的人数通常都有限制。这样的安排是为了保证少数成员在一定程度上拥有参与和表达意见的机会。

(3)替代性争端解决(alternative dispute resolution,ADR)。替代性争端解决比传统裁决方式具有更大的弹性,公共管理就积极支持这种方法。在替代性争端解决的问题上,法律途径主张共享权威和回应性,甚至以某种程度的责任丧失和对专家的依赖为代价。

(四)政策途径

公共组织研究的政策途径是在第二次世界大战以后提出的,其研究重点是政策或公共项目。政策途径将项目作为基本的分析单位,机构方面的重要性不再由它自身决定,而是由它与公共项目绩效的相关性决定。政策途径从政策周期的分析开始,政策周期包括政策制定和政策执行。

政策途径的主要观点有以下几种。①

(1)公共治理构成一个在政策制定和政策执行之间不断循环的政策周期。这个模式否定了任何将政策制定和政策执行截然分开的理论。

(2)分权的政策执行比自上而下的政策执行更有效,即提倡自下而上的政策执行模式,这反映政策执行策略的问题。

(3)政策周期主要是政治过程,而不是管理效率。政策科学倾向于强调公共部门中的政治,强调政策过程中的冲突。

(4)在政策执行过程中,政策网络比科层组织效率更高。政策网络途径有许多表现形式,如在英国是铁三角,在美国是联盟,在荷兰则是联络网。

(5)政策制定和政策执行是不可分的,但分成两种研究取向,一种研究取向集中研究政府高层的政策制定,另一种取向则将研究重点放在政策出台后围绕政策所发生的一切,即所谓的执行取向。

(五)文化途径

公共组织研究的文化途径始于20世纪70年代,与行政理论发展的趋势是一致的。之前,行政理论研究较多地注重组织结构与行政控制问题,但此时,已经渐渐转向重视行政主体的文化研究。

文化途径的主要观点有以下几种。②

(1)文化即组织成员所共享的信念在潜移默化地发生作用,并以"基本上视为理所当然的方式(in a basic taken-for-granted fashion)"来界定组织对其本身及其环境的观点。

(2)20世纪60年代以前,成功的管理者强调特定技术的精熟。20世纪七八十年代则注重"如何做正确的事情(how to do the right thing)"以及"如何把它做好(how to do it well)",就过程而言,还注重整个能力的概念即"变迁(changing)"。现在则不仅需要这些技术与能力,而且还需要态度(attitudes)、价值(values)与思维倾向

---

① 简·莱恩.新公共管理[M].赵成根,等译.北京:中国青年出版社,2004:37-40.
② 吴琼恩.行政学[M].2版.台北:三民书局,2001:32-33.

(mindsets)的发展,使管理人员能面对、理解,因组织内外各种因素的影响,当然也要发展操作的技术。

(3)在过去数百年间,西方文化中有一个词很少用到,但它是学习型组织(the learning organization)的精神,这个词即"metanoia",为"心灵转变"之意。这是学习的深层意义,通过学习,我们重新创造自我,能做之前从未做到的事情,重新认知此世界及我们跟它的关系,并扩展创造未来的能量,而非仅仅吸收知识、获得信息。

(4)超越理性的管理并非贬低理性思考,而是朝向深层次的,使我们能够容忍、思考,并运用目的性、全景式的架构,以便在多种选择的困境下和竞争的需求中更有效地运作组织。

(5)进步的公共管理人员越来越重视价值,以此寻求组织的基本转变,远远超过组织结构所能产生的变迁。所有有关的管理人员,都在构建一套适应组织未来的新信念和价值,这一变动不在组织结构,而在组织文化。

从文化途径来研究公共组织,强调人主观方面的改变,如人的价值、态度、思维倾向、心理等深层次的改变,这些改变都需经过深入的学习和改造,而这种学习和改造只有在一种有利于这种改造的组织结构内才有可能实现。

(六)网络途径

随着经济全球化和科学技术的飞速发展,组织所面对的外部环境已经发生了根本性的变化,知识的更新、技术的进步和市场的变化之快,需要研究或获得的知识之广,是任何传统的组织都无法应对的。为了求得生存和发展,组织必须具有高度的柔性和快速反应能力来应对动态变化的环境。越来越多的组织管理者开始关注外部资源的优化整合,在组织结构的设计中采取新的思维方式或在新型技术的基础上,摆脱过去层级负担过重的职能式结构,以市场为导向,围绕工作流程而非职能部门进行设计,取消或打破纵向层级和旧的部门界限,建立新的组织形态。在这样的背景下,网络组织(又称虚拟组织)应运而生,并成为现代组织在21世纪赢得持续竞争优势的一个核心工具。

20世纪90年代以来,对于公共管理组织网络问题的研究日益增多,1997年世界经济论坛第27届年会的中心议题就是"建立网络社会"。公共部门网络治理作为一种新的研究领域已初见端倪,且大有成为主导范式的趋势。网络是两个或更多的组织,为了解决共同问题而建立合作伙伴关系的一种联合。公共部门网络是一种相互依存的结构。公共部门应重视网络,网络治理已成为公共部门治理的核心方式之一。

本章小结

组织是指在一定的社会环境中,人们通过相互交往而形成的具有共同心理意识,并为了实现某一特定目标而按一定的方式联合起来的有机整体。公共组织就是以管理社会公共事务、服务全体社会成员、协调社会公共利益关系为宗旨,并拥有相应的公共权力、承担相应的公共责任的组织实体。它覆盖行使国家权力的公共部门,如政府、立法、司法部门等机构,以及政党、军队、公共企业、教会和公共教科文卫等组织;此外,还包括第三部门的各种社会组织和社会团体等。

公共组织是公共管理的主体,公共组织与私营组织相比有其自身的特点:公共性、政治性、法治性、权威性。它们有着不同的价值观,在交易和程序上,在环境、结构、管理、角色等方面都存在一定的差异。

公共组织的研究途径可以概括为管理途径、政治途径、法律途径、政策途径、文化途径和网络途径。公共组织理论的研究对象主要包括公共组织的结构、运行和发展规律。公共组织理论与管理学、政治学和组织行为学等学科有着内在的相关性,我们只有了解公共组织,理解它的发展与运行,才能更好地理解公共生活,从而理解现代社会。

中英文关键术语

组织　organization;

公共组织　public organization;

政府组织　government organization;

非政府组织　non-governmental organization;

第三部门　third sector;

事业单位　public institution;

公共企业　public enterprise;

私营组织　private organizations;

新公共管理　new public management

第一章
拓展阅读资料

复习思考题

1. 简述组织、公共组织的含义。
2. 联系实际分析公共组织的构成要素。
3. 论述公共组织的分类和特征,并举例说明。
4. 简述非政府组织的含义。
5. 从多方面比较公共组织与私营组织的差异。
6. 论述公共组织的研究途径。
7. 论述公共组织理论的研究意义。

第一章
自测题

案例分析题

一、阅读材料

"街乡吹哨、部门报到"如何破解基层治理的困境？
——金海湖镇治理机制创新的实践

赋权基层，治理重心下移，构建简约高效的基层管理机制，这一机制被形象地称作"街乡吹哨、部门报到"。自今 2018 年 1 月开始，北京市以"街乡吹哨、部门报到"改革为抓手，积极探索党建引领基层治理体系机制创新，聚焦办好群众家门口事，打通抓落实"最后一公里"，形成行之有效的做法。在解决基层治理难题，切实增强人民群众获得感、幸福感、安全感等工作上取得了初步实效。

金海湖畔响起第一声哨

2017 年 1 月 17 日，一声"集结哨"在北京平谷区金海湖畔响起。这声哨，为的是解决该地区非法盗采无法根治的问题。哨声响起，区级 16 个职能部门下沉到乡镇组成"专项行动组"。在此之前，屡禁不止的盗采让金海湖镇党委、政府头疼不已。大金山采矿区关停后，非法盗采金矿、盗挖山体、盗偷砂石等恶性事件时有发生，不仅破坏生态，而且造成了极大的安全隐患。2016 年 5 月，更是发生了 6 死 1 伤的盗采矿难。

"我们一旦发现盗采，就要协调各部门来执法，先找公安局和国土分局，控制现场证据；如果是在河道里盗挖，通知水务局；如果是挖农田的，要找经管站查农村土地承包经营情况；如果是开山盗采的，要找园林绿化局……"金海湖镇党委书记韩小波说。过去，乡镇部门最容易发现问题，却没有执法权，而协调执法部门下到一线，往往声势一过就死灰复燃。多部门联合执法时，因为条块分割、管理分散，常常是"你来他不来""腰来腿不来"。

2017 年初的这一声哨，显然不是以前协助乡镇的"联合执法"，而是赋予了乡镇绝对领导权、指挥权和考核权，并提出了"事不绝、人不撤"的工作要求。"由乡镇来主导执法，这是以前从未有过的一种模式。"市国土资源局平谷分局矿产执法队队长倪维兵说："乡镇只要发出一个信号，让各个部门几点几分在哪儿集合，我们就得'听令'。"这种从未有过的执法模式，很快验证了它的成效。经过 117 天的专项行动，共行政立案 17 起，刑拘 10 名犯罪嫌疑人，持续十几年、纵横几省市的盗采金矿团伙被剿灭，金海湖水质 20 年来首次达到二类标准。平谷区这一做法剑指执法断层这一核心问题，大大增强了委办局这个"条"和乡镇这个"块"之间的合力，打通了基层治理的"最后一公里"。

"三哨四报到"将哨声传遍

平谷的这一做法引起了市委市政府的高度重视,并将其提升为形象易懂的"街乡吹哨、部门报到"工作机制,作为2018年全市"1号改革课题"向全市推广。市委书记蔡奇高度重视,自2月以来赴基层一线调研40余次,听取基层街乡、社区代表意见,研究解决工作中的问题,亲自谋划、亲抓落实,极大地推动了这项重要改革不断深化。随之,北京市出台《关于党建引领街乡管理体制机制创新实现"街乡吹哨、部门报到"的实施方案》,标志着"吹哨报到"的机制向全面推进基层治理运行模式的彻底转变,从一时一地的基层鲜活实践向制度化、科学化、系统化的体制机制改革彻底转变。该方案立足首都基层治理实际,明确了加强党对街乡工作的领导、推进街道管理体制改革、完善基层考核评价制度等14项重要举措。同时规范了"街乡吹哨"的适用范围,归纳为综合执法哨、重点工作哨和应急处置哨三种情形。

西城区喧嚣的什刹海在三声哨响后静下来,朝阳区三里屯"脏街"经吹哨治理后变身生机盎然的"靓街",房山区大安山特大山体崩塌时吹响"应急哨"避免了人员伤亡,正是上述三种哨声各显威力的具体体现。本着深入一线,解决基层问题的原则,全市目前已形成驻区党组织和在职党员回社区双报到、执法力量到综合执法平台报到、街巷长沉到基层报到、周末卫生大扫除组织党员干部到现场报到四种"报到"形式。在石景山广宁高井路社区,冬奥组委先后有1名部级干部、8名局级干部和20余名党员主动上门"报到"。他们为社区开办冬奥大讲堂,讲授奥运知识,还把滑旱雪等冬季运动带到居民身边。在丰台太平桥街道,刚刚建立的实体化综合执法中心成了"吹哨报到"的指挥中枢。丰台区的公安、城管、工商、食药、交通五大部门派人常驻,房管、规划国土、园林、文化等部门明确专人随叫随到。据统计,全市已有290个街乡建立了实体化综合执法中心,成为区级执法部门下沉到街乡的有力平台。

在全面推行街巷长制的基础上,北京市发起"街巷长沉到基层报到",街长、巷长分别由街道处、科级干部担任,牵头组织社区层面的基层治理。此项报到明确了街巷长承担知情、监督、处置、评价的职责,建立了日巡、周查、月评、季点名机制。截至目前,全市共选派街巷长1.49万名,遍布5000条大街、1.4万余条小巷。

开展周末卫生大扫除以来,东四街道的党员、群众齐动手,共清理了114个楼门道,拆除了88个煤棚子,清理了195个院落,清理废旧自行车1072辆,清运垃圾286卡车。昔日杂乱的胡同找回了老北京风貌,上百年的老院子、被杂物遮蔽多年的影壁都重见阳光。四合院里重新有了绿荫,有了花香,也有了燕巢和鸽哨。嘹亮的"哨声"还在酝酿,精准的"报到"还在碰撞。党组织领导基层治理,正画出最大同心圆,走出新时代的群众路线。

(案例来源:《北京日报》2018年12月10日)

二、讨论题

1. "街乡吹哨、部门报到"机制最初形成时的组织结构是怎样的？从临时指挥部到之后的结构经历了哪些变化？两者有哪些不同？

2. 在"街乡吹哨、部门报到"机制运行中，党建引领是如何发挥作用的？主要有哪些优势？

第一章
参考答案

第二章

公共组织理论的历史演进

本章引例

工作方式的冲突

约翰和卡洛都在一个地方社区发展局工作,在一次大规模的机构重组之后,社区发展局承担了许多新的工作项目。约翰被分派去监管一个新的住房贷款项目,而卡洛则被派去协助他。这项工作是为一些人提供低息贷款,帮助他们在城市的特定区域重建住房。虽然约翰和卡洛都在相关领域工作过,但两人都不熟悉这个特殊项目。更加糟糕的是,帮助推进这项工作的培训班早在几个月前就举办过了。约翰和卡洛在仅仅拿到了一些贷款项目介绍手册后,就被告知要开始工作了。

贷款项目涉及一些全新的活动,并要用相当长的时间做准备工作。比如,必须培训新的房屋质检员,以使房屋质检活动与市政府的要求一致;还要与许多机构建立工作关系,以了解申请人申请贷款的进展情况。

约翰很快就感到工作压力相当大,他必须在非常短的时间内处理完第一批申请材料。第一批申请人大概有40个,他们原先申请的其他资助项目都遭到了拒绝,加上他们的申请材料在社区发展局已积压了一年之久,所以他们非常急切地希望申请材料能尽快得到审批。其中最先几个人的登门造访和电话咨询已使约翰强烈地感受到他们的这种心情。另外,约翰意识到这个特殊的贷款项目对社区发展影响重大,也意识到在这样困难的条件下有效工作不仅对社区发展,而且对他本人在政府机构中的前途都有重大影响。

卡洛意识到有必要尽可能快地开展工作,同时也感到自己对那些申请人负有特殊的责任。她非常认真地对待局领导对这项工作的指示,局领导认为应该利用这个机会"教育教育"申请人,让他们了解这些工作涉及的复杂程序。在工作中,卡洛认为定期与申请人接触并让他们知道工作的进展情况非常重要,这样可以让申请人知道在申请过程中到底发生了什么事,比如说,申请审查、成本估算、贷款额度、财产信息,以及贷款条件和期限等情况。与约翰把大部分时间花在办公室不同,卡洛经常出去与申请人谈话,许多申请者是她以前在局里任职时就认识的。

约翰和卡洛要收集每一个申请人的所有财产状况信息以及他们对重建计划的想法,并将这些材料整理存档。按工作程序规定,这些存档材料都必须要申请人签字确认,再提交给联邦住房和城市发展部的地区办公室,贷款程序方能启动。

约翰认为,如果卡洛在办公室里让申请人在空白表格上签字,那么,审批程序就能更快完成。这样,当收到有关贷款的信息后,就能直接在申请人已经签字的表格上填写相关条款,而不必花时间和申请人一起复核每份表格了。同时这种程序安排还可以避免申请材料经常在不同的办公室之间"旅行",简化协调各个办公室联合审批的冗长过程。

> 当约翰要求卡洛根据这种程序安排让申请人先在空白申请表上签字时,卡洛拒绝了。卡洛不仅考虑到申请人在签字之前必须要看到并理解申请材料的内容,而且担心让申请人在空白表格上签字可能是非法的。但是,当卡洛向约翰的上司汇报并质疑这种要求时,她被告知这种程序安排并非非法的,而且以前地方机构就是这样处理的。
>
> (资料来源:罗伯特·B.登哈特.公共组织理论[M].5版.扶松茂,丁力,译.北京:中国人民大学出版社,2011:6-7)

 讨论题

理论认知的差异会导致不同的工作方式。案例中两种相互冲突的工作方式分别反映了什么样的公共组织理论?

规模庞大的组织已经在人类社会存在了很长时间。随着国家(政府)的出现,各种对社会事务进行管理的组织产生了,之后人们寻找组织的规律和解决组织问题的探索从未停止过。在漫长的历史进程中,无论是东方国家还是西方世界,在早期都有关于组织的论述和著作,近两个世纪,组织的数量有了巨大的飞跃,有关组织及其管理的著作也以几何级数增长,其中不乏一些洞见深刻、卓有成效的经典著作和理论。现代意义上的公共组织是建立在"公域"与"私域"区分的基础上的,到了近代资本主义时期,随着宗教、文化、市场经济、贵族生活等领域的私人空间获得了国家的默认和正式法律、制度的许可,公共组织才逐渐成为现代意义上的组织。目前,学界普遍认为,到了19世纪末20世纪初,西方国家的公共组织研究才逐渐形成科学、系统和完整的理论。自此以后,随着生产力的发展和社会的不断进步,人们对公共组织管理的研究更加深入、更加细致。特别是20世纪60年代以来,各种公共组织的研究流派如雨后春笋般出现,各有千秋,带给我们更多的公共组织理论资源。如前文所述,公共组织理论是关于公共组织的构成、建立、运行和发展规律的知识体系,要深入探讨公共组织理论,就需要对公共组织的发展脉络和历史演变进行系统的梳理。本章内容主要根据西方组织理论发展的时间序列和研究范式,将公共组织理论的发展分为五个阶段,即古典管理时期的组织理论、行为科学时期的组织理论、科学决策时期的组织理论、系统科学时期的组织理论和当代公共组织理论,并对每个时期影响较大的主要理论流派进行系统介绍。

第一节　古典管理时期的组织理论

一　泰勒的"以最佳方式工作"

弗雷德里克·泰勒是古典管理时期的杰出代表人物之一,是科学管理理论的创始人。他的代表作《科学管理原理》一书体现了早期的管理思想和管理智慧。泰勒试图通过寻找"最佳工作方式"来改进当时的车间作业管理方式。

(一)"最佳工作方式"

泰勒认为,过去落后的管理方式无法提高劳动生产率,因为无论是雇主还是工人,对于工人每天到底应该完成多少工作量都无从知晓;雇主因为缺乏具体的工作量标准,无法对工人的劳动进行科学的奖惩,结果造成了工人劳动效率低下,引起工人抵触,引发劳资纠纷。解决这一矛盾的措施就是制订科学合理的日工作量。泰勒通过工厂实验,把一项工作分解为数个动作步骤,选择合适而熟练的工人,记录他们的每一项动作、每一道工序所花费的时间,然后加上必要的休息时间和其他延误的时间,得出完成该项工作所需要的总时间,据此制订出合理的日工作量,这就是工作标准定额原理。要做到科学化的定额,就必须用科学方法对工人的操作方法、使用的工具、劳动时间和休息时间的分配、机器和作业环境的布置等进行标准设计,消除各种不合理因素,把各种最好的因素结合起来,形成"最佳工作方式"。

(二)差别计件的报酬制度

泰勒重新设计了具有激励作用的差别计件的报酬制度。这一制度主要体现在:按照工人是否完成其定额工作而采取不同工资率,工人完成定额或超额完成,全部的工作量都按照高工资率给付,反之,全部的工作量要按照低工资率给付,这样做的目的是督促和鼓励工人完成定额或超额完成;工资支付的对象是工人而非职位,依据工人在工作上的实际表现支付工资。差别计件的报酬制度既能提高工人的工作积极性,又有利于企业生产效率的提高。

经典案例2-1

人是天生"经济人"吗？
——来自马克斯·韦伯的观点

近代雇主为从其雇佣者那里获取最大可能的劳动量所使用的技术手段之一就是计件工价(piece-rate)的方法，譬如，在农业中，收获要求最大可能的劳动强度，由于天气无常，高额利润与重大损失之间的差异取决于收获的速度。因而，在收获季节，计件工价制几乎是普遍流行的。并且，由于雇主对加快收割速度的兴趣随着劳动结果和劳动强度的增长而增长，雇主一次又一次地做出这样的尝试，一再提高劳动者的计件工价，从而给劳动者赚取对他们而言很高的工资的机会，以鼓励他们提高自己的效率。但是，雇主却常常面临一种奇特的困难，其发生频率之高往往令人惊讶，即提高计件工价常常招致这样的后果：在同时间内做完的活儿不是多了，而是少了，因为劳动者面对工价提高，没有增加工作量反倒减少了工作量。例如，某个人按每英亩1马克的价钱一天收割了2.5英亩地，从而挣得2.5马克。现在，工价提高到每收割1英亩得1.25马克。本来他可以轻而易举地收割3英亩地，从而挣得3.75马克，但他并不这样做，他只收割2英亩地，这样他仍然可以挣得他已经习惯得到的2.5马克。挣得多一些并不比挣得少一些来得那样诱人。他并不问："如果我尽力去做，那么我一天能挣多少钱呢？"他却这样问："我要做多少活儿，才能挣到以前挣的2.5马克来打发传统的需求呢？"这就是我们所说的传统主义的一个例子。人并非"天生"希望多多地挣钱，他只是希望像他已经习惯的那样生活，挣得为此目的必须挣到的钱。无论何处，只要近代资本主义通过提高劳动强度来提高人的生产率，它就必然会遭遇来自前资本主义劳动的这一主要特征的极其顽固的抵制。

（资料来源：马克斯·韦伯. 经济与社会（下卷）[M]. 林荣远，译. 北京：商务印书馆，1997）

 讨论题

请思考，以上案例反映了什么样的观点？

（三）计划职能和执行职能的划分

为了提高劳动生产率，泰勒主张明确划分计划职能与执行职能，改变传统的经验工作方法。工人没有时间和条件寻找科学的工作方法，这项职能需要组织管理部门设立专门的计划部门来承担。管理人员主要分配任务，工人和工头履行具体的执行职能，严格按照计划部门制订的操作方法和指示,使用规定的工具来完成任务。同时将管理工作细化为一种"职能工长制",把各个管理人员的工作限定在执行单一职能上,每个工人只能接受一个管理人员的命令,不同管理人员在对工人下达命令的时候要相互协作。

(四)管理的例外原则

例外原则指组织中的高级管理者应该把一般的日常性事务授权给下级管理人员去做,自己只保留对例外事项(即重要事项)的决策权和控制权,以便于集中精神处理组织最重要、最重大的事情。例外原则是建立在管理职能分化的基础上,为了科学安排高级管理者的职责权限而首创的一种授权原则,后来发展成为管理上的分权化原则和事业部制度。

二　法约尔的一般管理理论

亨利·法约尔是法国杰出的管理思想家,是管理过程学派的开山鼻祖,也是一般管理理论的代表人物,被称作"管理理论之父"。其管理思想体现在 1916 年出版的《工业管理与一般管理》一书中,主要包括以下几方面内容。

(一)企业的基本活动与管理的五项职能

法约尔通过对企业活动的研究,提出经营与管理是两个不同的概念,管理包含在经营之中,认为企业的基本活动(或职能)分为以下六种:① 技术活动(生产、加工、制造);② 商业活动(购买、销售、交换);③ 财务活动(筹集和有效利用资本);④ 安全活动(保护财产和人员);⑤ 会计活动(财产清点、资产负债表、成本计算和统计等);⑥ 管理活动(计划、组织、指挥、协调和控制)。

法约尔认为,管理活动具有计划、组织、指挥、协调和控制五项职能。计划是组织管理的第一要素,是一切活动的基础。组织就是为企业的经营提供所有必要的原料、设备、资本、人员。要保证计划能够有效地制订和执行,需要将各方力量进行组织管理。组织建立以后,让组织发挥作用是指挥。指挥是建立在对工人品质和对管理的一般原则的了解基础上的管理艺术。指挥是存在于上下层级之间的活动,如果要完成计划,就需要协调多个部门之间的合作,助力于企业经营的顺利进行。计划制订且实施后,就需要控制以保证企业各项工作的落实和计划相符合,一般通过检查工作、发现问题、及时纠正,达到控制的目的。

(二)管理的十四项原则

法约尔根据自己长期的经验提出了一般管理的十四项原则。

1. 劳动分工

劳动分工是合理使用个人力量和集体力量的最好办法。劳动分工不仅适用于技术性的工作，而且毫无例外地适用于或多或少涉及一批人或要求几种类型的能力的工作，其结果是职能的专业化和技术的分散。

2. 权利和责任

权力和责任之间存在着一种因果关系，责任是权力的衍生物，是权力的必然结果和必要补充，凡是在权力行使的地方，就必然存在责任。管理者的权力包括正式权力和非正式权力，前者基于职务的高低，后者基于管理者个人的人格特质，包括智慧、经验、道德品质、行为习惯、领导能力和功绩等。好的管理者会努力运用自己的非正式权力不断补充正式权力。

3. 纪律

纪律是为了保证企业和工作有序发展而要求成员必须遵守的规范和制度。纪律是由领导者决定的，无论是哪个社会组织，纪律状况都取决于领导者的道德状况。

4. 统一指挥

统一指挥是指一个下属只应接受一个领导者的命令。如果这一原则不成立的话，纪律就会受到危害，秩序将被破坏，稳定将受到威胁。

5. 统一领导

为了力求实现同一目标，组织只能有一个领导者和一项计划。只有在这种情况下，才能实现责任明确、计划明确，进而保证组织目标的顺利实现。统一领导是统一行动、协调力量和一致努力的必要条件。法约尔指出，统一领导和统一指挥的主要区别在于：人们通过统一领导来完善组织，通过统一指挥来发挥人员的作用。

6. 个人利益服从集体利益

在一个企业里，任何人的利益都不能置于企业利益之上，个人利益必须服从集体利益。领导者应该坚定立场，树立好的榜样，尽可能签订公平的协定并认真监督协定的执行。

7. 人员的报酬

要设计科学合理的报酬制度，并尽量使雇主和雇员都满意。报酬率首先应取决于生活消费水平、雇佣者的才能、业务状况、企业的经济情况等。

8. 集中

这一原则主要讨论集权和分权的问题。二者本身无好坏之分,关键在于找到一个适合企业的度。影响集权和分权的主要因素是组织规模、领导者与被领导者的个人能力、工作经验以及环境特点等。

9. 等级制度

等级制度就是从最高权力机构直至底层管理人员的领导序列。等级制度是为了保证信息的传递和统一的指挥。等级制度在横向信息传递上是无力的,为此,法约尔设计了"法约尔跳板",以加强组织中的信息横向联系。

案例 2-1
法约尔跳板

10. 秩序

组织的秩序意味着在组织中的每一种物和每一个人都有一个恰当的位置,包括物的秩序和人的秩序。物的秩序要求每件物品都在自己的位置上,排列整齐,尽可能地便利所有的工作程序;人的秩序要求每个人都在指定的位置上,适当的人做适当的工作。

11. 公平

公平是由善意与公道产生的,公道是实现已订立的协定。为了鼓励员工能够全心全意和无限忠诚地执行其职责,企业领导者应该善意地对待员工;要特别注意员工希望公平和平等的愿望,应努力使公平感植入员工心中。

12. 人员的稳定

人员的稳定尤其是企业管理人员的稳定非常重要,频繁更换员工不利于组织的工作效率和成员的心理稳定。

13. 首创精神

首创精神是指人们在工作中的主动性和创造性,是组织充满生气和活力的保证,领导者应尽可能地鼓励和发展员工的首创精神。

14. 团结精神

团结是企业的巨大能量,领导者要努力在组织内部建立凝聚、团结的氛围,以增强组织的凝聚力和向心力。

三 韦伯的科层制理论

马克斯·韦伯是德国著名的社会学家、经济学家和政治学家。他在社会学、经济学、政治学、历史学、宗教学等学科领域都有深入的独特的研究,其主要代表作有《经济与社会》《社会组织和经济组织理论》《新教伦理与资本主义精神》等。他的组织管理理论主要是科层制理论,也叫官僚制理论,这一理论被后人视为公共组织理论历史上最重要的理论之一,他也因此被称为"组织理论之父"。韦伯的官僚制理论主要包括以下内容。

(一) 权威的类型

韦伯研究官僚组织是从研究权力和权威的来源开始的,虽然任何一种组织在不同时期有不同的特质,但权威是各类社会组织不可或缺的要素。权威是组织中人们自愿服从的基础,组织的存在和发展、社会统治的实现都是建立在权威基础上的。权力可以强迫别人服从,而权威意味着人们自觉自愿的服从。权威的来源主要有以下三种类型。

1. 卡里斯玛型权威

卡里斯玛型权威也叫超魅型权威,这种权威来源于领袖个人的超凡魅力,是以个人崇拜、迷信为基础的。卡里斯玛型组织的成员必须服从领袖的命令,这种服从建立在对未知、神秘的力量和超凡魅力的信仰和追随上。卡里斯玛型组织大多以宗教或政治的形式出现。

2. 传统型权威

建立在传统型权威基础上的组织的合法性来源是先例和惯例,成员服从是因为坚信古老传统的神圣不可侵犯以及对领袖继承而来的地位不能有任何怀疑,领袖的权威不在于他个人的超凡魅力或品质,而是源自人们对传统文化的信仰和尊重。这类组织的成员依据以往的惯例和经验判断组织的结构是否合适,习惯是这类组织最伟大的仲裁者。

3. 法理型权威

法理型权威组织的典型形式是官僚组织,它是唯一符合理性精神又在现代社会中占有主导地位的组织形式。组织权威来自正规的法律和签署的契约,在法定权力的限制范围内,人们服从组织命令依据的是非人格化的规章和制度,而不是领导个人。

(二)官僚组织的特征

韦伯把官僚组织视为建立在理性-法律形式的权威基础之上的组织。这种类型的组织因为掌握着决策的技术,控制着组织所需要的一切信息,依靠组织的章程和规则协调和控制着自身运行,是一种具有现代性特征的理性组织,"纯粹的官僚体制的行政管理……是实施统治形式上最合理的形式。"[①]官僚组织的基本特征表现在以下几个方面。

1. 职责明确,分工合理

无论是管理层还是执行层,都有高度明确的分工,把组织中的所有任务划分为若干不同层次的小任务,明确每一个组织成员的职责权限并用规章的形式保证分工的稳定性。这样有利于组织成员掌握具体的专业技能,从而提高工作效率。

2. 职务等级序列分明

官僚组织有严格的等级系列,按照权力与等级一致的原则,把各种职位按权力高低组织在一起,形成一个统一指挥的线性链条,由组织的最高层指挥下一层直到最基层,每个人都明白命令从何而来,要传达给何人,这样便于强化组织的权威。

3. 整套且严谨的规章制度

组织需要一整套的规则和程序来规范组织及其成员的行为,正式制度可以保证权力行使和责任承担相对应,以保证组织的合法性和稳定性。

4. 正规的文书制度和档案

在官僚组织里,一切决定和命令都应当以书面的正式文书下达,并最后妥善保存在组织的档案馆。这样做的目的在于避免领导和成员的变动带来管理上的混乱,正规的文书具有稳定性,能保证每个人明确自己的职责,并记录在案。

5. 非人格化的组织管理

人的好恶和情感等非理性因素常常会影响组织的客观理性,在组织内必须避免这种情况发生。在管理活动中要区分公事和私事的界限,在正式的公务活动中,一切以法律、法规为准则,不能掺杂个人情感和偏好。

6. 特定的专业培训机构

韦伯认为,组织在各个领域都必须配备专家和技术人员,以适应高度分化的专业

---

① 马克斯·韦伯.经济与社会(下卷)[M].林荣远,译.北京:商务印书馆,1997:309.

需要,组织要随时能给成员提供必要的专业培训,增强成员认识和解决问题的能力。

四 古利克和厄威克系统化的古典管理理论

卢瑟·哈尔西·古利克和林德尔·福恩思·厄威克对古典管理理论进行了归纳总结,并进一步阐释了组织的因素、类型、结构以及原则等,使之更加系统化。

(一) 七项管理职能

1937年,古利克和厄威克在合编的《管理科学论文集》中提出了组织管理的七职能论,即计划(planning)、组织(organizing)、人事(staffing)、指挥(directing)、协调(coordinating)、报告(reporting)、预算(budgeting),简称为"POSDCORB"。

1. 计划

计划是为了实现企业所设定的目标而制订所要做的事情的纲要,以及如何做的方法。

2. 组织

组织是为了实现企业所设定的目标,必须建立权力的正式机构和组织体系,以便对各个工作部门的职责进行安排、规定和协调。

3. 人事

人事包括员工的选拔和训练、培养和岗位安排等方面的职能。

4. 指挥

指挥包括以下各项连续的工作:做出决策;以各种特殊的和一般的命令和指示使决策具体化;作为企业的领导者发挥作用,即领导、监督和激励下属。古利克强调"一个最高领导者原则"或"一个管理原则",不大同意委员会式的管理方式,认为那样会影响效率。

5. 协调

协调是使企业各部门之间工作和谐、步调协同,共同实现企业的目标。它是一种使工作的各个部分相互联系起来的极为重要的职能,古利克在此基础上提出"一致性原则"。按照这项原则,为了避免摩擦和提高效率,要把企业的活动进行分类,把类似的活动划归同一个领导人管辖。

6. 报告

报告是经理人员让对其负责的人了解正在进行的情况,并使自己及下属通过记录、调查和检查而得到相关情报。传统管理学派在这一职能方面提出了所谓"授权原则",即上级把处理日常工作的职权交付给下级,自己保留对重大问题的处置权;认为那些陷在琐碎事务里的领导人之所以难以自拔,只能怪他们自己在授权问题上处置不当,缺乏恰当授权的勇气,以及不知道怎样授权,这是导致组织失败的最普遍因素之一。

7. 预算

预算包括所有的财务计划、会计工作和以控制形式出现的预算。企业的控制活动是通过以下过程来实现的:经济性的测定,将实际成果同预算相比较,并对其间的差异进行分析、找出原因,采取必要的手段来消除差异,以及在必要时改变目标和计划。之后,这一项职能所包含的预算控制、成本管理、质量管理等,都进一步得到发展。

(二)组织管理八原则

厄威克在《组织的科学原则》一书中提出了组织的八条原则,分别是:目标原则,即所有组织都要表现出一个目标;相符原则,即权力和责任要相符;职责原则,即上级对所属下级的职责是绝对的;等级原则,即在组织中,要按照权力关系形成一个不中断的等级链;控制幅度原则,即每一个上级领导所管辖的相互之间有工作联系的下级最好不要超过6个人;专业化原则,即每个人的工作应该限制为一种单一的职能,以保证专业化;协调原则,即做好不同部门之间的配合和协商工作;明确性原则,即对每个职务都要有明确清晰的规定。

同时,古利克和厄威克还对组织进行了分类,他们认为组织可分为四类:目标组织、程序组织、管理人和物的组织、地区组织。目标组织是指组织的设计和建立的重点是服务于特定的目标,如学校、医院等组织。程序组织主要是对工作中的某些程序进行管理,专业化地处理某些环节具体事务的组织,比如审计单位、预算单位等。管理人和物的组织,顾名思义就是对人或物品进行管理的组织,如我国的人力资源和社会保障部。地区组织则是指以具体组织所在地理位置为特征或者名称的组织,如某市中学。

第二节 行为科学时期的组织理论

行为科学始于20世纪20年代末和30年代初的霍桑实验,霍桑实验是最早在企业中研究人的行为和关系的实验。行为科学是综合应用心理学、社会学、社会心理学、人类学、经济学、政治学、历史学、法律学、教育学、精神病学及管理学的理论和方法,研究人的行为的交叉学科。它研究人的行为产生、发展和相互转化的规律,以便预测和控制人的行为。

一 梅奥的人际关系理论

人际关系理论研究是行为科学的基础,其代表人物是乔治·埃尔顿·梅奥。梅奥依据著名的霍桑实验提出的一系列观点标志着人际关系学派的诞生,主要观点包括以下三个方面。

(一)"社会人"观点

"社会人"观点认为,人不只是追求金钱与物质报酬的经济人,他们同样也有社会需求,不是孤立存在,而是归属于某一个群体的"社会人"。一般来说,人们对融洽的人际关系和组织的归属感比经济报酬更能够激励人的行为。

视频 2-1
亮出党员徽章的牧民大叔
(资料来源:凤凰网视频)

(二)"非正式组织"观点

梅奥认为,组织可分为正式组织和非正式组织。正式组织是指人们为完成某一共同目标,按照一定的规则,正式组织起来的人群的集合体,是具有一定结构、同一目标和特定功能的行为系统。与正式组织相对的是非正式组织,是指因满足员工的社会需要而产生的在一定范围的人群内有某种传统习惯、规矩、智能,甚至利益的群体。

(三)激励观点

组织的领导者要学会通过提高组织成员的满足程度来激励员工,提高其工作积极性。在组织中,生产效率很大程度上受到工人"士气"的影响,"士气"即工人工作的积极性、主动性和协作精神,而"士气"又取决于他们各种需要的满足程度。

二 麦克雷戈的人性假设理论

道格拉斯·麦格雷戈是美国著名的行为科学家,也是人性假设理论的创始人。他在《企业的人性方面》一书中提出了两种人性观的假设,分别被称为 X 理论和 Y 理论。

(一) X 理论

X 理论主要基于"经济人"假设,认为人生来就是懒惰的,他们缺乏上进心,总是想方设法逃避工作;大多数人都没有雄心壮志,不愿负责任,甘愿接受别人的领导;大多数人的个人目标都与组织的目标相矛盾,他们是自私、以自我为中心的,所以要采取强制和惩罚的方式,迫使他们为达成组织目标而工作。一般人都安于现状,他们反对改革,没有创造性;对大多数人来说,他们工作都是为了满足生理和安全的需要,所以只有金钱和地位等才可以激励其努力工作。大部分人都是缺乏理性的,他们很容易受到外界的干扰,只有少部分人可以较好地克制情感和冲动,有效控制自己,而这少部分人应该承担起管理的责任。

在 X 理论的假设下,工人只是一种会说话的机器,没有社交、尊重和自我实现等一系列的社会需要,地位、金钱等是激励其工作的主要动力。在这种情况下,对员工的管理应该采取"胡萝卜加大棒"的方式,组织的领导者要对员工采用强制、惩罚等方式迫使其工作,在领导行为上应该采取高度控制和集中管理的方式。

(二) Y 理论

Y 理论假设和 X 理论相反,认为一般人都是勤奋的,他们热爱工作,从工作中获得成就感和满足感,如果环境有利,人们工作就如同游戏和休息一样自然;人都有自我控制和监督能力,即使没有外界的压力和惩罚,人们一样会努力工作;在通常情况下,人们不但会接受责任,而且还会主动寻求责任;人们有着高度的想象力和创造性,能够积极解决问题;在现代工业社会的条件下,人的潜力只有一部分被使用。

在 Y 理论的假设下,管理者的职责就在于创造适当的环境,使人们认识自己的特性,充分发挥自身潜力。同时,在管理中只有内在激励才能真正满足人们的需要并且最大限度地调动员工的工作积极性,因此要适时、及时地转变对职工的奖励方式。在这种情况下,组织的领导者应该采用民主化和自由化的领导方式,在行为上必须遵循以人为中心的领导原则,使下属的目标和组织的目标更好地结合起来,为开发员工的智慧和能力创造有利的条件。

三 赫茨伯格的双因素理论

弗雷德里克·赫茨伯格是美国心理学家、管理理论家、行为科学家,也是双因素理论的创始人。双因素理论认为,影响组织中人们积极性的因素可以按照激励功能的不同分为激励因素和保健因素。

激励因素是指那些可以使人产生满意和积极情绪的因素。激励因素往往与工作本身的特点和工作的内容联系在一起,比如获得成就、受到赏识、工作本身的特点、责任感、提升和发展等因素。这些因素可以激励员工心理成长和成熟,促使其工作能力提高,也有利于充分持久地调动员工的积极性,提高其劳动生产率。

保健因素是指那些能够预防人产生不满和消极情绪的因素。保健因素往往与工作环境或者条件相关,比如公司的政策与行政管理监督、与主管领导的关系、与同事的关系、与下属的关系、工作的物理条件等。这些方面如果处理不好,不仅会导致员工的不满,而且会挫伤员工的积极性;如果处理得好,就能够预防和消除员工的不满情绪,但不能使员工变得非常满意,也不能从根本上激发员工的积极性。这些因素就像卫生保健对身体健康所起的保健性预防作用一样,因此被称为保健因素。

四 阿吉里斯的人格理论

克里斯·阿吉里斯是美国心理学家,其研究涵盖组织行为学、心理学、教育学、经济学和社会学领域,是组织理论的主要代表人物之一。阿吉里斯1957年出版了《个性与组织:互相协调的几个问题》,该书被誉为组织行为学的奠基之作。

(一)"不成熟—成熟"理论

阿吉里斯指出,一个人从不成熟到成熟的转变过程是由以下七个方面体现出的:① 从婴儿有限的行为方式发展为成人的多种多样的行为方式;② 从婴儿时期只顾及当前发展到成人时期拥有长远的打算;③ 从婴儿行为的被动状态发展到成人行为的主动状态;④ 从婴儿的依赖他人发展为成人的相对独立发展;⑤ 从婴儿时期经常变化和肤浅且短暂的兴趣发展为成人相对持久、专一的兴趣;⑥ 从婴儿时期在家庭或社会上处于从属地位发展为成年人与周围的人处于基本平等的甚至支配他人的地位;⑦ 从婴儿时期的缺乏自觉发展为成人的自觉自制。个性经历了上述发展后,那种富有进取性的心理能力就有了充分发挥的可能。每个人都有自身的需求,在获取需求的过程中,如果遇到了挑战,他就会竭尽全力迎接挑战。

(二)对正式组织的批判

阿吉里斯对泰勒和古典管理学派提出了批评。他认为,泰勒的"精神革命",法约尔的"团队精神",一概都是改造个人,使个性适合于组织的手段。他认为正式组织对个人的限制具体表现在:① 劳动分工限制了个人的主动性,限制了个人的自我表现,要求个人只使用其一小部分能力;② 领导者处于高层,重视通过明确的权力等级体系控制整个组织,直至最底层,导致个人依附于领导者并处于被动状态,个人对工作环境缺乏自主权和控制权,以致目光短浅;③ 统一指挥原则意味着由领导者来指挥和控制通向组织目标的道路,而当组织目标并不包容员工个人目标时,就不许员工按其内在需要来表达他们自己的意愿,问题就会愈来愈多;④ 控制幅度的概念使得在最基层的个人的自我控制范围变小,个人看到前景的时间幅度缩短。

阿吉里斯认为,一个好的组织必须注重消除个性和组织之间的不协调,要推动个性的健康发展。阿吉里斯从组织在个人成长和发展的责任角度,反思了古典官僚理论在正式组织方面的不足,是较早思考组织道德伦理的学者,体现出朴素的组织人本主义思想。

第三节 科学决策时期的组织理论

科学决策时期的主要代表人物有巴纳德、西蒙和林德布洛姆。科学决策时期没有一个明确的时间起点,共性是其中的代表人物均关注组织的决策职能和行为,认为决策职能是一切组织中最重要、最核心的职能,并试图思考如何做出科学合理的决策等问题。

一 巴纳德的组织协作理论

组织协作理论的代表人物是美国的切斯特·巴纳德。他的组织协作观点主要体现在 1938 年出版的《经理人员的职能》一书中。巴纳德被誉为"现代管理理论之父",他剖析了复杂组织的问题,把组织分为正式组织与非正式组织,他也是第一位将决策职能提升为核心管理职能的人。他的核心决策观点影响了后来的西蒙、马奇等人,推动了决策学派的诞生。巴纳德的基本观点可以概括为以下几点。

(一)组织的本质是一个协作系统

巴纳德认为,正式组织是"对两个或多个个体的活动或力量进行有意识协作的系统"①。因此,组织是协作关系下的产物。

(二)非正式组织的作用

非正式组织是由人们之间的私人联系和互动结成的社会集合,它们不受控制、没

---

① 切斯特·欧文·巴纳德.经理人员的职能[M].王永贵,译.北京:中国社会科学出版社,1997:44.

有结构,甚至缺乏对共同目的的清晰认识。但它是一种沟通方式,可以进一步增强组织成员之间的凝聚力,也可以保护其成员的个人完整性。个人完整性包括个人完整的人格、自尊心、良好的情绪和精神世界,甚至是生命。

(三) 正式组织有三个基本要素

正式组织的三个基本要素为成员的协作意愿、组织的共同目标和组织内有一个众所周知的信息沟通渠道。这三个基本要素是正式组织有效运转的保证。

(四) 权威接受理论

权威的存在必须以下级的接受为前提,下级对权威的接受是有条件的。领导具有权威的条件是:领导的命令必须能让人们理解;命令必须与组织的目标一致;命令必须照顾组织成员的利益;命令应当让人乐意去执行。

(五) 组织平衡论

组织能否存续主要看组织是否能激发员工释放贡献的意愿。因此,组织必须为成员提供"诱因"以确保成员积极协作。"诱因"是满足成员个人动机和需求的事物,如金钱、社会尊重、声望、自由决策权等。成员积极协作的过程,是为组织做出贡献和牺牲的过程,组织必须尽可能扩大成员的协作区间。只有"诱因"和"贡献"达到一定的平衡,组织才能正常运转。

(六) 管理人员的职能

组织中的管理人员有以下三项职能:① 建立和维持信息交流的系统;② 促使组织成员提供必要的服务;③ 规定组织的目标。上述三项职能是相互联系、相互依存的。其中一项职能自动地产生其他两项职能,并以它们为依据,它们是一个有机整体的组成要素。

二 西蒙的组织决策理论

组织决策理论的代表是赫伯特·西蒙,他的代表作为《管理决策新科学》。在西蒙丰富的管理理论中,有关组织决策的理论主要可以归纳为以下三个方面。

（一）组织决策论

组织就是由作为决策者的个人所组成的系统。在组织中，决策贯穿管理的全过程，管理就是决策。决策存在于组织的各个层次和各级各类人员当中，正是通过层层决策、人人决策，组织才得以统一起来，凝结为一个整体。

（二）组织目标论

西蒙认为，组织的目标就是追求决策的合理性，而合理性则取决于为实现某一目标而合理选择的手段。通过对目标与手段的关系的分析，西蒙找到了一种新的决策方法。这种方法的核心是：首先为要实现的总目标找到一些手段和措施，然后把这些手段和措施看成是下一层次的目标，再为完成这些下一层次的目标找出一些更详尽的手段和措施，这种目标与手段的互相转化便构成一个"目标层级体系"，在这个层级体系中反复找下去，直到有了现成的解决办法为止。

（三）组织设计论

西蒙认为，组织的设计要有利于组织决策，有利于决策所需的信息传递和信息处理。因此，他的组织设计思想主要体现在以下几个方面。① 组织的结构形态。这是组织设计的首要问题。② 组织的专业分工。西蒙主张将作为整个决策系统的组织分解为彼此相对独立的子系统，使各个子系统的信息处理能力和技术手段同其决策任务相适应。③ 组织的专业重心。由于组织成员的信息处理能力有限，组织必须把自己有限的能力花在重要的决策任务上。④ 组织的权力配置。在组织设计中，权力的配置方式有集权与分权两种。西蒙主张集权和分权要适度。

三　林德布洛姆的渐进决策理论

西蒙将组织研究的重心从静态的制度研究转移到动态的决策行为研究上，并强调了人类理性和现实条件之间的矛盾。但是西蒙的决策行为研究没有突破组织的边界，忽略了外界环境对决策的影响。林德布洛姆看到了环境对决策的影响，提出了基于环境思考的渐进决策理论。渐进决策指在社会稳定时，决策者的决策是在既有的合法政策之上采用渐进方式对现行政策加以修改，通过一连串小的改变逐渐实现新的决策目标。

渐进决策理论在当前的政策制定领域有非常广泛的实践。政策制定的实际过程并不是完全理性的过程，而是对以往政策行为的不断补充修正。根据以往的经验，考虑不断变化的环境需要，对以往政策进行局部调适，逐渐把一项旧的政策转变成为一项新的政策，也就是积小的变化为大的变化的过程。渐进决策理论遵从按部就班原则、积小为大原则、稳中求变原则。它承认决策者决策能力的有限性与客观事物发展的无限性之间的矛盾，简化了决策过程、平衡了利益集团之间的关系。但是渐进决策理论只适合在相对稳定的环境中运用，在激荡的社会中，渐进决策理论就凸显出它的保守性和局限性。

第四节　系统科学时期的组织理论

在20世纪60年代到80年代，伴随系统论、信息论、控制论等科学理论的应用和崛起，管理理论和方法也进入了现代化进程，组织理论得到了进一步发展。这一时期的组织理论融合了各种知识和方法，运用一种全新的视野和思维对古典管理时期、行为科学时期、科学决策时期的组织理论进行了归纳和总结，由此组织理论进入一个全新的时期——系统科学时期。

一　系统组织理论

（一）系统组织理论

最早将一般系统论运用于组织研究的是美国哈佛大学社会学教授塔尔科特·帕森斯，他把组织看作一个由相互依赖和相互作用的部分构成的具有一定功能的有机整体，他认为任何一种组织，其本身就是一个社会系统，在这个社会系统内又包括许多小的社会系统。帕森斯的系统组织思想为美国学者理查德·约翰逊、弗里蒙特·卡斯特、詹姆斯·罗森茨韦克所继承，他们三人于1963年合著了《系统理论和管理》。此后，卡斯特和罗森茨韦克于1970年又合作推出了《组织与管理——系统方法与权变方法》。

系统组织理论从系统观点出发，认为组织（企业组织）是一个由相互联系、共同合作的各个要素（子系统）所组成的，为达到一定目标（既有组织的目标，又有其成员的个人目标）而建立的系统。它同周围环境之间存在着动态的相互作用，并具有内部和外部的信息反馈网络，能够不断地自动调节，以适应环境和自身的需要。在组织的系统模式中，有以下五个子系统。

（一）目标与价值分系统

处于社会环境中的组织，在实现组织目标的过程当中，必须考虑影响目标及与目标相适应的基本价值观念。价值观是影响人们社会作用和选择行动的规范性的标准，因此组织的生存依赖于其内部参与者及外界社会共同持有的最低限度的价值观念。

(二) 技术分系统

技术分系统是指组织为达成目标所需运用的各种技术与知识，这是开展日常工作所必需的。

(三) 社会心理分系统

社会心理分系统由相互作用的个人和群体组成，包括个人的行为动机、地位与角色的关系、团体动态性以及影响力系统等。个人的价值观念、情绪、态度、期望等因素，也会在一定程度上影响这个子系统。

(四) 结构分系统

它可以被看作一个组织内各构成部分或各个部分间所确立的关系的形式，如组织中人员的地位等级和权责分配关系、上下指挥监督关系、平行业务联系关系等的正式说明，通常可以通过组织系统图表示出来。此外，像工作说明书、办事细则、组织规程等法令规章，也是规范的结构子系统必备的。

(五) 管理分系统

它贯穿于整个组织，主要作用是整合、协调、设计及控制，如组织目标的确立、策略的运用、结构的设计、工作的分配、控制过程的安排等。从结构层次方面看，管理分系统可以分为作业分系统、协调分系统和战略分系统三个层次；从基本职能方面看，管理分系统可以分为决策、计划和控制三种职能。

二 生态组织理论

生态学原本是生物学的一个分支学科，研究的是自然界生命有机体相互之间及其与周围环境之间的相互关系。世界上任何一种生物都不可能孤立存在，与其他生物、外部环境有着非常密切的关系。生态学研究范围包括社会和生物环境在内的整个生态系统，这种基于系统有机论的研究方法在20世纪30年代被引入行政学领域。美国哈佛大学教授高斯首次将生态学引入行政理论研究，他在1947年出版的《政府的生态学》一书中提出，政府组织与政府的行政行为必须充分顾及生态环境的因素，组织应当与生态环境相适应。行政生态理论以系统论为基础，强调重视组织的环境适应性和变动性,使组织与其存在的内外部环境保持良好的互动关系。到了20世纪50年代,哈佛大学著名行政学家弗雷德·里格斯继高斯之后运用生态学理论研究行政组织,并凭借其开创性的理论成果,成为行政生态理论的代表性人物。在代表作《公共行政生态学》中,他集中论述了公共行政组织的不同模式及行政生态学观点。

里格斯综合运用结构功能理论和物理光谱分析法,设计出能解释各种类型社会的行政组织模式,即融合型、棱柱型、衍射型三种类型(见图2-1)。此类行政组织模式构建在他对社会形态划分的基础上。他认为,人类历史经历了三种基本社会形态,即传统农业社会、过渡社会和现代工业社会,美国、英国属于现代工业社会,古代中国、泰国属于传统农业社会,现代泰国、菲律宾、19世纪前的英法两国属于过渡社会。三种行政组织模式的特征如下。

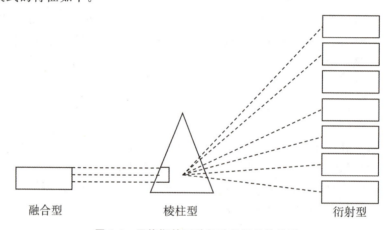

图 2-1　里格斯的三种行政组织结构模型

(一)融合型

融合型行政组织模式是传统农业社会的行政模式。就像折射前的自然光是一道白光一样,传统农业社会的社会结构混沌未开,没有明确、细致的社会分工,缺乏专业化的行政机构。在这种融合型结构中的行政组织效率非常低下。

(二)棱柱型

棱柱型行政组织模式是传统农业向现代工业社会转变的过渡社会的行政模式。如同白光在三棱镜中的折射过程中,虽然光线已经开始折射,但折射还未完成,因此,既有融合的白光特征,又有衍射后各种光的特性,这种过渡社会的行政组织和功能处于半分化状态。

(三)衍射型

衍射型行政组织模式是现代工业社会的行政模式。不同于只有一道白光的传统农业社会，现代工业社会的结构与功能经过棱柱体衍射后形成了各色光谱，存在着明显的专业分工，行政职能专业化，科学、技术和效率成为行政组织明显的特征。

行政组织本就是一个发展的连续体，上述三种类型几乎可以解释所有社会中的行政组织。里格斯认为，各种行政生态环境中都融合着传统社会和现代社会的特征，加之许多传统社会正处于转变过程中，且尚未完成现代社会的转变，因此，应该把重点放在发展中国家的行政生态上，只有这样才能发现传统社会向现代社会转变过程中的组织形态的基本特征。

三 权变理论

权变理论是由美国学者琼·伍德沃德首先提出来的，是在系统理论和生态理论基础上逐渐发展起来的管理理论。权变理论研究的是组织与其环境之间的相互关系和各系统之间与各系统内的相互关系，为组织设计和管理提供依据。所谓权变就是随机应变、权宜变通。权变理论的核心思想是否认存在普遍适用于所有环境的最佳准则，目的在于提出最适合具体情况的组织设计和活动。

权变理论把组织看作一个开放的系统，并试图从系统的相互关系和动态活动中考察和建立一定条件下最佳组织结构的关系类型。它的主要观点有以下几点：① 组织是社会大系统中一个开放的子系统，会受环境的影响，组织要根据其在社会大系统中的作用采取相应的管理措施，以更好地适应环境；② 组织的活动是在不断变化的条件下以反馈的形式趋于组织目标的过程，要根据组织的目标和当时的条件，采取合适的管理方式；③ 管理的功能主要体现在管理活动和组织各个要素相互作用的过程之中，因此要根据组织各要素的关系类型及其与管理活动间的相互作用关系来确定不同的管理方式。

权变理论的内容归结起来，可以表示为管理因变量和环境自变量的一种函数关系。权变方法强调管理者的实际行为取决于既定的环境，即情境。组织管理的任务就在于归纳出组织中的情境由哪些因素组成，每种因素有多少种存在状态，以及由此可以有多少种管理方法。

第五节 当代公共组织理论的发展

20 世纪 60 年代以来，世界经济开始复苏，资本主义文化蓬勃发展，也带来了新旧制度和新旧文化之间的碰撞。新旧制度和新旧文化间的碰撞给全球多数国家的政治、经济、文化带来剧烈冲击,不同国家不约而同掀起各种程度的社会运动。在激荡变革的时代,传统的政府组织模式已不能适应时代和公众的需求,西方国家不得不思考政府组织和行政活动如何适应变化,满足公众期望,消除社会危机,提高国家行政效能。社会运动的风起云涌,也引发了学者对公平、民主等社会价值的思考。因此,当代公共组织理论更加关注组织的道德状况、组织中人的境遇,这种关心不仅仅是基于效率的权衡,而是投射出一种全新的社会管理理念。

一 戈尔姆比斯基的组织道德观

戈尔姆比斯基1967年出版的著作《人、管理与道德》是有关行政伦理的早期研究成果,是整合个人与组织的一种新尝试,对如何达到个人与组织的趋同进行了思索。戈尔姆比斯基认为,传统的组织理论专注于如何建立组织权威、程序规则和监督体系,没有兼顾个人的发展问题。阿吉里斯从提高个人心理成熟度的角度谈个人发展,戈尔姆比斯基却认为传统的正式组织理论忽视个人自由问题,主要源自过去的组织理论,并未关注组织中个体工人的道德状况。戈尔姆比斯基在其著作《人、管理与道德》中提出道德的敏感度与令人满意的工作产出和工人的满意度相关。

戈尔姆比斯基参照犹太教与基督教所共有的伦理道德观,指出现代经济组织应具备以下五点价值观:① 工作必须能被个人在心理上接受;② 工作必须允许个人去发展自己的才能;③ 工作任务必须给予个人相当大的自我决定余地;④ 工人必须有机会以一种有意义的方式控制工作环境;⑤ 组织不应该成为行为唯一和最终的仲裁者,应该运用外在道德秩序来支配个人和组织。以上价值观的实现能够提高员工满意度和工作产出效率。

二 新公共行政思潮

20世纪60年代末70年代初,以美国为代表的西方国家接连出现一系列社会、经济与政治危机,政府改革的呼声此起彼伏,传统的公共行政学说面临严峻挑战。对此,西方行政学界做出了积极、有力的回应。他们反思传统公共行政学讲究效率的工具理性,倡导人的自由解放、人文理性和价值理性,从而引发了新公共行政思潮,并形成了一个新的公共行政学流派——新公共行政学派。

1968年,由《公共行政学评论》的主编沃尔多所发起,一群青年行政学者在美国纽约州雪城大学的明诺布鲁克会议中心举行研讨会,会议的目标是研究清楚公共行政学的相关问题以及这个学科应如何改变以迎接20世纪70年代的挑战。1971年,会议论文以《走向一种新公共行政学:明诺布鲁克观点》为书名结集出版,该书被视为"新公共行政学"的宣言。

新公共行政思潮主要集中在对效率与公平、政治与行政、事实与价值、层级体制与参与这四组关系的讨论。新公共行政的主要观念有：① 警惕把效率视作社会的基本价值；② 对传统的"政治-行政"二分法进行反思，提出要跳出"政治-行政"狭窄的研究视野，不仅研究公共组织的内部管理问题，而且研究公共组织的外部管理问题；③ 主张在研究过程中重视价值的作用，表现更强大的社会倡导作用；④ 对官僚制进行变革，建立以"面对面的沟通"和"相互交流"为特征的开放式的组织结构。

新公共行政运动致力于建立一个开明的、研究规范和价值问题的公共行政学科，主张根据规范和价值去行动，但是缺乏具体的可操作的替代性方案，所以，新公共行政运动止步于理论层面的变革，缺乏对应的政府层面的实践。

三 新公共管理运动

20 世纪 70 年代的经济危机导致西方各国掀起了一场大范围且旷日持久的政府改革运动，其改革目标是建立"工作更好，开支更少"的政府。作为政府管理研究领域的一种新理论和新实践模式，新公共管理范式还有许多不同的名称，如管理主义、以市场为基础的公共行政学、后官僚制模式、企业化政府理论等。尽管这些名称不同，但基本上都表示新公共管理是一种通过采用商业管理的理论、方法和技术，引入市场竞争机制，从而提高公共管理水平和公共服务质量的新管理主义。

戴维·奥斯本和特德·盖布勒在《改革政府：企业家精神如何改革着公共部门》中提出了"十大原则"，是新公共管理的核心，通过这些原则，具备企业家精神的公共管理者也许能够进行大规模的政府改革。"十大原则"内容如下。① 起催化作用的政府：掌舵而不是划桨；② 社区拥有的政府：授权而不是服务；③ 竞争性政府：把竞争机制引入到提供服务之中；④ 具有使命感的政府：改变照章办事的组织；⑤ 讲究效果的政府：按产出而不是投入拨款；⑥ 受顾客驱动的政府：满足顾客的需要而不是官僚政治的需要；⑦ 有事业心的政府：有收益而不浪费；⑧ 有预见的政府：预防而不是治疗；⑨ 分权的政府：从层级制到参与协作；⑩ 以市场为导向的政府：让市场力量发挥作用。

案例 2-2
白宫没钱了？
美国政府再陷停摆危机

四 新公共服务运动

珍妮特·V.登哈特和罗伯特·B.登哈特在对传统公共行政理论和新公共管理理论进行反思和批判的基础上,提出和建立了新公共服务理论。新公共服务理论主张用一种基于公民权、民主和为公共利益服务的新公共服务模式替代基于经济理论和以自我利益为主导的行政模式。新公共服务强调未来将以公民对话协商和公共利益为基础,"而公共服务本身也被视作公民身份的延伸,并因服务他者、追求公共目标而受到鼓励"①。

珍妮特·V.登哈特和罗伯特·B.登哈特在《新公共服务:服务,而不是掌舵》中提出了新公共服务的七大原则,其内容如下。① 服务,而不是掌舵。强调政府应该掌舵,划桨的任务交给市场,大船的拥有者属于公民。② 服务于公民,而不是服务于顾客。当服务专注于顾客时,关注的是顾客的期望和愿望如何能够尽快地得到满足。当服务专注于公民时,意味着引导、鼓励更多人去履行公民责任,去关注如何增进社会公共利益以及社会发展的长期目标。③ 追求公共利益。与新公共管理建立在个人利益最大化的经济观念上不同,公共行政官员必须致力于建立公共利益观念。④ 重视公民权胜过重视企业家精神。政府官员要与公民共享权力,重新定位自己为社会发展过程中负责任的参与者,而不是企业家。⑤ 思考要具有战略性,行动要具有民主性。政府的任何的计划安排都是为了实现集体的远景目标,政府的计划和安排应为有效的、负责任的公民行动奠定基础。⑥ 承认责任并不简单。政府的责任问题极其复杂,政府官员也会遭遇一系列复杂的价值冲突,应通过对话过程和公民参与来化解价值冲突。⑦ 重视人,而不只是重视生产率。政府的目标应是培养负责任的、活跃的、热心公益的政府雇员或公民。

本章小结

19世纪末20世纪初产生了以泰勒为代表的科学管理理论、以法约尔为代表的一般管理理论、以韦伯为代表的科层制理论和古利克、厄威克总结的系统化的古典管理理论。这些管理理论构成了组织理论的基石部分,为公共组织理论的系统化和成型奠定了管理学的基础。

20世纪20年代开始,人际关系学派出现,之后在人际关系学派的基础上出现了人本主义的组织理论。随着20世纪40年代行为科学的出现,组织理论的研究开始投向了人的行为、情感、需求、动机的研究,众多学者也开始思考组织中有关人的道德和自由等问题。

20世纪40年代开始,组织理论的研究进入了科学决策时期。巴纳德是第一位将

---

① 罗伯特·B.登哈特.公共组织理论[M].北京:中国人民大学出版社.2011:153.

决策提升到管理核心地位的学者;西蒙提出了"管理即决策",认为管理最主要的职能是决策,决策贯穿管理的所有过程;林德布洛姆看到了环境对决策的影响,提出了基于环境基础的渐进决策理论。

20世纪60~80年代,组织理论的研究进入一个新的时期,即系统科学时期。这一时期的理论主要包括系统组织理论、生态组织理论和权变理论。

人本主义的组织理论进入公共组织视域后,促进了新公共行政学派的诞生。新公共行政学派主张对社会权利和社会价值进行重新分配。新公共管理理论关注授权、分权、顾客驱动等视角,目标是建立一个"工作更好,开支更少"的社会。

以上理论是公共组织理论的重要组成部分,阐释了各个时期公共管理主体的情况、公共管理的不同关注点以及政府在各时期的不同价值目标和责任。

中英文关键术语

官僚制理论　theory of bureaucracy;

例外原则　exception principle;

卡里斯玛型权威　charismatic authority;

传统型权威　traditional authority;

法理型权威　legal authority;

霍桑实验　Hawthorne experiment;

人际关系理论　interpersonal relationship theory;

社会人　social man;

非正式组织　informal organization;

组织决策理论　organizational decision-making theory;

双因素理论　two-factor theory

第二章
拓展阅读资料

复习思考题

1. 公共组织理论发展共分为哪几个阶段?主要代表性的理论有哪些?
2. 古典时期组织理论主要包括哪些理论?各自的主要思想是什么?
3. 马克斯·韦伯是如何论述官僚组织的基本特征的?
4. 简述行为主义时期组织理论的核心思想。
5. 简述西蒙的组织决策理论的主要内容。
6. 请思考公共组织理论发展的未来趋向。

第二章
自测题

案例分析题

一、阅读材料

早期的福特制

从1908年到1914年,经过试验和修正,福特公司天才的生产管理者团队终于率先开发出了运动的传送带,由此历史性地改变了生产实践方式。尽管这一大批量生产的跨越对于福特公司和千千万万从此能够买得起汽车的美国人是一个巨大的经济成功,但对于那些生产这些汽车的工人而言,却存在许多人性问题和社会问题。

随着工作过程的简化,工人日益痛恨流水线的单调乏味。到1914年之前,福特公司的汽车生产厂创下了巨大的工人流失率——经常每年高达300%甚至400%,工人因为不能承受巨大的工作压力而最终离去。亨利·福特认识到这一问题后,做了一项声明:从现在起,为了激励员工,他将把每天的工作时间从9个小时减少到8个小时,并且把每天的基本工资从2.5美元涨到5美元。这是一次很大的提高,就像今天宣布明天就要把最低工资加倍一样。福特由此成为一位享誉世界的人物,他的新方法也被命名为福特制(Fordism)。

但是,福特表面上慷慨,实际上却伴随着对于人力和物力资源的高度控制。他雇用了几百名检查员来监督工人,不仅在工厂里,而且在工厂外。在工厂里,管理是严密和限制性的。工人不允许离开他们所在流水线的位置,不允许互相说话。他们的工作就是全神贯注于手上的任务。很少有工人能够适应这一系统,他们便只用嘴角"说话",就像口技演员一样,并且发明出一种后来很著名的说话方式——"福特唇语"。福特极端的控制方式使他与管理者之间的冲突越来越大,管理者经常因为与福特意见不一致而被解雇。这样,许多有才能的人都离开了福特,加入了其竞争对手的公司。

在工作之外,福特甚至建立了他所谓的"社会部",任务是检查他的工人是如何生活,如何支配他们的时间的。社会部的检查人员走访工人家庭,调查他们的习惯和问题。有与福特标准相抵触行为(例如,经常酗酒或者总是负债)的员工,很可能被解雇掉。很明显,福特控制工人的举措使他和他的管理者,以一种在今天看来难以接受的、不道德的行为方式而工作。并且,从长远来看,这将损害组织继续繁荣的能力。

(资料来源:聂平平,尹利民.公共组织理论[M].武汉:武汉大学出版社,2009:46.)

二、讨论题

1. 福特所秉持的公司管理理念大体上可以划归到公共组织发展的哪个阶段？这种组织管理理念的优缺点分别是什么？

2. 结合你学过的公共组织理论，为福特公司的管理者提出一些好的建议和方法。

第二章
参考答案

第三章

公共组织的结构

本章引例

中央文件再提收缩型城市

随着城镇化逐渐进入下半场，在一些中心城市、大城市人口快速集聚的同时，另一些中小城市、局部地区也面临着城镇化收缩的局面。

继 2019 年 4 月国家发展改革委官方文件中首次提及"收缩型城市"概念，2020 年 4 月 3 日，国家发展改革委印发的《2020 年新型城镇化建设和城乡融合发展重点任务》（以下简称《任务》）再度提到收缩型城市要瘦身强体。

目前我国的收缩型城市主要出现在东北、西北地区，以东北地区最为典型。其中，相比市域总人口，城市的城区常住人口更能体现城市的人口变化情况。住房和城乡建设部发布的历年城市建设统计年鉴，对东北 86 个城市从 2008 年到 2018 年的城区常住人口变化进行了统计，10 年间，东北三省共有 37 个城市出现城区常住人口减少，占所统计城市的 43%。其中减少幅度较大的城市有鹤岗、肇东、鸡西、公主岭、龙井、鞍山、抚顺、海城、本溪等。

由于 2013 年以来能源经济下行，东北经济放缓，人口外流。若比较 2013—2018 年这五年的人口数据，则更为明显：5 年间，有 54 个城市出现城区常住人口减少，占所统计城市的 63%。面对不少中小城市收缩的局面，《任务》提出，要"稳妥调减收缩型城市市辖区，审慎研究调整收缩型县（市）"。也就是说，未来一些收缩型城市将合并市辖区，瘦身强体。中国社会科学院城市发展与环境研究中心研究员牛凤瑞对第一财经记者分析，在城市发展的过程中，出现收缩型城市是一个客观现象，既有成长中的城市，也有收缩乃至最后消失的城市。当人口数变了，原来很多的区划就占用了行政资源，成本不能下降，服务的人口却越来越少，因此进行区划调整能提高资源配置的效率。

在一些地方收缩的同时，一些地方随着人口的大量流入，也需要进行区划调整。比如广东、浙江、江苏的很多特大镇，动辄数十万人口，但只是一个镇的建制，人员编制等远远满足不了需求，是典型的"小马拉大车"。对这些地方，《任务》提到要按程序推进具备条件的非县级政府驻地特大镇设市。

2019 年 8 月 30 日，浙江省人民政府正式发文：经国务院批准，国家民政部复函浙江省人民政府，同意撤销苍南县龙港镇，设立县级龙港市。龙港也是新型城镇化建设以来，首个由镇实现改市的特大镇。

（资料来源：林小昭，马晨晨.中央文件再提收缩型城市[N].第一财经，2020-04-15.有删减）

讨论题

案例说明了我国政府在经济社会发展过程中行政区划的结构变化,这一变化主要体现在政府的哪一层级?

组织结构是组织效率的首要决定因素。20世纪70年代,诺贝尔经济学奖获得者赫伯特·西蒙指出,有效地开发社会资源的第一个条件,是有效的组织结构。公共组织是以管理社会公共事务、协调社会公共利益关系为目的的组织,例如,政府部门、各级各类学校、医疗保健机构、文化和科学团体、基金会、各种咨询服务机构等。这些组织是否能根据组织内部的条件(如目标、战略、规模、技术等)和外部环境的变化有效地选择和调整组织结构,直接影响公共组织的服务功能和管理效率。本章主要讨论公共组织结构的类型和组织设计的原则、模式和影响因素等一般原理。

第一节 公共组织结构概述

一、公共组织结构的内涵

(一)公共组织结构的概念

结构是指组成整体的各部分要素的排列组合方式。在自然界中,有着相同元素的物质因为内部元素排列组合不同而显示出性质、特征上的巨大差异。如石墨和金刚石都由碳原子构成,但内部原子排列组合方式的差异导致二者在物质外形、性能等方面迥然相异。同理,组织结构确定了组织活动的形式、职能与正式的制度,组织结构在组织的目标实现、功能健全、运行通畅等方面起着至关重要的作用。

公共组织结构就是公共组织内部各成员要素产生相互作用的联系方式或形式,也可称为组织各要素相互连接和排列组合的框架,具体包括构成要素和组合方式。

(二)公共组织结构的特征

公共组织结构与其他一般组织的结构相比,具有以下特征。

1. 权威性

公共组织是根据国家法律法规的要求,在科学理论的指导下,有目的地设计和安排的。公共组织结构的权威性体现在公共组织结构的设计和调整必须经过一系列严格的论证和法律程序。其权威性是由法律来保障和体现的。

2. 层级性

公共组织结构强调等级顺序,有着严明的管理层次,如从中央政府到地方政府、从国务院各职能部门到地方职能部门,都体现了这种层级性。

3. 复杂性

公共组织承担了广泛的经济社会发展职能。社会事务的广泛性、复杂性决定了公共组织结构的复杂性和规模性。

4. 稳定性

稳定性体现在两方面:其一,公共组织结构的变更必须经过严格的论证和法律程序,不能随意设置、取消或调整;其二,公共组织代表广大人民群众行使公共权力,稳定性是公共权力发挥作用的基础,也是公共组织结构的核心。

5. 开放性

公共组织面临的外在环境不断变化,尤其是在现代社会,公共组织要面对各种突发公共事件,因此需要不断和外界进行信息、物质、能量的交换,促使组织的结构、功能等能够根据外界环境适度灵活调整,以适应环境的要求。

二 公共组织结构的功能

美国社会学家帕森斯在 20 世纪 40 年代提出了结构功能主义这一概念,社会系统为了保证自身的维持和存在,必须满足一系列功能。公共组织结构具备四项基本功能。

(一)整合功能

公共组织是人们为了实现公共目标而建立的有机整体。公共组织通过各种法定程序和规则对构成要素进行合理的配置安排,使公共组织各部分得到有效的整合。

（二）沟通功能

公共组织为了有效决策和服务人民，必须对内对外进行有效的沟通。对内沟通是统一成员思想，增进成员理解和配合，形成团结一致、上下齐心的组织氛围，以此实现组织目标；对外沟通是向民众解释各种政府决策，政府为何这样做，这样做可能会取得什么效果，由此获得决策执行的民意基础。

（三）激励功能

有效合理的组织结构规定了组织成员的分工、职责、权限、薪酬等内容，能够确立成员的工作方向和目标，激励成员不断努力。

（四）效率功能

合理有效的公共组织结构会对成员的工作任务、职能分工、权力配置等进行明确的规定。分工合理、权责明确的组织结构能有效调动组织成员的积极性和竞争意识，成员对未来发展有合理预期，因而有利于提升公共组织的效率。

第二节　公共组织结构的类型和层次

一　公共组织结构的类型

根据组织中权力和职能的分配方式，可以将公共组织的结构分为直线式结构、职能式结构、直线职能式结构、直线参谋式结构、事业部式结构、矩阵式结构等类型。

1. 直线式结构

直线式结构也称单线制或简单结构，组织的信息和指令由高层向低层逐层下达，低层员工也只能向较高一级的高层逐一上报。直线式结构中每一层级都只有一个直接上司，上下级之间是一种"命令执行"和"指挥服从"的关系，同级部门和成员之间没有联系、互不往来。组织的职位按照垂直系统直线排列，各级主管对自己的下级拥有直接的指挥权，职权和命令自上至下纵向贯穿于组织之中。例如，我国公共行政组织中的国务院、省级政府、县(市)政府和乡(镇)政府的结构形式就是直线式,如图 3-1 所示。

直线式结构的优点是:简便易行、反应敏捷、费用低廉、责任明确。组织中的成员明确自身的权限和职责,有利于提高组织效率和有效进行指挥控制。但是,直线式结构同样也存在一些问题。第一,单一领导容易造成权力的过分集中,不利于组织民主作用的发挥;第二,信息命令只在上下级之间传递,横向之间缺乏沟通,容易造成信息缺失和沟通不畅;第三,对于组织中的领导来说,缺乏专业化的分工管理,下级一切问题都要向上级请示汇报,会导致上级人员工作繁重,常陷于处理日常事务之中;第四,这是一种适应小型企业、事业单位或现场作业管理的组织体制,在规模较大、管理复杂的组织中难以适应。

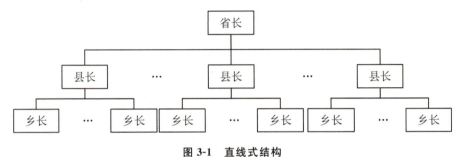

图 3-1　直线式结构

2. 职能式结构

职能式结构是在上级组织的领导下,按照专业化分工设置若干个职能部门,采用职能分工的专业化管理来代替直线式全能管理的一种组织结构。在这种结构中,各个职能部门接受上级的领导指挥,对上级负责,并在自身职能范围内对下级有指挥、协调、监督的权力。职能式结构如图 3-2 所示。

较直线式结构而言,职能式结构在职能分工和专业化管理上具有明显的优势,可以充分发挥组织成员的专业特长,提高组织工作成效,也能有效提高组织成员工作的积极性和创造性。同时,职能式结构可以减轻上级领导的工作负担,使领导能够有更多的精力投入到组织的重大问题研究之中。

但是,这种组织结构也存在难以避免的缺陷。它导致下级的机构和人员受多个上级的指挥,容易产生多重领导、工作推诿、扯皮等问题,造成管理上的混乱。同时,该结构下各职能部门都倾向于从各自的部门利益出发,同级之间各自为政,不能很好地协调配合,使组织缺乏整体观念。

图 3-2　职能式结构

3. 直线职能式结构

直线职能式结构是将直线式结构和职能式结构进行有机结合,横向上划分职能部门的同时,纵向上设置直线式的垂直领导机构,结构形式设置如图3-3所示。在直线职能式结构中,各级领导拥有独立的指挥权,职能部门的领导只有建议权,没有决策权,也没有对下级的指挥权,但是他们在其职能范围内享有一定的决策权和监督权。

直线职能式结构综合了直线式和职能式两种结构,与此同时也将二者的优点结合了起来。它既具备直线式结构统一指挥、职责清晰、行动高效的特点,又将职能式结构分工专业化的优势充分展现了出来。但是,这种结构在各方面的关系比较复杂,容易产生机构之间职责不清的问题,造成部门间的矛盾冲突,因此在采取这种结构形式时需要对组织中各个部门之间的关系进行有效控制和协调。

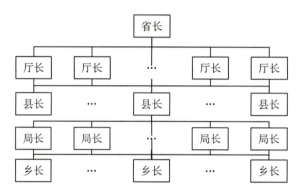

图 3-3　直线职能式结构

4. 直线参谋式结构

直线参谋式结构也是在结合直线式与职能式两种组织结构形式的基础上建立起来的。它以直线式结构为主线,在组织的最高领导下设立职能部门,同时以参谋制作为补充,如图3-4所示。在直线式结构中,组织的最高领导掌握了几乎全部的权力,但是随着组织的发展扩大,组织的关系会日趋复杂,对最高领导综合素质的要求也不断提高,为弥补最高领导的不足,需要在组织中设置参谋机构对领导工作提供建议,进行辅助。

参谋系统直接为直线领导服务,通过其专业化的知识和卓越的能力出谋划策。在垂直的直线部门中,领导拥有独立的指挥权和决策权,参谋机构只是向最高领导提供参谋或咨询意见,没有决策权,在无上级领导的授权下也不能直接向下级发布命令。他们的意见、建议等只有被领导接受后才能发挥作用,因此具有一定的间接性。当前我国的政府组织中出现的越来越多的智囊团、政府顾问等都是典型的政府参谋机构。这一类机构的产生,体现出公共组织对其行为决策正确性、科学性的不断关注,也体现出公共组织决策中社会意识的增强。

在直线参谋式结构中,参谋机构可以为决策起到一定的辅助作用,但是也容易出现参谋机构不作为、被忽视或过度作为导致越权的现象。作用过大,容易将其意图强加给主管者,妨碍直线管理者正确决策;但是如果无足轻重,也会使直线管理者独断专行,导致其决策的正确性和合理性受到质疑。

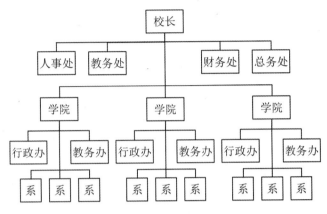

图 3-4　直线参谋式结构

5. 事业部式结构

事业部式结构这一概念是美国企业管理专家斯隆在 20 世纪 20 年代初提出的。它是一种分权式的组织结构形式。它将组织划分为若干个事业部,每个事业部都拥有较大的权力,组织的领导只保留人事管理、财务管理、组织监督等方面的权力。每个事业部由各自部长负责,进行独立的业务活动,并设置自己的职能部门。它的典型特点是"集中决策、分散管理",其结构形式如图 3-5 所示。

事业部式结构拥有很强的适应性,能够使组织对环境的变化迅速做出回应;同时,它降低了决策层的管理负担,可以有效减少决策事务,提高决策效率。此外,这种组织结构下的事业部具有很大的灵活性和自主性,可以激发组织成员的工作积极性和创造性。但是事业部式结构中很多机构设置存在重复现象,会造成人员和资源的浪费;各个事业部在拥有自主性的同时会过分偏重部门利益,忽视组织整体利益和长期利益,影响组织的健康长久发展。

图 3-5　事业部式结构

6. 矩阵式结构

矩阵式结构又叫作规划目标结构。该组织结构形式借鉴了数学中矩阵的思想,把按照职能划分的职能部门和按照项目划分的项目小组这两个系统组成一个矩阵,如图 3-6 所示。

矩阵式结构可以充分发挥职能部门的专业化优势,加强部门之间的协作配合。项目小组是根据工作需要组建的,具有很好的灵活性和针对性,有利于精简机构,提高工作效率,保证组织更好地完成任务。但是,由于小组的成员同时受到职能部门和项目小组负责人的领导,如果两方领导意见不一,会导致工作人员左右为难,组织工作难以正常开展,工作职责混乱。同时,对于组织成员来说,由于很多项目小组是临时性的,变动较大,关系也比较复杂,组织内的人心稳定是需要关注的重要问题之一。

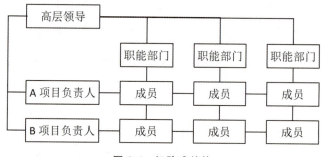

图 3-6　矩阵式结构

二　公共组织结构的新类型

(一) 委员会制组织结构

委员会制组织结构诞生的时间较早,但是得到广泛运用是在 20 世纪之后。随着人类社会的进步和组织研究的发展,委员会制组织结构还出现了一些新的形式,比如董事会、理事会、基金会等。在此,我们把原始委员会制组织结构与在此基础上产生发展的结构形式一起归为新的组织结构类型进行研究。

1. 原始委员会制组织结构

在公共组织中,委员会是一种由两个或两个以上的人组成的行使组织最高决策权的集体。它可以存在于公共组织中的各管理层,对组织不同层次的问题进行管理和决策。委员会的形式和类型可以根据管理的需要而不同,直线式、参谋式、决策式、执行式等多种形式皆可。我们国家的人民代表大会和人民政协采取的都是委员会制组织结构形式。

2. 董事会制组织结构

董事会制组织结构下,由创办者自己或者指派的人担任董事,并组建董事会,各董事按照出资多少选举产生董事长,由董事长担任单位法定代表人,主持董事会工作;董事会聘任组织负责人,主持组织的日常工作。

董事会的职权主要是:根据本单位的工作和业务计划,确定一定时期内的财务预算和决算方案,确定增减开办资金的方案,决定组织内部的机构设置、制定相关的规则章程和管理制度、聘任或解聘民办非企业单位的主要负责人。

当前,世界上的很多非政府公共组织都设立董事会来负责组织中的工作和重大事项的决策等。美国的全国期货协会(National Futures Association,NFA)是一个于1966年组建的非营利性会员制组织,该组织中设立了董事会,由NFA会员在每年1月举行的年度选举中选举产生。

3. 理事会制组织结构

案例3-1
复旦大学第七届董事会第二次会议顺利举行

理事会是指经选举或任命方式组建的咨询机构或是拥有一定权力的组织。在理事会制组织结构下,会员大会或者会员代表大会经过民主选举产生执行机构,代表全体会员为实现理事会的目标开展工作。理事会选举产生理事长、副理事长、秘书长。当理事会的规模较大时,可以由理事会选举产生常务理事会,其中理事长主持理事会和常务理事会的工作,秘书长负责办事机构的日常工作。

理事会制组织结构在各类会员制的社会团体中较为常见,最有名的有联合国安全理事会、联合国人权理事会等。

4. 基金会制组织结构

基金会是一种以公益事业为目的,利用捐赠人或捐赠单位(由自然人、法人和其他相关组织构成)捐赠的财产,按照相关规定成立的非营利性法人。基金会制组织结构就是借鉴基金会的结构特点和运作方式等形成的一种组织模式。基金会的理事、董事可以由发起的个人或单位聘任,也可以由理事会、董事会聘任,由理事长或董事长主持工作,进行民主决策,按照慈善宗旨开展活动。

(二)团队型组织结构

团队型组织结构是运用团队作为协调组织活动的主要方式所形

案例 3-2
陈薇团队疫苗
在上海接种

成的组织结构模式，它兴起于 20 世纪 70 年代末，现在，它已经成为协调组织活动的比较流行的方式。团队就是为了实现某一目标而由相互协作的个体所组成的正式群体。同组织一样，团队既是一个动态的组织过程，又是一种静态的组织类型。

组织内的团队依不同的目标、存在的目的和工作性质，通常可划分为以下几种。

1. 问题解决型团队

问题解决型团队又称任务团队或项目团队，是为了达到某个特定目标而临时建立起来的。这种团队一般由 5～20 个来自同一部门不同领域的员工组成，他们通常被认为是能够把事情做好的人，他们每周用一两个小时的时间来碰头，讨论如何提高产品质量、生产效率，如何改善工作环境、提升职业道德水平等问题。这种团队大多是临时性的任务编组，一般随着问题的解决和团队任务的完成而解散。

2. 自我管理型团队

自我管理型团队又称自发团队或是自我引导团队。这种团队通常由 5～15 人组成，他们承担着以前自己的上司所承担的一些责任，可以自由控制工作节奏、决定工作任务的分配、安排工作和休息等。比较彻底的自我管理型团队甚至可以挑选自己的成员，并让成员相互进行绩效评估。

3. 多功能型团队

多功能型团队是由位于组织层级同一位阶的员工，而非组织中同一工作领域的员工组成。组建这种团队是为了完成某一特定任务，因而需要跨越横向部门的界限，集合不同工作领域的员工，以进行信息交流，集思广益。这种团队一般由 5～30 人组成，由于这种团队完成任务的特定性，它一般都是临时性的，当然也有长久性的，这要视其任务和目标而定。

目前，团队型组织结构形式已经成为完成组织工作最有效的方式之一，在大规模的组织中，既可以把团队型组织结构作为整个组织结构形式，也可以将团队型组织结构作为典型的官僚结构的补充，使组织既能保持官僚结构标准化、规范化的高效率，又可以因团队的存在而增加灵活性。一般来说，团队的生命周期较短，当任务完成以后，团队就解散，其成员则因新任务和新计划与其他人员组成新的团队，团队的成员随着任务或者需求的变化而变动。这种弹性化的人力资源运用方式,可以迅速回应外在环境的变化与服务对象的需求,可以随时针对问题建立弹性化的组合,避免专业化分工所造成的僵化和协调困难。同时,决策的下放与完成任务的挑战性,还可以激发团队成员的成就感和责任心,为组织带来生机与活力。团队型组织结构的缺点在于:一方面,团队组织在规模上有很大的限制,团队的人数较少时,团队最容易取得成功,而人数较多时,彼此的沟通较为困难;另一方面,团体的成功很大程度上依赖团队领导人能够确立明确的任务、团队的成员具有高度的自律性以及团队成员之间的有效沟通。

(三)虚拟型组织结构

所谓虚拟型组织结构,是在契约关系的基础之上,将组织内部的一些业务承包给外部的部门或组织去做,依靠外部机构完成内部业务,而本组织只保留核心部门和员工的一种组织形式。它是随着时代发展、科技进步,为了更好地适应世界经济发展形势而产生的一种开放式的组织结构。

在这种结构模式下,虚拟组织不具备法人资格,也没有固定的组织层次和内部命令系统。当组织的管理人员认为别的组织在某些方面比自己好或者更有优势时,就可以把自己的相关业务出租给它们,充分利用他人的优势,规避自身的弱势,扬长避短,帮助实现自身组织目标。

虚拟型组织结构存在和应用于规模较小但可以发挥主要职能的精干组织。这类组织拥有完整的职能,但是组织内部并没有执行这些职能的部门。组织只保留了最关键的功能,其他的都被虚拟化,通过与外界的合作、整合等方式实现。

虚拟型组织结构可以充分利用其他组织的优势资源发展、提高自身,有利于整合资源、降低成本,实现效益最大化;资源互相利用、互相整合也可以促进组织之间的沟通。

(四)网络型组织结构

网络型组织结构是一种利用现代技术手段发展起来的新型组织结构。借助现代信息技术,网络型组织可以突破地理环境和外界因素的限制,因此涵盖范围很广。它只需要一个核心部门来负责沟通协调与其他组织和部门的关系与活动,因此网络型组织具有较好的弹性和灵活性。

网络型组织结构的基础是现代信息技术和计算机网络,它的出现为公共管理和组织活动带来了新的发展活力。但与此同时,由于其运作模式和自身特点,网络型组织结构的出现也使公共组织中的信息更加透明,组织结构也趋于扁平化,由此导致组织中的层级形式逐渐弱化。

三 公共组织的纵向结构与横向结构

（一）纵向结构

层级制是现代组织最基本的组织结构，尽管会在层级制基础上各有变化。公共组织也是按照层级进行组织设计的，纵向结构上一般分为决策层、管理层、执行层三个层次。每个层次都有自己的权限范围，承担该层级的相应责任。决策层是组织的最高层，负责组织的战略目标、远景规划、大政方针等未来发展方向的定夺，在组织中起着决定性作用；管理层是组织的中间层，依据决策层确定的战略目标，制订具体的活动计划，将宏观目标分解为可实行的方案，并逐步传达下去，起着上传下达的作用；执行层负责执行上级的命令，落实和完成具体的工作任务。虽然三个层次负责的工作内容和侧重点存在差异，但在工作的总目标、总方向上是一致的。

在公共组织的纵向结构上，层级越高，管辖范围越广，对应的权力和责任也越大，高层的组织数量越少；而层级越低，管辖范围越窄，权力和责任也相应越小，组织数量越多。公共组织实行纵向结构划分、分层管理，每个层级有对应的工作和职责，优点是各层级能各司其职，有利于提高工作效率和成员的工作积极性，也便于统一指挥和协调控制。每个层级的负责人负责全面的工作，一方面，有助于全面型公共管理人才的培养；另一方面，这对领导的综合素质要求非常高。由于领导涉及业务广、责任多和精力有限之间的矛盾，每一个层级的负责人都面临繁重的工作量和巨大的工作压力。同时，纵向的结构划分还容易导致地方主义，不利于中央对地方的宏观控制，也不利于地区间的交流合作。

（二）横向结构

公共组织的横向结构是依据专业、职能分工对组织进行的结构划分，横向划分的结果是组织的部门化。公共组织的横向结构有以下几种划分方式。

1. 按照管理对象划分

按照公共组织管理服务对象的不同进行的部门划分常见于政府经济社会发展行业的主管部门的设置，比如中央政府按照管理对象的不同将部门划分为自然资源部、水利部等部门。

2. 按照业务性质划分

这是指根据公共管理业务性质的不同进行分工，比如组织中设立的审计部门、税务部门、人事部门等不同的业务部门。

3. 按照管理程序划分

这是指按照管理过程中程序的不同来设置公共组织部门，比如根据管理过程中的决策、执行、监督、反馈等环节，可以划分为决策部门、执行部门、监督部门、信息部门等。

4. 按照地区划分

以我国行政组织的划分为例，我国划分为 34 个省级行政单位，省级下划分若干市、县，县下又划分若干乡、镇，在同一层级上不同地区划分的组织就属于平行地区的横向分工。

公共组织的横向划分的优点是：根据不同的职能进行分工管理，有利于提高组织工作人员的专业化水平，同时有利于减轻"一把手"的负担。其缺点是：容易造成不同部门之间的壁垒，影响部门之间的信息往来和沟通交流，不利于组织的整体发展。

通常情况下，公共组织中的管理层次和管理幅度成反比。在人数固定的组织中，管理层次越多，管理幅度越小；管理层次越少，管理幅度越大。当管理层次多而管理幅度小的时候，公共组织呈尖型结构；当管理层次少而管理幅度大的时候，公共组织呈扁平型结构。

第三节 公共组织设计

无论是现有的组织变革，还是一个崭新的组织的建立，都要进行组织设计。关于组织设计的概念，许多学者进行了研究。斯洛克姆和伍德曼认为，组织设计是管理者为实现组织目标而建立信息沟通、权力和责任彼此联系的系统；其所设计出的组织结构是为了实现预期目标，而用来连接组织中的技术、任务和人员分工和协作的手段。西拉季和华莱士认为，组织设计是通过把任务、权力和工作组合成结构以实现协调努力的过程。理查德·L.达夫特认为，组织结构的整体设计包括三方面内容，即需要完成的工作活动、报告关系和部门组合。简单地讲，公共组织设计就是对组织活动和组织结构的设计过程。具体地说，有以下几个要点：首先，组织设计是管理者在一定组织中建立最有效相互关系的一种合理化的、有意义的过程；其次，这一个过程既包括组织的外部要素，又包括组织的内部要素；最后，组织设计的结果是形成组织结构。组织结构的内容包括：工作职务的专业化、部门的划分，以及直线指挥系统与职能参谋系统的相互关系等方面的工作任务组合；建立职权、指挥系统、控制幅度和集权、分权等正式报告关系；设计部门沟通、协作与力量整合的制度。

一 公共组织设计的原则

组织的结构形式多种多样，在变动中还会产生一些新的结构形式。虽然各种结构形式是为适应组织活动的需要而产生的，但采用何种结构形式却是由组织工作者设计的。组织工作者在进行结构设计时，应掌握组织结构设计的基本原则。所谓基本原则，就是对各种结构形式的组织普遍适用的原则。

（一）任务目标原则

视频 3-1
用大部制思路
改造政府
（资料来源：
好看视频）

任何一个组织都有特定的任务和目标，每个组织及其每个组成部分都应当与特定的任务相关联。组织的调整、增加、合并或取消都应以对实现目标有利为衡量标准。没有任务目标的组织是没有存在价值的。

（二）分工协作原则

分工与协作是社会化大生产的客观要求。组织设计中坚持分工协作的原则，就是要做到分工合理、协作明确。对于每个部门和每个职员的工作内容、工作范围、相互关系、协作方法等，都应有明确规定。

（三）命令统一原则

命令统一原则的实质，就是在管理工作中实行统一领导，建立严格的责任制，杜绝多头领导或无人负责的现象，保证全部工作的有效领导和正常进行。在确定管理层次时，要使上下级之间形成一条等级链，分层管理、分层负责，不能越级指挥；应实行首长负责制，正职领导副职，最高领导具有最终决定权，并对决策结果全面负责；下级组织必须服从上级组织的命令和指挥，不得各自为政，各行其是，有不同意见可越级上诉；上级不能越级指挥下级，应主持大政方针，不应多管细事；应政令统一，职能参谋部门不要任意发号施令。

（四）集权和分权相结合原则

集权就是把权力相对集中于最高层领导，统帅所属单位和人员的活动。分权与集权恰好相反,它扩大了直接控制面,减少了从最高层到基层的管理层次,使最高层与基层之间的信息沟通较为直接。集权和分权是辩证统一的,一般通过统一领导、分级管理表现出来。集权的程度应以不妨碍基层人员积极性的发挥为限。分权的程度应以上级不失去对下级的有效控制为限。集权和分权是相对的,不是一成不变的,应根据不同情况和需要加以调整。从当今国内外组织的实际情况来看,侧重于分权管理是组织发展的主要趋势。

(五)职、责、权、利相统一原则

一般正式组织都划分有相应的职位、责任和权力。职、责、权、利相统一的原则体现为职务实在、责任明确、权力恰当、利益合理。理论和实践经验都表明,权责不明确容易产生官僚主义,导致无政府状态,影响组织的效能。有职无权,难以行使职责;有权无责,就可能滥用权力。每个部门的责任与权力必须对应,并与利益相协调。同级人员的责、权、利应当保持基本平衡。

(六)管理幅度原则

管理幅度也称管理跨度、控制幅度,是一个管理者能够有效地直接领导、指挥、监督、管理的下属人数和范围。早期的管理学者试图探寻一种理想的管理幅度,以适应一切组织的需要,有的学者甚至运用公式来说明这一点。但近代的管理学者认为,难以研究出一种普遍适用的比率数字。

管理幅度取决于多种因素。① 组织的层级。组织的最低层级大都担负着实际的工作任务,可以有较大的管理幅度,而组织上较高的层级则管理幅度较小。② 工作活动的类型。员工工作活动变化频繁的,管理幅度宜较小;固定性的经常性的工作则可有较大的管理幅度。③ 人员的素质。员工对自我管理需要的差异以及对直接与管理人员接触的要求。④ 组织的类型。在集权的组织中,计划主要由高层领导决定,为了保证计划的实现,要对各阶层严格监督,所以管理幅度要小些;在分权的组织中,下级在执行任务时有较大的自由,管理幅度可以大些。

总之,管理者掌握管理幅度中的这个"度"是很重要的。管理幅度过小,势必增加管理层次;反之,管理幅度过大,会使管理关系复杂化。因此确定适当的管理幅度是管理的重要任务之一。

二 公共组织设计的内容

(一)职能设计

职能设计就是根据公共组织的目标对组织的工作业务进行总体设计,确定其职能结构,并按组织的结构将其划分为不同管理层次、部门、岗位的业务。

职能设计主要包括基本职能设计、关键职能设计和职能分解三部分内容。

基本职能设计是学习国内外一些同类先进组织的设计,将其作为依据和参考,在此基础上对组织设计中的变量因素进行组合和调整,确定本组织的基本职能。关键职能设计是指根据组织的任务和发展战略,找出在组织的基本职能中发挥关键作用的职能,将其作为组织结构框架中的核心内容。从基本职能和关键职能出发进行组织职能设计,全面推进,突出重点,可以在保证基本职能的基础上,发挥关键职能的中心作用。职能分解是把前期确定的组织基本职能和关键职能进行细分,将细分的职能分配给各个管理层、管理部门和具体的管理岗位。在职能分解时要确保科学合理,不能出现职能交叉或者缺失现象。

(二)部门设计

部门是指由组织中某些具有密切联系的业务和人员组成的集合。作为一个组织单位,部门承担着一定的管理职能。几乎所有的公共组织都设置了若干个部门。一般来说,公共组织的部门设计有以下几种。

(1)按照工作职能设立部门:以组织中工作的相近程度为依据进行划分。这种部门设立方式可以把拥有相同或相似专业和研究方向的人员安排到同一部门中,增强部门的专业化程度,提高工作效率,实现组织的规模化建设。

(2)按照工作环节设立部门:管理活动一般包括决策、咨询、执行、监督、反馈等环节,因此公共组织可以以这些环节为划分依据进行部门设计。

(3)按照服务对象设立部门:在现实中,公共组织面对的服务对象往往不止一种,而是复杂多样的,所以可以通过对服务对象进行划分设置不同的部门。根据各种对象的不同特点、需求等采取不同的工作方法、配备不同专业的工作人员,使组织工作更具针对性和有效性。

(4)按照地域设立部门:把同一地区内进行的各种业务活动归入同一个部门,将部门按照地理区域进行划分,之后再在部门中按照需要进一步设立职能部门。这种部门设计方式可以充分利用人力、财力、物力,节约组织资源和成本,提高地区管理效益。

(三)管理幅度和管理层次设计

在设计公共组织管理幅度的时候,需要考虑多方面因素,例如组织管理工作的性质、职权划分的合理清晰程度、组织成员的素质、组织内信息交流畅通情况、组织变革的速度、下级人员和单位在空间上的分布情况等。由于组织的管理幅度受到多种因素的影响,变动性和不确定性较大,因此设置的弹性也比较大,这就要求组织结构设计者在设计时多方位全面考虑,根据具体情况灵活调整。

虽然在通常情况下,组织的管理幅度和管理层次成反比,但是在确定公共组织的管理幅度以后,并不能简单地依据反比关系设置组织的管理层次。组织的层次设计除了要考虑岗位、职责、权限设置、上下级沟通渠道等基本问题外,还要考虑组织中的纵向职能分工、对工作效率的要求等。如果组织中的纵向职能分工不明确,就难以合理清晰地对组织管理层次进行划分;如果公共组织对其工作内容的时效性要求较高,就不适合设置过多管理层次,因为层次太多会造成信息传递时间较长且沟通不畅,影响组织效率。

(四)职权设计

职权设计就是正确处理组织内上下级、同级之间的职权关系,将不同类型的职权合理分配到各个层次和部门,明确各部门、各职务的具体职权,建立集中统一、上下左右协调配合的职权结构。职权设计分为职权的纵向设计和横向设计两个方面。

(1)职权的纵向设计:职权纵向设计的核心是集权和分权的问题。集权是指决策权力大部分或者完全集中在组织的高层或领导部门,而下级拥有的权限较少,只能执行上级的命令和指示;分权是指组织的决策、行动决定权力不完全掌握在上级或领导手中,下级部门和工作人员也拥有一定的自主权。

(2)职权的横向设计:横向设计是指设计者根据组织各部门的专业分工,明确规定各部门独立行使的职权,并在此基础上明确各自的关系。在职权的横向结构设计时要注意组织中职权分离和衔接,即对同一层次的多个部门,按照业务活动及在活动中的责任和作用规定职权,明确职权的范围和部门间的相互关系。

对公共组织职权进行横向设计时要注意以下几方面内容:明确各个部门的权责范围,不能交叉重复;确保各个部门能够独立行使职权,其他部门和上级不能干预;按照各部门承担的业务活动确定职权,不能遗漏;从职权关系上明确职权之间的区别,不能模糊不清;从职权类型上明确各部门分别拥有的权力,不能滥用误用。

(五)管理规范设计

管理规范是组织管理中的各种制度、条例、章程、标准、办法等的总称,它是对组织结构设计的进一步细化,既能使组织成员更加明确自己的职权、职责、利益等,也可以防止组织工作在执行中的随意变动,保证工作的稳定性,使组织结构设计更加合理、合法。

一般而言,管理规范设计的程序如下:第一,根据组织的发展需要以及内外环境,提出规范建立的目标和相关要求;第二,通过调查研究并收集相关资料,起草管理规范的初步方案;第三,组织相关的领导、专家学者、智囊团以及组织的一般成员对初步方案进行讨论,修改和完善不足之处,并决定最终方案;第四,按照一定的程序正式颁发管理规范。

在设计管理规范时,要注意以下几方面内容:要实事求是、科学规范,注重领导设计和群众设计相结合;要保证规范的设计通俗易懂、繁简适度;要坚持系统、全面、统一的原则和职务、职责、职权、利益相结合的原则。

三 公共组织设计的影响因素

公共组织的管理者进行组织设计时，不仅要审视组织内部的结构变量，还要审视组织外部的情境变量。结构变量和情境变量是公共组织设计的主要影响因素。

（一）结构变量

结构变量（structure dimensions）是描述组织内部特征的标尺，为测量和比较组织奠定了基础。这些变量包括正规化、专业化、职权层级、集权化、职业化等。有些特征变量在组织结构的关键特征中有讨论，在此仅做简要的描述。

1. 正规化

正规化是组织工作标准化的程度。组织通过一系列工作程序、职务说明、规章制度和工作手册等规定组织中的行为和活动。例如，一所重点大学具有较高的正规化程度，就会有很多关于学生注册、课程安排、学籍管理、学生公寓管理以及财务支出等标准化文件的制度和规定。

2. 专业化

专业化也称工作专门化或劳动分工，是指将组织的任务分解为各项独立工作的程度。如果专业化程度较高，每个员工就只执行范围狭小的工作，每天从事简单重复的劳动。如果专业化程度较低，员工职责内的工作范围也就比较宽。

3. 职权层级

职权层级描述了组织中的报告关系和每个管理者的管理幅度或控制跨度。组织层级与管理幅度相关联，当管理幅度较小时，组织层级就增多，相反，当管理幅度较大时，组织的层级就减少。

4. 集权化

集权化是指决策权在组织层级中的高低。如果组织决策权在高层，那么组织就是高度集权化的；如果组织决策权分散在较低的层级，组织就是分权化的。

5. 职业化

职业化是指员工受正规教育和培训的程度。如果员工需要经过较长时间的训练才能掌握工作，该组织就被认为具有较高的职业化程度。职业化一般通过员工的平均受教育年限来衡量，这在医疗行业中可能高达 20 年，而在建筑公司中则低于 10 年。

6. 人员比率

人员比率是指人员在各职能、各部门中的配置，包括管理人员比率、行政事务人员比率、专业职能人员比率以及间接与直接劳动人员的比率等。人员比率的测算就是将各类人员的数量除以组织的员工总数。

（二）情境变量

情境变量（contextual dimensions）反映了整个组织的特征，包括组织目标、规模、技术、环境和文化，它们描述了影响和决定结构变量的组织背景。

1. 组织战略

组织的创设是为了实现组织的战略目标，组织结构和设计是由战略目标派生而来的。高层管理者的主要职责就是决定组织的战略目标及设计，由此使组织能适应变化的环境。

组织战略类型的选择跟最佳组织结构的选择息息相关。波特通过大量的组织研究提出了两种竞争战略：成本领先战略、差异化战略。这两种战略可以帮助组织获得更多利润和增强竞争力。迈尔斯和斯诺提出了组织可采用的四种战略：探索型战略、防御型战略、分析型战略和反应型战略。战略的选择会影响组织的内部特征。表 3-1 概括了与波特、迈尔斯和斯诺的战略相对应的组织设计特征。

在波特提出的差异化战略中，组织试图使其产品或服务与同行业中其他组织的产品或服务相区别。组织可以利用广告宣传、产品特色、附加服务或者新的技术等，使它的产品在顾客看来具有独特性。成本领先战略也称为低成本战略，就是试图通过依靠比竞争对手更低的成本来增加市场份额。

迈尔斯和斯诺提出的探索型战略着眼于创新、冒险、寻求新的机会以及成长，该战略适合于动态、成长中的环境；防御型战略更关注稳定甚至收缩，而不是冒险和寻求新的机会，关心组织内部的效率和控制，以便为稳定的顾客群提供可靠的、高质量的产品或服务；分析型战略介于探索型战略和防御型战略之间，组织中的部分产品或服务面向一种稳定的环境，采取追求效率的战略，其他产品或服务则处于创新的、更为动态的、具有成长性的环境；反应型战略严格来说并不是战略，只是以一种随机的方式对环境的威胁和机会做出被动反应，管理者既没有给组织指明方向，也没有一种明确的组织设计思路，其行为只是为了满足眼前的需要。

表 3-1 与波特、迈尔斯和斯诺的战略相对应的组织设计特征

波特的竞争战略	迈尔斯和斯诺的战略
差异化战略 1. 学习导向：灵活、宽松的行为方式，强有力的横向协调能 2. 强大的研究开发能力 3. 密切联系顾客的价值观和行动机制 4. 鼓励员工发挥创新精神、冒险精神	探索型战略 1. 学习导向：灵活、机动、分权的结构 2. 强大的研究开发能力 防御型战略 1. 效率导向：集权和严格的成本控制 2. 强调生产效率和降低管理费用 3. 严密的监督：很少向员工授权
成本领先战略 1. 效率导向：较强的集权、严格的成本控制、频繁详细的控制报告 2. 标准化操作程序 3. 高效率的采购和分销系统 4. 严密的监督：常规任务，很少向员工授权	分析型战略 1. 效率和学习相平衡：在进行严格的成本控制的同时保持灵活性和适应性 2. 产品的高效率生产，同时强调创造性 3. 研究及冒风险的创新行为 反应型战略 1. 没有明确的组织形式 2. 根据现实情况的变化，组织设计特征会发生急剧的改变

（资料来源：理查德·L.达夫特.组织理论与设计[M].12版.王凤彬、张秀萍，等译.北京：清华大学出版社，2017：73）

2. 组织规模

组织规模对组织结构有显著影响。大型组织如中央政府、部委、省委、省政府机构，大型的学校、医院等，比小型组织更为专门化和部门化，拥有更多垂直层级设置和规章制度。从小型组织到大型组织的过程是专业化程度提高、组织层级增加、群体间关系更高程度正规化的过程。大型组织意味着复杂的组织结构，复杂性能使组织拥有大量的职能专家，他们能完成复杂的任务，生产出复杂的产品和提供多样化的服务。反之，小型组织更趋向一种扁平化的结构和机动、灵活的管理风格，更有助于激发创新精神和创造力。

3. 组织技术

组织技术是在组织把输入转化为产出的整个过程中涉及的技术，具体是指组织在把输入资源转化为产出的整个过程中的信息决策与沟通系统、机器设备、工艺及流程的总和。组织技术的复杂性在一定程度上决定了组织结构的复杂性。组织技术的复杂程度越高，意味着在纵向管理层次上差异化程度越大，管理人员与执行人员之间的差异也会越大。同时，组织技术的进步也会促使组织结构简单化，使组织的纵向层次减少。现代技术的发展推动组织结构出现了一系列新的特征，如使组织横向的专业化

差异和部门化差异缩小,提高了管理自动化程度和管理规范化、标准化程度,也为每一层级管理幅度的拓宽提供了技术支持。现代信息网络技术也缩短了最高管理层与普通员工之间的管理距离,打破了原先的管理层次界限,容易实现组织内部上下的目标对齐。因此,现代组织设计需要考虑现代技术的影响,以求设计出符合时代特征的现代化组织结构。

4. 组织环境

每一个公共组织都是在特定的环境中生存与发展的。从系统论的角度看,环境是指系统以外并与系统发生联系、存在相互作用的客观事物或事物组成的整体。系统必须依赖于环境而存在和发展,环境是系统存在和发展不可缺少的基本条件。现代组织理论认为,组织环境是存在于组织边界之外,可能对组织的总体或局部产生直接和间接影响的所有要素。组织是一个开放的社会系统,它必须与外界环境进行物质、能量、信息交换,以产生自组织行为。组织的生存与发展离不开环境,反过来,组织也影响、改造着环境,组织可以通过结构设计、计划系统、输出的产品以及改变和控制环境要素的努力等对环境的力量做出反应。组织环境越平稳,组织结构的规范化程度就越高;组织环境越复杂,组织结构就越趋于分权。

第四节 中国公共组织的结构体制模式

我国公共组织结构体制有两大基础模式:中国共产党的组织结构系统和中国政府的组织结构系统。这两大组织结构系统各成体系,又密不可分、不可割裂。中国共产党作为领导核心,是中国公共行政的主要决定力量,对政府和社会进行统领和整合;科层制政府服从党的领导和整合,帮助党实现民族复兴重任和共产主义目标。党的结构体制和政府的结构体制为中国公共管理奠定了富有中国特色的组织基石。

一 党结构体制的历史发展与政治地位

(一)党结构体制的历史发展

中国共产党是以马克思主义为指导的无产阶级先锋队,从建立之初,就致力于建设一个组织严密、纪律严明的无产阶级政党。新中国成立以来,中国的国家建设都是在共产党的领导之下实现的,新中国成立以来的一系列成就离不开党的组织结构、严明的纪律和为人民服务的价值目标。

中共一大党纲强调"党的根本政治目的是实行社会革命",自那时起,中国共产党便担负起领导社会主义事业发展的历史重任。中共四大明确提出无产阶级领导权与工农联盟的问题,要求执行党的群众化的组织路线,从而逐渐形成一个基础广泛而坚实的组织网络。

新中国成立以后,党探索并建立了人民代表大会制度。全国人民代表大会是我国最高权力机关,政府是人民代表大会的执行机构。在一系列社会主义改造之后,中国进入社会主义建设时期。社会主义改造完成后,党的领导与国家和社会发展走向一条协同之路。

20世纪90年代以后,随着市场经济改革的不断深入,中国综合国力显著提升,不断融入全球化大潮中,党不断探索和调整自身结构以适应国际国内政治环境和市场环境的变化。2002年,党的十六大报告提出"改革和完善党的领导方式和执政方式、领导体制和工作机制,使党的工作充满活力",明确区分了党的领导方式和党的执政方式的概念;2006年,党的十七大报告提出"要坚持党总揽全局、协调各方的领导核心作用,提高党科学执政、民主执政、依法执政水平,保证党领导人民有效治理国家";2016年,党的十九大报告提出,"坚持党的领导、人民当家作主、依法治国有机统一","在我国政治生活中,党是居于领导地位的,加强党的集中统一领导,支持人大、政府、政协和法院、检察院依法依章程履行职能、开展工作、发挥作用,这两个方面是统一的";2018年,中共中央印发了《深化党和国家机构改革方案》,组建国家监察委员会、中央全面依法治国委员会、中央审计委员会等部门。以上举措均体现了我国坚持党的全面领导,不断改进党的领导方式和执政方式的努力。

历史证明,坚决维护党的领导核心地位,是为了更好地把优秀人才聚集起来、把人民群众动员起来,为实现"两个一百年"奋斗目标和中华民族伟大复兴的中国梦、坚持和发展中国特色社会主义提供坚强的组织保证。

(二)党结构体制的政治地位

不同于普通的社会志愿组织,中国共产党作为一种组织,具有崇高的价值目标和严格的组织纪律,所以千万人愿意主动加入党的组织、参与社会主义事业建设,愿意主动用党的规章纪律约束自身。人民自觉自愿认同并拥护中国共产党的组织系统及其在中国政治体系中的核心地位。

中国共产党是经过历史选择和人民选择的政治组织,在发展和实现社会主义的道路上一路前进。中国共产党的指导思想是马克思列宁主义,将马克思列宁主义和中国革命实践相结合的毛泽东思想、邓小平理论、"三个代表"重要思想、科学发展观以及习近平新时代中国特色社会主义思想。党的指导思想是一面旗帜,也是党动员和联系党员与最广大人民群众的最根本手段,它主导着党的结构体制形态,也决定着中国政治变革的方向和道路。

二 科层制政府的结构

（一）党组织和国家机关之间的关系

党组织领导全国人大及其常委会，领导地方各级党委。国务院是国家最高行政机构，接受党的领导安排。地方各级人民政府受本级党组织的政治领导，同时接受上级人民政府及本级人大的双重领导。

全国人大是我国最高权力机关，人大常委会是其常设机关。国务院、国家监察委员会、最高人民法院、最高人民检察院、中央军事委员会等国家机关都由它产生、对它负责、受它监督。同时，国家主席也是由全国人大主席团提出候选名单，在全国人大会议上选举产生，同时全国人大也有权罢免国家主席，如图3-7所示。

地方人大是地方的最高权力机关。全国人大和地方人大之间没有直接的领导与被领导关系，二者之间是一种法律上的监督关系、业务上的指导关系、工作上的联络关系。

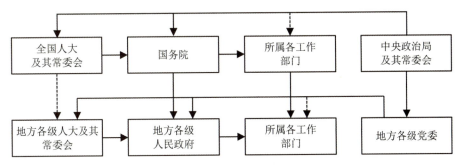

图 3-7 党组织和国家机关之间的关系

（二）中央政府组织架构

2018年3月13日，党的十九届三中全会通过了《中共中央关于深化党和国家机构改革的决定》和《深化党和国家机构改革方案》，国务院开启新一轮机构改革，除国务院办公厅外，国务院设置组成部门26个。中央政府的组织架构如图3-8所示。

1.国务院办公厅

国务院办公厅协助国务院领导处理国务院日常工作事务，依据《中华人民共和国国务院组织法》的规定设立。

2.国务院组成部门

2018年机构改革后，除国务院办公厅外，国务院设置组成部门26个，履行国务院

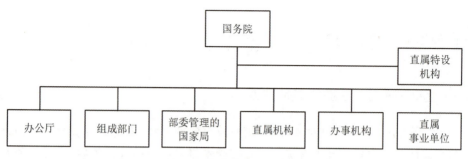

图 3-8 中央政府组织架构

基本行政管理职能,其设立由全国人大及其常委会决定。26 个部门分别是:外交部、国防部、国家发展和改革委员会、教育部、科学技术部、工业和信息化部、国家民族事务委员会、公安部、国家安全部、民政部、司法部、财政部、人力资源和社会保障部、自然资源部、生态环境部、住房和城乡建设部、交通运输部、水利部、农业农村部、商务部、文化和旅游部、国家卫生健康委员会、退役军人事务部、应急管理部、中国人民银行、审计署。

3. 国务院直属特设机构

当前,国务院直属特设机构为国有资产监督管理委员会,代表国家履行出资人职责。

4. 国务院直属机构

国务院直属机构有 10 个,主管国务院某项专门业务,具有独立的行政管理职能,其设立由国务院决定。10 个直属机构分别是:海关总署、国家税务总局、国家市场监督管理总局、国家广播电视总局、国家体育总局、国家统计局、国家国际发展合作署、国家医疗保障局、国务院参事室、国家机关事务管理局。

5. 国务院办事机构

国务院办事机构有 2 个,分别是国务院港澳事务办公室、国务院研究室。国务院办事机构帮助总理办理专门事项,不具有独立的行政管理职能,其设立由国务院决定。

6. 国务院直属事业单位

国务院直属事业单位有 9 个,经由国务院授权,具有一定的行政管理职能,但不属于国家的行政机关。9 个直属事业单位分别是:新华通讯社、中国科学院、中国社会科学院、中国工程院、国务院发展研究中心、中央广播电视总台、中国气象局、中国银行保险监督管理委员会、中国证券监督管理委员会。

7. 国务院部委管理的国家局

国务院部委管理的国家局有 16 个,在负责部委的领导下工作,在一定范围内可单独行文和对外交流。16个国家局分别是：国家信访局、国家粮食和物资储备局、国家能源局、国家国防科技工业局、国家烟草专卖局、国家移民管理局、国家林业和草原局、国家铁路局、中国民用航空局、国家邮政局、国家文物局、国家中医药管理局、国家矿山安全监察局、国家外汇管理局、国家药品监督管理局、国家知识产权局。

（三）中央政府和地方政府的关系

我国政府机构的组织结构是典型的直线式结构，分"中央—省—市—县—乡（镇）"五级层次，具体如图3-9所示。在政府组织结构体系中，上级政府对下级政府实行垂直领导，下级接受上级的命令，各级主管对本单位的一切事务负责。在现行地方行政管理体制下，市辖区、县级市之下设有街道办事处作为派出机关，具有准行政层级地位，承担着广泛的经济社会发展职能。

案例3-3
优化政府组织结构

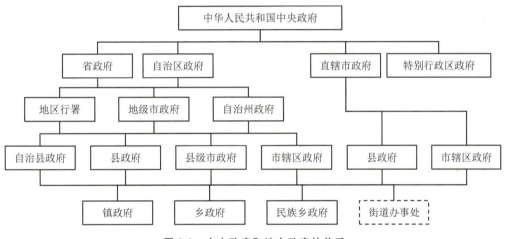

图3-9 中央政府和地方政府的关系

第五节 公共组织结构的未来趋势

随着科技的日新月异，人类社会正在经历一场意义深远的信息革命。这场深刻的变革不仅改变了每一个人的日常生活，而且改变了人们的工作关系和人际关系。当前，韦伯笔下理性的官僚组织结构由于自身难以克服的弊端，已经很难解决后现代社会出现的一系列问题。时代的变化要求组织结构向前发展、与时俱进，故而有必要加强对公共组织结构理论和实践的研究,促进公共组织结构更好地适应当代社会的发展要求。

当前社会背景下,公共组织结构的发展和变化的趋势表现在以下三个层面上。

第一,人的层面。信息化使公共组织面临一个去中心化、多元化、个性更加释放的社会。信息化不仅改变了公共组织的外部环境,而且改变了公共组织的内部环境,影响了组织中人的活动,尤其改变了人的生活方式、工作方式、社交关系和人际关系。

第二,技术层面。随着信息时代来临和互联网发展,网络技术对以往组织结构最大的影响在于打破了组织成员在时间、空间上的沟通限制,为当前公共组织提供了更丰富多元的信息沟通形式和渠道。

第三,社会层面。在科学技术进步的同时,社会的复杂程度也日益增加,无论是社会事务本身还是其涉及对象、处理方式等,多样化趋势都不断显现出来。

面对组织结构的上述变化,科层制的组织结构的未来发展趋势是:由传统的层级制组织机构转向以面对面交流为特征、更具有参与性、边界更加模糊的非层级制组织结构。具体说来,未来组织结构特征有以下几点。

(1)组织形态趋于扁平化。组织内的沟通更加便捷,技术赋能可以提升每一层级的管理幅度,削减中间层级,组织中的部门和人员可以更好地与服务对象对话。因此,未来组织以直接交流为特征,组织行动更为迅捷,对组织外部环境的变化更为敏感、反应更为灵敏。

(2)组织构成趋于柔性化。未来组织和组织之间的合作壁垒会进一步破除,将涌现更多的虚拟型组织。传统公共组织的边界、层级等逐渐消失,从有形组织向无形组织方向发展。组织构成不再呈现固定化、正式化的结构特征,组织结构更加开放灵活,将更好地借助外部环境资源实现组织的目标,组织构成趋于柔性化。

(2)组织结构趋于网络化。依托信息时代背景,信息技术发展使公共组织可以利用信息技术和互联网更好地进行内部管理,更好地实现组织资源的分配整合、部门之间的协调配合等。组织结构和组织工作电子化、网络化已成为事实。

(4)组织边界趋于无缝化。技术的发展使公共组织不再将关注重点放在组织中人员、地点、任务的边界上,而是重点关注如何与外界环境高效互联、快速反应和无缝对接。未来组织和组织间将更加趋于无缝化和开放化,无缝化和开放化也对公共组织的部门和成员提出了更高的要求。

本章小结

公共组织结构是指公共组织的构成要素及其组合方式,体现了公共组织内部各部分和要素之间的一种相互关系。

公共组织结构由人、目标和特定的人际关系构成,具有层次性、复杂性、体系性、规范性、稳定性、开放性等特点。一般层面上,公共组织结构具有整合功能、沟通功能、激励功能、效率功能,具体功能可以从横、纵两方面来认识。

公共组织结构有很多类型。一般类型有直线式结构、职能式结构、直线职能式结构、直线参谋式结构、事业部式结构、矩阵式结构。随着公共组织的发展和对组织理论研究的深入,很多新型的公共组织结构诞生,比如委员会制组织结构(包括原始委员会制组织结构、董事会制组织结构、理事会制组织结构、基金会制组织结构)、团队型组织结构、虚拟型组织结构、网络型组织结构。

公共组织结构按照横竖方向可以分为横向结构和纵向结构,两种结构在现实中均能找到对应。

公共组织设计是指公共组织根据一定的理论和原则,对组织结构和功能进行确定、规划和协调的过程。具体内容包括组织的职能设计、部门设计、管理幅度和管理层次设计、职权设计以及管理规范设计。公共组织结构设计要遵循任务目标原则,分工协作原则,命令统一原则,集权和分权相结合原则,职、责、权、利相统一原则以及管理幅度原则。公共组织的结构变量和情境变量是公共组织结构设计中的重要影响因素。

当前公共组织结构在人的层面、技术层面、社会层面上都发生了很大的变化。面对上述变化,科层制的组织结构未来发展趋势是:由传统的层级制组织机构转向以面对面交流为特征、更具有参与性的、边界更加模糊的非层级制组织结构。

中英文关键术语

组织结构　organization structure;
公共组织结构　public organization structure;
直线式结构　linear structure;
职能式结构　functional structure;
直线职能式结构　straight line and function structure;
直线参谋式结构　line-staff structure;
事业部式结构　multidivisional structure;
矩阵式结构　matrix structure

第三章
拓展阅读资料

复习思考题

1. 简述公共组织结构的概念。
2. 公共组织结构有什么特点?
3. 简述公共组织结构的一般类型及其特点。
4. 公共组织结构有哪些新类型?
5. 公共组织的管理层次和管理幅度之间是怎样的关系?
6. 我国科层制政府的结构表现在哪些方面?
7. 公共组织结构的未来发展趋势是怎样的?

第三章
自测题

案例分析题

一、阅读材料

经报国务院同意，2021年2月2日，福建省政府批复同意漳州市、三明市部分行政区划调整。

根据批复，同意撤销县级龙海市，设立漳州市龙海区，以原龙海市的行政区域为龙海区的行政区域，龙海区人民政府驻石码街道大埕路28号；同意撤销长泰县，设立漳州市长泰区，以原长泰县的行政区域为长泰区的行政区域，长泰区人民政府驻武安镇解放路84号；同意撤销三明市梅列区、三元区，设立新的三明市三元区，以原梅列区、三元区的行政区域为新的三元区的行政区域，三元区人民政府驻列东街道新市北路836号；同意撤销沙县，设立三明市沙县区，以原沙县的行政区域为沙县区的行政区域，沙县区人民政府驻凤岗街道府前中路89号。

批复要求，漳州、三明两市要认真组织实施行政区划调整，按照《行政区划管理条例》要求，加强党的领导，加强总体规划，体现改革精神，着力推进治理体系和治理能力现代化。认真落实新发展理念，尊重和顺应城市发展规律，优化国土空间格局，统筹做好规划、建设和管理，提高新型城镇化质量和水平，增强城市综合承载力和资源优化配置能力。严格执行中央关于厉行节约的规定和土地管理法律、法规、规章和政策，严格按照国务院"约法三章"的要求，不新建政府性楼堂馆所，不增加财政供养人员，不增加"三公"经费。强化组织领导，明确工作责任，做好社会稳定风险评估与处置，妥善处理人员调配、财产处置等问题，加强舆论引导，落实各项工作措施，确保行政区划调整有序稳妥实施。

（资料来源：福建省漳州市、三明市部分行政区划调整[N]. 学习强国、闽南网，2021-02-04）

二、讨论题

1. 福建省漳州市、三明市的行政区划调整对政府结构会造成哪些影响？
2. 案例反映出政府结构改革的什么趋势和特点？

第三章
参考答案

第四章

公共组织环境

本章引例

政府采购制度实施外部环境分析

从"政府采购诉讼第一案""广州格力空调案"到"海韵诉讼案",冷静分析原因都不是政府采购制度改革的错。之所以在推行政府采购制度改革过程中出现问题,全社会都需要冷静反思和认真分析我国政府采购制度的外部环境。

一、经济体制环境

严格来讲,政府采购是随着国家的产生而产生的,也是随着市场经济的发展而发展的。从英国 1782 年首先设立文具公用局,推行政府采购制度改革,到美国 1809 年制定密封投标法,到世界银行 1964 年颁布《国际复兴开发银行贷款和国际开发协会信贷采购指南》,可以说政府采购无不打上市场经济的烙印,也随着市场经济的发展而不断地被赋予新的功能。由于我国还处于社会主义初级阶段,市场经济还处在不断完善的过程中,在这种不成熟的市场经济体制下,推行政府采购制度的过程难免存在纰漏,产生一些问题。

二、法律制度环境

推行政府采购制度是需要法律制度做支撑的。政府采购制度改革本身是一种政府购买行为的大变革,它涉及整个政府购买行为和购买活动的大洗牌式革命,其采购管理模式、采购执行程序、采购操作方式、采购合同履行、采购验收主体、采购救济机制、采购支付形式等都与改革前的购买行为不同。政府采购各环节和涉及的当事人的行为都需要法律制度规范,可当时相关法律条文并不完善,数量少且可操作性不强,从而导致采购乱象。

三、道德体系环境

法治与道德是维系人类社会健康发展的两个基本手段,也是市场经济的两大基石。从法治与道德的关系来看,法律的产生到法治的实现就是一个道德法律化和法律道德化交互演进的过程。法律道德化强调法律内化为人们的道德。不管是哪一个朝代,无论是哪一种国体和政体,诚实守信都是道德体系中永恒的内涵。市场经济也是诚信经济。然而,我国目前法制体系不够完善,道德约束作用弱化,违法违规成本较低,商业欺诈、制假售假、虚报冒领等乱象频出。政府采购活动在这样的环境下无法体现出公开、公平、公正和效益的优越性。

四、行政管理环境

由于监督权的失衡,各管理部门都不想失去已拥有的权力,也不想让自己的既得利益受到损害,每一次改革和制度的出台都是管理部门之间权力与利益的博弈,且制定政策者既是管理者,也是执行者,更是政策的受益者。部门利益绑架社会利益和公共利益,这种旨在权力与利益分割的改革或制定政策、执行政策、监督政策不分离的现象,只会导致行政管理部门之间的争权夺利,政策的整体性、连贯性和配套性被部门利益撕得支离破碎。

五、知识结构环境

政府采购不仅是一门科学,而且是一门综合性很强的科学。它包含多门学科领域的知识,是一个十分复杂且程序性、政策性、法律性、规范性极强的决策过程,它需要政府采购活动中的相关人员有合理的知识结构和丰富的实践经验及较高的综合素质,否则就达不到在规范采购行为的同时,实现政府采购价值目标的目的。

综上所述,以上外部环境制约着我国的政府采购制度改革的推行,不可将目前政府采购活动中出现的问题归结为政府采购制度改革本身,而全盘否定政府采购制度,我们也不能因为外部环境的问题而放弃政府采购制度改革,我们应该知难而上,改善外部环境,创造有利条件,将政府采购制度这项利国利民的改革进行到底。

(资料来源:宋军、宋阳.政府采购制度实施外部环境分析[J].中国政府采购,2012(1),这里有删改)

系统论认为,世界上的任何事物都是由其内部的各个要素按照一定的方式、规则、关系组成的一个有机整体,要素与环境之间、要素与要素之间必须相互适应、相互协调、相互匹配。实际上,正是由于系统内各要素之间、结构与功能之间、要素与环境之间相互联系、相互适应和相互作用,才保证了系统的稳定与和谐,并保证了系统整体功能的发挥。美国著名管理学家孔茨认为,所有主管人员,不论他们是管理一个企业、一个政府、一座教堂、一个慈善基金会,还是一所大学,都必须在不同程度上考虑外部环境的种种因素和力量。公共组织作为服务社会公众、以维护和实现公共利益为基本职责的组织,正是基于一定的关系、方式和相应的规范,把权力、机构、人员、信息等要素组合起来,与周围各种环境相互影响,并在与环境的相互作用中发展和完善自身。

了解和研究公共组织的内外部环境,对于正确认识公共组织的产生、结构、运行、功能、发展规律与变化趋势,探寻优化公共组织内外部环境的正确途径,提升公共组织的运行效率和管理水平等都具有十分重要的意义。

第一节 公共组织环境概述

一 公共组织环境的概念

环境是相对于中心事物而言的,是指围绕某一事物并对其产生影响的外界事物。中心事物不同,环境的大小、内容等也就不同。从广义上说,环境是无限的,它包括事物外部的每一个方面,但我们不能将环境简单地视为"事物界限以外的一切"。那么,公共组织的环境究竟是什么呢?

在组织环境的研究领域,学者们主要从两个途径来理解和把握组织环境:一是描述和列举组织环境的构成要素,二是对组织环境的特征进行分析。组织环境的构成是指组织环境的因素和成分,即组织环境的领域。组织环境的特征或维度主要是指组织环境的属性,比如动荡或稳定、复杂或不复杂等。理查德·L.达夫特指出,从广义上讲,环境是无限的,包括组织外部的每一个方面,但仅就组织为了生存必须对其做出外部反应的方面来说,组织环境是指存在于组织的边界之外、可能对组织的总体或局部产生影响的所有要素。他引入了"领域"的概念来理解组织环境,在他看来,组织环境可以通过分析组织外部的领域加以认识。[1] 他的理解使组织环境的概念易于把握和操作,特别是他对"组织环境领域"这一概念的引入和界定,使组织环境的内涵更具体、清晰,被大多数学者所接受和运用。达夫特认为,组织的环境领域是指组织所选择的活动的环境区域。它是组织为了自身的产品、服务及其面向的市场而选定的领域。公共组织环境的领域是复杂的,从理论上讲,公共组织之外的因素都可以视为环境的组成部分。一一列举它所涉及的每一个因素是困难的,并且这样会冒无限扩大化的风险。海尔·G.瑞尼指出,公共组织经常附属于更大规模的政府机构,大规模的政府机构在本系统内颁布规定,并且这些规定适用于所有下属单位,不同的下属单位在不同政策领域内运作,而且它们与立法者和利益集团的关系常常比它们与上级机构的关系更密切。[2] 这些因素的存在使人们很难判断公共组织环境的范围。所以,分析公共组织环境的领域比分析其他类型的组织环境要复杂得多,这种复杂性无疑会增加对公共组织环境进行界定的困难性,但理论的功能就在于把实践中复杂的东西简洁化、清晰化,以便于人们能认识它。组织在设立和管理边界时,会面临复杂而微妙的问题。如果接受组织的开放系统观念,就是承认了组织受其环境的渗透,即模糊和混淆了任何

---

[1] 理查德·L.达夫特.组织理论与设计[M].7版.王凤彬译.北京:清华大学出版社,2003:149.
[2] 海尔·G.瑞尼.理解和管理公共组织[M].王孙禺,达飞,译.北京:清华大学出版社,2002:83.

区别组织与其环境的简单标准。当然,确定组织的环境边界并非易事,往往这种边界的确定是人为的,也就是说,环境边界的确定往往会因人们的认识差异、所选角度的不同而有所不同。尽管如此,确定边界是必要的,只有确定公共组织的环境边界,才能确定公共组织环境的范围。公共组织环境边界的确定,应该以公共组织为中心,也就是说,只有那些直接作用或间接作用于公共组织的环境因素,才属于公共组织环境的范畴。

在本书中,我们所说的公共组织环境指的就是对公共组织的存在与发展起决定、影响和制约作用的各种因素的总和。

二 公共组织环境的构成

公共组织是由外部环境和内部环境构成的。划分内外部环境首先要明确公共组织的边界。公共组织的边界即组织用以过滤外部环境的影响和组织对外部环境的产出、防止外部环境的干扰、保持自身独立性的界限。例如,政府依法严格限制政府工作人员收受他人贿赂等,在这里,为了防止公权力受外界因素干扰而被滥用,法律法规起到了限制公共组织人员行为的作用。

公共组织的外部环境是指处于公共组织边界之外,直接或间接对公共组织产生影响的各种因素的集合,包括一般环境和特殊环境。一般环境也称宏观环境,包括政治环境、经济环境、社会文化环境、自然环境等。特殊环境也称作微观环境,例如顾客、竞争者、代替者、公众群体等。内部环境也可以称为公共组织的内部条件,是指处在公共组织边界以内的,构成公共组织及其生存发展的各种因素和因素间关系的总和,包括物质性的内部环境和非物质性的内部环境。物质性的内部环境,简而言之,就是构成组织有机体的有形要素,例如组织的人员、物资、设备、经费等;非物质性的内部环境,即构成成分中的无形要素,比如组织中的工作氛围和风气、组织内部的精神状况及心理环境等。公共组织环境的结构如图4-1所示。

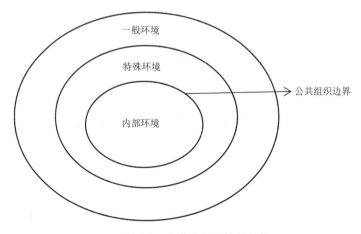

图4-1 公共组织环境的结构

公共组织的环境实质上是一个多主体、多层次、不断发展的多维结构系统的组合。如果公共组织边界是刚性的、不可渗透的,则该组织是一个孤立封闭的系统;反之,该组织是一个互动开放的系统。

三 公共组织环境的类型

公共组织作为社会组织的重要组成部分,其环境也是社会环境系统中的一个子系统,因此公共组织的环境是复杂而多变的。我们可以从不同维度,按照不同标准将公共组织的环境划分为不同类型。

案例 4-1
习近平论生态
环境保护和
经济发展

(一)从环境的内容划分,可分为自然环境和社会环境

自然环境是指一个国家所处的地理位置及其面对的与公共组织发生联系和交互作用的自然条件,比如气候、地形、水源、生物、土壤等自然情况。社会环境指的是人类及其有关活动形成的对公共组织产生影响的各种社会因素之和,具体包括政治环境、经济环境、社会文化环境等。相对而言,社会环境比自然环境对公共组织产生的影响更加直接显著,也更可能起到决定性作用。

(二)从环境的影响范围、规模和层次划分,可分为宏观环境、中观环境和微观环境

一般来说,宏观环境对组织的影响范围最广、规模最大、层次最高,包括国际、国内的发展环境和状况等。诸如国际形势、国内基本国情、国家大政方针、经济发展战略、社会发展战略、外交策略等都属于宏观的公共组织环境。中观环境是指在较大范围内对公共组织产生影响的各种环境因素,主要包括组织的体制机制、机构设置、职能划分等内容。对于公共组织系统而言,组织中各部分的结构安排是否合理、职能划分是否明确、沟通是否顺畅、制度是否健全等均属于中观环境。微观环境是指在一个较小范围内或者在组织的某一层次上,对组织系统、结构、行为、活动等产生影响的各种环境因素,例如组织的地理位置、组织的内部制度建设、组织中人员的构成情况和人际关系、组织中的设施装备等。

（三）从环境的地理区划划分，可分为国际环境和国内环境

国际环境是指影响一个国家公共组织生存、运转和发展的全球性因素，比如国际关系、国际形势等。与之相对应，国内环境则是指在一个国家范围内对公共组织的组建、运作、功能等因素产生影响的国内因素，如国内的自然环境、社会环境等，通常国内环境对公共组织的影响比国际因素更加直接。

（四）从环境对公共组织的作用结果划分，可分为有利环境和不利环境

有利环境是指可以对公共组织的生存发展起积极影响和促进作用的环境，而不利环境则指对公共组织的生存发展起消极影响和阻碍作用的环境。

（五）从公共组织及其与环境的关系划分，可分为一般社会环境、具体工作环境和团体社会环境

一般社会环境是在社会生活中客观存在的、各种公共组织都会面临的共同环境。它的组成部分比较复杂，对其进行梳理归类，大致可以将其分为自然环境、文化环境、政治环境、经济环境四种类型。具体工作环境是指与某一特定的公共组织和活动发生直接关系的环境，例如组织中的薪资待遇、晋升机会、人际关系、福利奖金、工作条件等，这些环境往往能直接影响组织成员的态度和士气，进而影响整个组织的发展和运作。团体社会环境是指在当前社会组织化和民主化发展背景下，各种社会组织或者团体共同组成的复杂的社会环境。这些组织与公共组织有时相互冲突，有时步调一致，一般来说，公共组织只有正确处理好与各种社会团体组织的关系才能更好地发展，实现自身的目标。

四　公共组织环境的特点

与一般组织环境相比，公共组织环境具有以下特点。

（一）复杂性

从一般意义上讲，在现代社会，无论是公共组织还是私营组织，它们所面临的环境都是复杂的。因为社会复杂多变，处于其中的组织的运作必然与多种因素相互关联。公共组织作为公共管理的主体，从它要实现的公共目标、要解决的社会问题、所涉及的服务范围等方面来看，它要考虑的影响和制约因素远比私营组织复杂得多。

(二)差异性

公共组织是管理社会公共事务的一个组织,通过提供公共物品和公共服务的活动以实现整个社会的公共利益。在所有的公共组织中,无论是政府这个公共组织内部,还是政府与其他公共组织之间,其地位都是不同的,作用也不均衡。政府以外的其他公共组织能否发挥作用以及发挥多大作用主要取决于政府对自身的定位。公共组织地位的差异性决定了公共组织环境的差异性,这主要表现为两个方面:一方面,不同层次的公共组织所处的环境领域有大小差别,高层次或处于中心的公共组织面临的是全局、综合性、范围广泛的环境,而其他组织面临的环境则相对具体,范围也窄得多;另一方面,不同的环境因素在不同层次上的影响力也大为不同。

(三)广泛性

对非公共组织而言,环境的影响很多时候只局限于一定的范围内,因为非公共组织面对的只是特定的、有限的人群,其活动范围只限于组织本身以及与组织相关的群体。对公共组织而言,环境的影响则涉及整个社会,这主要是由公共组织面向的服务对象范围以及需要实现的目标所决定的。

(四)动态性

马克思指出,世界上的一切事物都处于变动和发展之中,事物的静止是相对的,运动是绝对的。公共组织的外部环境亦然。构成公共组织的各种外部环境因素不是凝固不变的,而是处于不断变化之中。它们既要受到社会变迁的影响,也要受到人们社会活动的影响,除此之外,还要受到其他环境因素的制约和影响。这表明,公共组织为适应外部环境也是处于动态的变化过程之中的。

(五)不确定性

从理论的角度,我们可以对公共组织的环境做出界定,并分析各种环境对于公共组织的影响。但在具体实践中,现代社会的变动速度快、变动幅度大,从而使得组织所处环境的稳定性受到影响,这种不稳定性甚至超越了人们当下的认识限度。即便可以以现有环境为基点,考量各种因素,预测组织环境未来变化趋势,但这也仅仅是一种可能,因为环境充满难以预测的变数。另外,公共组织环境的复杂性、差异性、广泛性与动态性等特点也加剧了公共组织外部环境的不确定性。因此,公共组织环境的稳定性是相对的,不确定性则是绝对的,尤其在现代社会,这种不确定性的因素更多。

第二节 公共组织环境分析

任何事物的生存、发展都离不开环境,组织也是如此。组织是在一定环境条件下形成的,环境可以为组织的生存提供各种资源和条件。同时,组织的运作发展也在某种程度上影响着环境。公共组织与环境的相互关系一直都受到许多专家学者的关注,很多研究也就此展开。

一 环境分析相关理论

美国社会学家帕森斯在其功能主义理论中曾提出,一个社会只有满足了四个基本需求才能维持秩序和稳定,充分发挥其功能。这四个基本需求是:目标的获得,对环境的适应,将社会不同部分整合为一个整体,对越轨行为的控制。这里提到的对环境的适应就强调了环境对组织功能的发挥起到了重要作用。从 20 世纪 60 年代开始,国外许多公共组织研究专家和对公共组织研究感兴趣的学者从各自不同的学科领域和研究兴趣出发,探究了公共组织与外部环境的关系,并在此基础上形成了一些极具特色的理论,例如资源依赖理论、组织系统权变理论、环境决定理论、种群生态组织理论、行政生态理论等。这些理论为深入研究公共组织与环境的关系提供了新的视角和思路,也促进了公共组织理论的系统化和完善化。

(一)资源依赖理论

资源依赖理论是组织理论的重要理论流派,也是研究组织变迁活动的代表理论之一。它的主要代表人物有杰弗里·普费弗和萨兰奇克。资源依赖理论认为,一个组织最重要的生存目标就是尽可能降低对外部资源特别是关键资源供应组织的依赖程度,同时寻找一种可以影响这些供应组织稳定掌握关键资源的方法。他们提出组织与周围环境是相互依存的。因此,组织除了服从环境外,还可以通过一些其他选择来调整对环境的依赖程度。对环境的认识通常是一个行为过程,它可以被认识并且通过一定的方式调整改变,而非一种固定不变的客观现实。

资源依赖理论提出四个假设:① 组织应该把自身生存作为一项十分重要的内容;② 组织在谋求生存的时候会对很多资源产生需求,但是通常情况下组织本身又不能生产这些需要的资源;③ 组织与它所生存和依赖的环境中的因素产生互动,并且这些因素中经常会包括一些其他组织;④ 组织的生存建立在控制自身和其他组织关系的能力的基础之上。该理论的核心假设是：组织通过获得环境中的资源来维持生存，这一过程要在组织和环境的互动和交换中得以实现，因此，环境会为公共组织提供一些关键的稀缺资源，而资源的稀缺程度决定了公共组织对环境的依赖程度。

资源依赖理论对组织和环境之间的相互关系进行了很好的分析和解释，使人们认识到组织可以采用多种策略来改变自身，从而选择和适应环境。组织的管理方式和应对策略是多样的：当面对不同的环境时，组织会采取不同的策略；而当面对相同的环境时，不同的组织甚至是同一组织的不同管理人员也会采取不同的方式。因此，对环境的不同认识可能会影响环境的实际作用。应当说，从组织及其环境的相互关系角度来讲，主张资源依赖理论的学者看到了环境对公共组织的影响及制约作用，同时环境也给予了组织一定的自主性和能动性，使组织努力寻求影响和改变环境的方式，以谋求自身更好的发展。

（二）组织系统权变理论

在组织理论的研究中，不乏关注组织系统和权变理论的研究者，最早将系统理论和管理理论结合的是巴纳德。他打破传统组织理论研究只注重组织形式、缺乏对组织中人的行为的关注这一弊端，认为组织是人的行为的系统。第一次将系统论引入组织研究领域的是卡兹和卡恩，他们让人们认识到组织是一个复杂又开放的系统，它总是处于和环境的互动之中。这种观点促进了后来系统论和权变理论的融合。

权变理论是系统论的一个分支，最初由劳伦斯和洛希提出，它更加强调组织的各方面例如设计、决策等均受到环境因素的影响，并且强调组织也要寻求合适的方法适应外部环境，使其内部运转和外部环境相适应。其中，外部环境包括地理、文化、技术等多方面内容。后来加尔布雷思还提出了信息加工模型，要求组织重视信息沟通和协调。

从某种程度上来说，这一时期的权变理论过多强调外部环境的作用，对组织内部条件的关注并不多，这存在一定局限性，因为很多问题是无法单纯用外部环境来解释的。这个时候，卡斯特和罗森茨韦克进一步发展了权变理论，使其更加系统化，形成了较完善的理论体系。他们认为组织是一个由很多子系统组成的整体系统，通过一定的界限和环境分离开来。组织类似于一个函数，这个函数包含多个变量，而权变理论就是衡量变量和适宜的方法之间的特殊函数关系。组织的最终任务就是寻求组织和环境、组织中各子系统之间的一致性。

组织系统权变理论将组织的宏观和微观研究结合起来，探究了组织与环境及其各子系统间的相互关系，为组织的设计和管理提供了依据，也推动了相关理论研究的发展。

（三）环境决定理论

环境决定理论是由美国行为主义心理学家华生提出的，该理论最早是用来研究教育和环境对儿童心理发展的影响。

在组织研究领域,英国社会学家、组织学家伯恩斯和心理学家斯托克在对多家企业进行调查研究后认为,不同的组织在其结构类型、管理方法等方面表现不同,并且这在很大程度上受到环境因素的影响。企业如果想要改革组织结构或类型,必须考虑实际情况和具体的环境。对于公共组织来说也是如此,通常来讲,组织所处的环境不同,其类型、结构等往往也不同。例如,相对稳定的环境下形成的大多是机械式组织结构,组织内高度分工和集权,具有很强的规范性;动荡性环境下形成的是有机式的组织结构模式,具有较高的灵活性,能够对环境变化快速做出反应。虽然这些组织结构模式不同,但并不存在优劣之分,只是根据不同的环境采用不同的应对模式罢了。

汤姆森在伯恩斯和斯托克理论的基础上进行了更加详细的阐述。他认为,组织环境有两个因素:环境的变化程度和环境的和谐程度。环境的变化程度分为相对稳定和发生动荡,环境的和谐程度分为环境变化相对简单和日益复杂。由此,他将环境与其结构形式划分为四种,即相对稳定和简单的环境、动荡而简单的环境、相对动荡而复杂的环境、动荡而复杂的环境,并针对各种环境提出了与之相适应的组织结构形式。

(四)种群生态组织理论

1977年,迈克尔·哈南和约翰·弗里曼提出了种群生态组织模型,探讨组织种群的产生、成长、消亡的过程及其与环境转变的关系。这一理论涉及组织的形式,认为组织的形式是指组织特定的技术、结构、产品、目标和人员,这些可以由环境进行选择和淘汰。

种群生态组织模型认为,组织种群是不断变化的,其中会一直有新的组织产生。对组织来说,环境是决定其成败的重要因素,所以组织必须满足环境的需要,不然就会被淘汰。同时,种群内的组织还要不断竞争以求得生存,即所谓的"优胜劣汰"。

种群生态组织模型十分强调环境的作用,认为社会力量非常强大,个体组织很难依靠一己之力来适应环境,但是如果社会中的力量显示出对某种组织或者群体有利的态势,组织抓住恰当的时机就能如雨后春笋般发展起来。不过如果社会形势不利于组织的生存或者对组织的产品不再需要,组织就会面临被淘汰的危险。

20世纪80年代后期,迈克尔·哈南和约翰·弗里曼的研究逐渐转向公共组织类型和外部环境之间的关系,进一步强调外部环境对公共组织的影响和依赖。

(五)行政生态理论

美国哈佛大学教授高斯是将生态学的概念和方法用于行政管理研究的第一人。1936年,他首次提出政府组织及行政行为需要考虑环境因素,代表着公共组织开始关注和研究组织环境。20世纪60年代,美国著名行政学家里格斯运用生态学的观点对政府的行政管理和行政环境间的相互关系进行了研究,创立了行政生态理论,为行政管理和公共组织环境研究提供了新视角,促进了公共组织理论的发展。

里格斯行政生态学研究的成果主要表现在三个方面：① 提出了影响公共行政的五个主要因素，分别是经济因素、社会因素、沟通网络、符号系统和政治架构；② 根据不同的社会形态对社会类型进行分类，分为传统的农业社会、过渡社会和现代化的工业社会；③ 讨论了发展中国家的行政生态问题，过渡社会有三个重要特征：重叠性、异质性和形式主义。

在里格斯看来，行政环境是行政系统生存和发展的基础条件。对行政管理进行研究，不能只关注其制度、规范、结构、行为等，还要重视行政行为对环境的影响。行政生态理论为公共组织的环境研究提供了很好的视角。

二 公共组织的内部环境分析

公共组织的内部环境是指处于公共组织边界以内、构成公共组织并使公共组织赖以生存和发展的所有因素与各因素之间关系的总和。它包括物质性的内部环境和非物质性的内部环境两大类。

（一）物质性的内部环境

公共组织物质性的内部环境是指构成公共组织有机体的有形要素，它是公共组织赖以构成的、不可或缺的一切实体性客观要素（如机构设置、人员构成、机关环境等）的总和。

机关环境又称机关工作环境，主要包括机关空间、办公机具、照明、颜色、温度、湿度、风速、噪声等因素。

机关空间主要包括办公空间和辅助空间两部分。办公空间指机关空间中直接用于办公处所的部分，包括建筑物的结构、实际使用面积以及附属设备条件等。辅助空间是相对办公空间而言的，指机关空间中用于直接办公处所以外的，对办公空间起支持、承载、服务、保护作用的部分。

办公机具是对各种办公用机器设备和用具的统称。办公机具是工作人员办公的手段与工具，影响着工作质量和效率。随着社会经济和科学技术的发展，特别是由于电子和通信技术的迅速发展，越来越多的先进电子设备成为办公机具，工作人员与办公机具一起构成了"人机系统"。

照明是工作环境的重要方面。办公室内自然光、人造光源的强度、色彩直接对工作人员的视觉器官产生影响，进而对这些工作人员的工作情绪、工作效果产生影响。办公室照明条件不良极易引起工作人员的视觉疲劳，从而导致工作精确度、工作速度的下降。相反，如果办公室照明条件充分、合理，则不仅会减少视觉疲劳、提高工作速度和精确度，减少和避免差错，而且能对人的情绪产生有利影响，从而促进工作质量和工作效率的提高。

颜色主要包括办公室的墙壁、天花板、办公机具等的颜色。不同颜色对人的生理和心理有不同的影响。颜色对工作人员生理方面的影响主要表现在对视觉能力和视觉疲劳方面的影响,同时会对人体的内分泌系统、血液循环和血压等产生影响。例如,蓝色和紫色最易引发眼睛疲劳,红色会增高血压并加快脉搏等。颜色也会对工作人员心理方面产生影响,如红、橙、黄等色给人以温暖感,青、绿、紫色给人以寒冷感等。

温度是指空气或其他物体的冷暖程度。我国规定采用摄氏(℃)温标。办公室内的空气温度控制在18~20℃为宜。如果空气温度过高,会增大人体所付出的调节量,一旦调节赶不上需要,就会产生循环系统失调,轻则形成热疲劳,重则中暑患病。相反,如果空气温度过低,不仅会引起肢体不适甚至麻木,而且会降低手在精细运动中的灵巧度,使双手不能协调动作。

湿度是指空气中所含水分的程度,常用相对湿度表示,其数值是在某一温度下,空气中实际水蒸气量与饱和水蒸气量之比的百分数。办公室内相对湿度最好在40%~60%。过湿的空气使人憋闷甚至有窒息感,过于干燥的空气则使人口腔、皮肤有不适感,易产生烦躁情绪。

风速即气流的流动速度。办公室春、秋季风速最好控制在0.3~0.4米/秒;夏季则应在0.4~0.5米/秒;冬季应略低,一般可控制在0.2~0.3米/秒。不合理的风速会加剧不适宜的温湿度条件,合理的风速也同样可以改变不适宜的空气条件。

噪声是指一切对人们生活和工作有妨碍的声音。噪声会给机关工作人员带来生理和心理上的损害,噪声越强、持续时间越久,损害就越大。在噪声的作用下,人的听觉敏感性会降低,会引起听觉疲劳。严重者还会造成永久性听力损失,导致耳聋。噪声强度达到50~60分贝时,将引起血压上升,脉搏加快,肌肉紧张,甚至会抑制肠胃功能。噪声危害人体神经系统,易造成大脑皮层兴奋与抑制失调,导致条件反射异常,使人们表现出头痛、失眠、多汗、乏力、恶心、心悸、注意力不集中、记忆力衰退、神经过敏、惊慌、反应迟钝等症状。噪声对心理的影响是带来厌烦、烦躁、焦急等不愉快的情绪。噪声给人带来的生理与心理方面的危害,会损害人的健康,增加工作人员的生理、心理负担,带来各种不愉快情绪,增大人体的消耗与疲劳感。它们都不可避免地对工作质量与效率产生消极影响。

(二)非物质性的内部环境

公共组织非物质性的内部环境被称为组织氛围。公共组织氛围是指公共组织人员的个性、目标、价值观念同整个公共组织的目标、价值观念、法律规范、行为方式、运行机制不断趋于一致和融合的状态及变化过程。

一个充满活力的公共组织,不仅需要有明确的组织目标、合理的组织结构和体制,而且需要有健康良好的组织氛围。一方面,组织氛围是组织成员在与组织环境的交互作用中构成的。每个成员参加组织,不仅要追求各种需要的满足,而且也会对其所处的环境产生不同认知。一般而言,组织环境对成员的心理及行为影响很大。如果组织有健全的行政结构、良好的人际关系、适宜的工作条件,那么组织成员对环境认知的差异就较小，就比较容易产生共同的心理，成员行为也容易趋同，组织目标实现的可能性就比较大。另一方面，组织氛围也可以认为是组织成员的个性、认知、目标和组织目标的融合一致的变化过程。如果成员的心理和个性与组织目标的要求一致，则组织氛围必然是奋发团结、充满活力的；两者若不一致或有较大差距，则组织氛围必然流于消极颓废、死气沉沉。

公共组织氛围通常由以下变量构成：组织成员对组织法规和纪律的感受程度；组织成员在组织中处理事件的自主程度；组织成员在组织中所面临的冒险性、挑战性的程度；组织成员对享受到的待遇的满意程度；组织成员对组织给予其关心以及对组织中其他成员给自己的关注及友情的感受程度；组织成员能获得的社交机会的多少；组织成员对非正式组织的态度；组织成员对上司、同事和下级所给予的协助和理解的感受程度；组织成员对他人能听其不同意见的感受程度；组织成员对组织目标以及组织规定的工作标准的重视程度等。

组织成员对组织内部上述诸方面的感受，通常是在领导过程、激励过程、意见沟通过程、成员间的互动过程、决策过程、目标设立过程、组织对成员的控制和考核过程中表现出来的。

三　公共组织的外部环境分析

公共组织的外部环境是指处于公共组织边界以外、直接或间接地对其施加各种影响的所有因素的总称。在公共组织外部环境中，除却难以变更的自然环境，政治环境、经济环境、文化环境、技术环境和公共舆论环境是最重要的环境构成因素。

（一）自然环境

自然环境是指环绕生物周围的各种自然因素的总和，如大气、水、其他物种、土壤岩石矿物、太阳辐射等。

自然环境对公共组织发展的影响主要体现在以下几个方面。首先，自然环境会影响公共组织的产生和存在。不同的自然地理环境下各地区可利用资源、区域条件等迥异，由此形成不同的生产方式，导致各地生产力水平、经济发展程度的差异。再次，经济基础决定上层建筑，生产力的不同水平反过来又影响了组织的发展。以我国公共组织的发展现状为例，当前我国公共组织大多存在于经济发达的东部沿海地区。而内陆地区相对较少，这与沿海地区的自然环境有着密不可分的关系。沿海地区通常具备得天独厚的地理区位和丰富的海洋资源，拥有更加开放的发展环境和机遇，也具备更有优势的经济水平，可以充分支持公共组织的发展，为公共组织的诞生创造一个良好的环境。

经典案例4-1

美国河流保护第一案

哈德逊河（Hudson River）是美国纽约州的大河，流经纽约市、奥尔巴尼市。其出产的带状鲈鱼占据了美国带状鲈鱼市场60%~80%的市场份额。同时，哈德逊河风景秀丽，曾有一批以哈德逊河沿岸风光为题材的风景画家被称为"哈德逊河画派"，在美国流行。

20世纪60年代初，纽约一家来头不小的电力公司Consolidated Edison（以下简称Con Ed）提出在哈德逊河上的Storm King山建造一座泵式储蓄水电站，缓解纽约城电力使用高峰期的供电压力。当时经济萧条，工程的实施将提供大量就业机会，同时水电相较于煤电更为清洁，不会对当地环境造成污染，因此电力公司对于工程在当地的推进抱有很大的信心。

但是要建成水电站，就不得不在哈德逊沿岸大兴土木，此举将对哈德逊高地的风俗地貌、文化氛围造成巨大的损害。因此，1963年11月，在一位名为史蒂芬·杜根的环境保护主义者的提议下，哈德逊优美环境保护协会成立，为使哈德逊高地免受工程带来的美学和文化的损害，该协会在律师劳埃德·加里森的帮助下提起诉讼。在当时，美国法院普遍认为，经济利益是起诉的必要条件，同时电力公司还做出了类似"在入口处设置鱼类监视屏，并建立多样的公园和娱乐设施"的改进承诺，所以项目一度施工在即。然而，工程对渔业的巨大影响给案件带来了转机。在电力公司与环境保护协会"战斗"整整15年后，双方最终签署了名为"哈德逊河和平条约"的文件。法院要求Con Ed公司必须将所有工程项目改造成公益娱乐设施，对公众开放。

这个案件，被认为是美国现代环境法的奠基之作，它确立了通过诉讼保护美学和其他非经济利益的司法审判标准。在此案之后，美国河流保护NGO团队如雨后春笋般冒出，他们被称为Water Keeper，美国近60条主要河流都有自己的环保NGO组织。

（资料来源：崔秀林.美国河流保护第一案：电站变生态公园[N].新浪环保，2012-12-04．http://green.sina.com.cn/2012-12-04/153825728496.shtml）

讨论题

1. 公共组织在环境保护中可以发挥什么影响？
2. 该事件体现了公共组织和自然环境之间怎样的相互作用？

古今中外，自然环境和公共组织的安全和稳定息息相关，例如一些高山大河等地理环境可以成为天然的防御屏障，在保护公共组织的安全和稳定上发挥独特的功能。当然，某些特殊的自然环境也可能会对公共组织的安全造成威胁，当今世界很多国家之间长期存在着自然资源之争，最典型的是中东地区的石油资源之争，导致大量的暴力冲突和严重的社会动荡，对政权的安全和稳定造成了极大的破坏。

（二）政治环境

政治环境的基本要素主要包括政治体制、政治权力、国家结构、政府机构、政治制度、公共政策等方面。

案例 4-2
保持风清气正的政治环境

政治环境对公共组织的影响主要表现在以下几个方面：① 政治体制确定了公共组织在社会政治生活中的地位和作用；② 政治权力的划分赋予公共组织或多或少的影响力和约束性，并勾勒出不同组织间的政治关系；③ 国家结构的形式决定了各类公共组织的活动范围；④ 政府机构的设立意味着行政组织拥有超越其他公共组织的权力，在组织生态圈中属于强者；⑤ 政党制度使部分公共组织能够以强有力的集体行动参与公共决策；⑥ 公共政策是公共组织政治活动的结果，也是公共组织施加影响的工具。

（三）经济环境

经济环境的基本要素主要包括经济体制、经济利益、经济实力、产业结构等方面。经济环境对公共组织的影响主要表现在以下方面。① 经济体制决定公共组织的行为方式。在计划经济体制下，公共组织能够在更大范围内干预社会，在市场经济体制下，公共组织只能在有限范围内干预社会。② 经济利益决定公共组织的目标。介入社会生产链的公共组织更侧重于效率目标，介入社会分配链的公共组织更侧重于公平目标。③ 经济实力为公共组织提供权力来源。一般来说，经济实力越强，组织对公共决策的影响就越大。④ 产业结构影响公共组织的发展。产业结构的每一次调整，都会带来社会资源的重新配置、社会财富的重新分配，由此产生新的公共利益和领域，迫使公共组织进行结构的重建或目标的重塑。

案例 4-3
为高质量发展营造良好环境

（四）文化环境

文化泛指人类社会历史实践过程中所创造的物质财富和精神财富的总和。文化环境的基本要素主要包括认知水平、价值观、意识形态、行为规范、道德传统等方面。文化一经形成,它的各方面因素和各方面特征就会以一定的结构形式走向系统性,凝固成特定的文化模式,发展成独特的文化传统。这种文化模式和文化传统通过各种社会组织和传播媒介进入人们的精神生活和物质生活,潜移默化地影响着人们的思维方式、价值取向和行为特点,使人们的思想和行为不自觉地打上时代的文化烙印。

(五)技术环境

技术环境的基本要素是经验技术、实体技术与知识技术(如农业技术支持着农业型组织,工业技术则支持着工业型组织)。在今天,信息技术的发展从多个方面影响着公共组织的结构和行为。技术环境在组织环境系统中的地位达到前所未及的高度。当代主要的技术环境是信息技术环境。

信息技术环境对公共组织的影响主要表现在以下几个方面:① 信息技术的应用使组织结构模式呈现扁平化趋向;② 计算机网络的出现使公共组织管理方式发生了变化,科层制的上级控制管理正逐步转向下级自我管理;③ 信息技术及其他新技术的运用,改变了组织运作的物质依赖条件,组织运作过程得以缩短,组织活动效率大幅度提升,组织适应性不断增强;④ 技术开发与创新的内在动力使组织内部分化出专门进行技术创新的新部门,追求创新、卓越成为组织管理者的职责。

(六)公共舆论环境

公共舆论因素渗透于上述各种环境因素之中,并形成了相对独立的公共舆论环境。公共舆论有时在很大程度上左右着公共组织的目标和行为。由于公共舆论的重要性,许多政府组织不得不重视与媒体的关系和公共关系宣传战略,例如,许多城市的政府定期出版时事通讯并对某些重要会议进行电视转播,尽可能树立政府在媒体中的良好形象。

第三节 公共组织与环境的关系

我国人民非常讲究天时地利人和。任何国家、组织、事务的兴盛或成功与天、地、人等环境因素都有密切的关系,天、地、人所体现的就是组织或事物内外部环境中的诸多因素。可见,环境对组织的生存、发展和运行有重大影响。

公共组织因解决国家和社会发展中的各种事务、问题而产生和存续,是在特定的环境中产生和发展的，其性质、功能、目标、职能等也是由所处环境决定的。环境不仅是公共组织建立的客观基础，而且是公共组织生存和发展的必要条件。环境能促进公共组织的发展和进步，同样能威胁公共组织的生存和稳定。稳定的环境是公共组织发挥正常功能的前提，当然，环境的稳定性是相对的，公共组织想要生存和发展必须具有一定的弹性或可塑性。环境同样制约着公共组织的活动方向和内容，公共组织应根据环境情况来调整自身，以保证管理活动的方向和内容与环境相协调。

一、环境对公共组织的制约

环境不仅是公共组织建立的客观基础，而且是其生存和发展的必要条件，环境与公共组织联系在一起，并时刻制约着公共组织的活动。公共组织的性质、特点、结构和功能主要由组织目标决定，也受到环境的影响和制约。具体而言，环境对公共组织的制约表现在以下几个方面。

（一）政治环境对公共组织的制约

政治环境是指影响与制约公共组织实现其功能的各种政治因素的总和，主要包括政治体系、政治关系、政治局势、公共政策和法治环境等几个方面。公共组织的活动总是在特定的政治背景下进行的。

1. 政治体系因素

政治体系主要是指政治行为主体赖以存在的制度形式，是政治行为主体与政治制度的有机统一。它一般包括两个方面：一是社会政治组织，二是政治制度。

社会政治组织是人们为通过政治权力实现自己的利益和权利，而按照一定原则和规则结成的集合体，如立法机关、司法机关、行政机关、政党等。[①] 政治体系主要通过组织体系的合理化和有效的权力分配机制对公共组织产生影响。

以国家结构形式为例，国家结构形式主要分为单一制和联邦制。不同的国家结构形式将直接影响社会各种公共组织间的关系以及公共组织的运行模式。单一制的国家结构形式虽有分权行为，但更侧重于集权。侧重于集权的单一制国家倾向于把所有的公权力集中于政府手中，希望把所有的公共事务都揽入囊中，这种倾向和惯例很大程度上决定了公共组织的存在状态、模式、职能范围等。在单一制国家，政府是管理社会公共事务的核心，其他公共组织只是政府这一公共组织的分支或附属。联邦制的国家形式更侧重于分权。分权虽然使得各级公共组织有极大的自主性，但是也造成了各级公共组织之间缺乏足够的合作，这最终会导致公共组织在提供公共产品和服务时的低效，甚至造成社会公平缺失、国家矛盾丛生等。

---

① 杨光斌.政治学导论[M].北京：中国人民大学出版社，2004：87.

2. 政治关系因素

政治关系是指在社会生活中，各种政治主体基于力量对比形成的以利益和权力分配为核心的相互关系。利益与权力是政治关系中的核心内容。不同的政治主体有不同的利益与权力诉求，这使得政治关系中的各主体间会产生利益和权力冲突，而公共组织通过管理社会公共事务，提供公共产品和公共服务，以实现社会的公共利益。因此，各政治主体对利益内涵的认知和价值判断势必会影响公共组织目标的确定与实现程度。如果各政治主体都能以是否有利于社会公共利益的实现为标准来协调各方之间的利益矛盾，那么这将有助于公共组织目标的实现。反之，政治主体就可能牺牲公共利益来维持自我利益。

3. 政治局势因素

政治局势是指各种政治势力或社会集团相互作用形成的政治秩序以及政治体系的运行情况，主要表现为政局稳定或政局动荡。政局的稳定与否直接关系公共组织的存在与发展以及公共组织目标的实现。在一个极端不稳定的政治、社会环境中，公共组织难以健康存在和发展，更遑论公共利益的实现，所以营造一个好的政治局势对实现公共目标来说非常重要。

4. 公共政策因素

公共政策是由政府或其他政策主体制定的，调整全社会利益关系并具有鲜明的目标或方向的政治行动或所规定的行为准则，它是一系列条例、法令、措施、办法等的总称。[①] 它通常是公共组织以公权力为后盾实施公共管理活动，对整个社会产生重要影响。公共组织尤其是政府，针对社会生活中存在的或正在发生的问题做出决策，通过调动各种组织机构，调配各种社会资源，运用各种功能手段，并转化为相关的公共项目，以解决问题、稳定政治和发展经济以及规范人们的行为。一项公共政策总会涉及公共组织自身的职能定位以及职能范围。虽然公共政策从本质上说应奉公共利益为圭臬，但是公共政策的制定与出台实际上是各种政治主体相互角逐的结果与产物，这就有可能带来政策的公共向度的缺失，从而损害公共利益。

5. 法治环境因素

法治，简单地说，就是用法律治理国家，强调法律至高无上的权威。法治包括静态的法律规则与制度体系，也包括立法、执法、司法、守法等活动过程。法治是现代民主国家的基本要求，它既是对以政府为核心的公共组织的一种约束，也是对它的一种法律支持。公共组织的本质在于它的公共性，假如没有法律的约束与限制，公共组织便会由于膨胀的私欲而背离组织的公共性，从而损害公共利益；倘若各个公共组织依法

---

① 汪玉凯.公共政策[M].北京:中国人事出版社,2006:1.

运行，就可以借助法律的权威性所赋予的力量去实现公共利益。

（二）经济环境对公共组织的制约

公共组织的经济环境就是指公共组织所处的经济背景。经济环境对公共组织的建立和发展有着决定性的影响，是公共组织自身存在和发展的前提和基础，是公共组织实现社会公共利益的经济保障。经济环境主要包括生产力发展水平、经济结构和经济体制等。

1. 生产力发展水平

生产力是人们在生产过程中形成的解决社会与自然矛盾的实际能力；是人类征服和改造自然，使其适应社会需要的客观物质力量；是生产力的性质与水平的统一体。生产力发展水平主要表现为劳动者和劳动资料的多少、生产规模、发展的速度和劳动生产率的高低等。生产力发展水平直接决定一个国家的经济发展水平，反映社会的总体生产能力和社会占有物质财富的水平。

公共组织主要提供公共产品和公共服务，这需要依赖一定的物质和资源，同时公共组织本身并不直接从事经济性活动以获取经济利益。公共组织要能够提供足够的、优良的公共产品和公共服务就必须解决获取物质和资源的难题，其根本途径在于提高社会生产力发展水平和经济发展水平。社会生产力发展水平和经济发展水平越高，就越能为公共组织的活动提供充分的、可靠的物质保障。在传统社会里，作为主要公共组织的政府所能提供的公共产品和公共服务仅仅是安全和秩序，甚至有时连最基本的安全和秩序都无法提供。在现代社会里，政府提供的公共物品和公共服务不仅包括纯公共物品，如国防、社会秩序、环境保护等，而且包括其他很多准公共物品，如社会保障、道路、桥梁、能源、通信等。所以说，生产力发展水平和社会经济发展水平直接决定着公共组织提供公共产品和公共服务的范围、水平和能力。

2. 经济结构

经济结构主要是指经济活动中各要素之间相互结合、相互联系的存在方式。经济结构的组成不同，公共组织的构成也就不同。里格斯认为，一个国家的公共行政模式基本上是由该国的经济结构所决定和塑造的。不同的经济结构会导致不同的社会形态，而不同社会形态的公共组织模式和运作机制也迥然不同。

在农业社会，经济结构主要是以土地为核心、以农业为主的单一形态，社会资源较分散，社会生产效率低，社会财富总量有限。相应地，公共组织较单一，公共组织模式主要以政府为驱动，是等级型、掠夺型的结构形态，这种经济结构影响了公共组织提供公共产品和公共服务的范围、水平和能力。

在工业社会，经济结构主要是以货币资本、劳动力、物质资本为核心的综合形态，这样的经济结构对于效率有天生的渴望，效率就是企业的生命。为了满足这一经济结构对效率的需求,科学管理理论应运而生。同时韦伯的科层官僚制组织理论也影响了整个工业社会。科层官僚制体现了一种科学化的组织管理方式,在专业化、科层制、等级化的官僚行政中,准确、速度、知识性、连续、灵活、统一、严格服从、摩擦少、物力和人力成本低,成为官僚行政的特有属性。这就形成了相应的"契约—控制—服从"模式。后来经过改革,"竞争—管理—协作"模式出现了。这种组织模式在提高整个社会生产效率的同时,也逐渐背离了公共组织的公共性,表现出沃尔夫所说的内部性,并出现政府扩张的现象:它在不断扩大政府提供公共产品和公共服务的范围时,出现了提供公共产品和公共服务能力不足的问题,也造成了整个社会公共组织的趋同化,使得公共组织间的合作共治变得不可能,造成了提供公共产品和公共服务时的组织垄断现象。所有这一切最终表现为以政府为核心的公共组织在提供公共产品和公共服务时的低效。

在后工业社会,经济结构主要是以知识的生产、分配为核心,是借助于网络而形成的立体结构。这一结构横跨领域多,涉及范围广,关联组织多,使得原有的组织模式远不能适应社会的需求。针对这种情形,治理理论应运而生。治理理论具有以下特征:治理理论认为政府并不是国家唯一的权力中心,各种机构只要得到公众的认可,就可以在不同层面和范围内成为社会权力中心;治理强调国家与社会组织之间相互依存和互动的关系;治理强调管理对象的参与,希望在管理系统内形成一个自组织网络,加强系统内的组织性和自主性;治理理论强调政府在完成社会职能时,除了原有方法外,还有责任采用新的方法和措施。① 这种理论代表了现代政治重建的一种规划,表达了矫治工具理性支配下的"中心化"治理结构的趋势,以构建"多中心治理"模式。这种治理理论上的革命性变革,既带来了整个社会治理模式的改变,也使各组织在提供公共产品和公共服务时合作共治成为可能、变得必要。在理论和现实的推动下,社会形成了新的"服务—信任—合作"治理模式,也称新公共服务模式。这一模式将带来公共组织间关系的改变,提升公共组织提供公共产品和公共服务的能力。

3. 经济体制

经济体制是包括所有制结构、经济决策体系、经济利益关系、经济调节体系、经济组织体系等内容的一系列制度的统称。经济体制直接影响一个国家的经济经营方式、资源分配方式,从而最终影响公共组织的活动方式、公共组织间的关系以及公共组织提供公共产品和公共服务的水平和能力。从现代社会的所有制结构来讲,主要有单一的公有制、单一的私有制和以公有制为主体的混合所有制三种形式。

以单一的公有制为例,生产资料完全集中在政府手中,生活资料的分配由政府完全掌管,与这一所有制形式对应的政府对全社会的管理采取计划的手段,因为只有计划手段才能保证国家对经济活动和社会活动的控制。当生产资料完全掌握在政府手中,生活资料完全由政府分配的时候,政府就成为整个社会经济活动的唯一主体和公共产品、公共服务的唯一供给者。而单一的私有制主要出现在自由资本主义时期,具

---

① 黄健荣.公共管理新论[M].北京:社会科学文献出版社,2005:279.

体表现为生产资料基本上归全社会所有,生活资料的分配也是由社会来完成,实行市场经济制度。在这一时期,作为主要公共组织的政府起着"守夜人"的作用。政府的作用仅限于保护社会免受外敌侵犯,保护每一个社会成员免受其他成员的控制,发动成员建设和保护公共设施等。这一时期的公共组织不多,职能也相对简单,提供的公共产品和公共服务也较少。单一的公有制和单一的私有制都有各自的不足,无论是社会主义国家还是资本主义国家都在进行经济体制变革,取长补短,经济体制均有混合的成分。

由上可见,经济体制制约着公共组织的权力、职能、责任和数量。经济体制的变革则会改变原有公共组织的运作模式和公共组织间的关系,调节公共组织间的相互协商与合作,目的是提高公共组织提供公共产品和公共服务的水平和能力。

(三)文化环境对公共组织的制约

公共组织总是在一定的文化环境中存在、变化与发展,公共组织在确定组织文化、组织模式、组织目标、组织战略、组织结构等方面时必须考虑组织的文化环境。如果离开对公共组织文化环境的分析,就难以解释为什么一个国家会形成这样的组织模式而另一个国家却有着那样的模式,以及为什么相同模式的组织却有着不同的运作结果等一系列问题。文化环境为我们提供了一种探究组织之间、组织内部间差异的一种很好的视角。文化环境对公共组织的影响相对政治环境和经济环境而言比较迟缓,但作用时间长久。

公共组织的文化环境主要指影响一个国家公共组织行为的活动方式、范围、能力的认知水平、价值观念、意识形态、行为规范和道德传统等因素的总和。其中,认知水平决定了公共组织对公共问题的识别和处理的方式,价值观念左右着公共组织对待公共事务的态度,意识形态直接影响公共组织的公共性程度,行为规范决定了公共组织与其他组织的沟通交流方式,道德传统使公共组织自愿扮演特定社会角色,发挥社会功能。

(四)技术环境对公共组织的制约

科学技术的发展改变了人类的生产方式和生活方式,已成为生产力中最为活跃的因素。科学技术是当前组织环境中变化最为迅速的因素。技术是构成组织的要素之一,它制约着组织管理和活动的方式和方法。理查德·斯洛特认为,很少有组织创造自己的技术,组织以机械设备、整套工程、系列指导和熟练工人的形式,从环境中引进技术。[①] 就此而言,公共组织也不例外。公共组织的技术环境是指组织所处的社会环境中的科技要素以及与该要素直接相关的各种社会现象的集合,它包括以下四个基本要素。

---

① W.理查德·斯洛特.组织理论[M].黄洋,李霞,申薇,等译.北京:华夏出版社,2002:173.

(1)科技水平。不仅包括那些引起时代革命性变化的科学发现和技术发明,而且包括与组织活动直接相关的产品和过程技术的发展变化。

(2)科技力量。主要是指社会科技研究与开发的实力,它决定了未来的科学技术水平。

(3)科技体制。是指科技活动过程中的科技资源、科技组织活动规范与科技组织机构所构成的科技组织模式,它是科技发展的制度基础。

(4)科技政策与科技立法。指国家科技战略、政策及支持重点,以及国家对科技事业的管理。

技术环境对公共组织的影响主要表现有:技术的应用使组织结构模式出现扁平化趋向;计算机网络的出现使公共组织管理方式发生了变化;新技术的运用改变了组织运作的技术条件,组织运作过程得以缩短,组织活动效率大幅度提高;技术开发与创新的内在动力使组织内部分化出了负责技术创新的新部门,创新、追求卓越成为组织管理者的职责;网络技术的出现可以避免公共组织的"暗箱"操作,有助于增强公共组织的透明性,从而更好地保证公共组织的公共性。

(五) 信息舆论环境对公共组织的制约

随着信息社会的到来,信息在经济、社会生活中变得日益重要,已成为个人、组织,乃至一个国家在竞争日益激烈的国际环境中生存和发展的关键因素,已经并将继续对人类社会产生广泛而重要的影响。

在信息社会中,信息具有以下几个方面的特性。其一,分布性增强。在信息社会中,社会分工高度发达,每个人都从事不同的工作,每个人也就拥有不同的信息,从而导致分布性增强。其二,异质性增强。信息的异质性是指信息的性质是不一样的。随着信息社会的到来,不同信息之间的异质性越来越强,信息与信息之间的差别越来越大。信息异质性的增强将导致信息的可传递性减弱,在传递过程中会发生信息内容的改变、模糊或丧失。

在信息社会中,公共组织的主要功能是面对纷繁复杂的社会做出科学、合理的决策。获得高质量决策的前提是决策权与信息的合理结合,公共组织的实质就是构建信息流,收集、处理、传递和储存信息。优化的组织结构能够在既定的环境与信息成本条件下有效地配置决策权,从而形成一定的信息流结构。

舆论是信息的一部分,是一种集中的、强化的公众信息。它是社会上大多数人对公共组织的基本态度和行为的看法和意见的公开表达。舆论危机是网络社会公共组织经常遭遇的一种危机,它对公共组织可能造成致命的伤害,也可能为公共组织与公众之间良性互动提供新的契机。如何处理舆论信息,将是网络时代国家治理的一项重要任务,也是新时期考验政府执政能力和一般公共组织公信力的一个重要方面。

二 公共组织对环境的影响

环境会对公共组织产生重要影响,反之,公共组织也会用自己的力量和手段去影响和改变环境,或使环境朝着有利于组织生存与发展的方向改变,以更好地实现组织目标;或囿于组织特殊利益,违背社会发展的客观规律,不按科学原则和要求办事,从而对组织环境产生破坏作用。

因此,公共组织对环境的改造可以分为积极改造和消极改造两种形态。对于封闭型的公共组织而言,因组织本身和环境之间处于分离阻隔的状态,所以它在活动中要凭借其垄断地位,通过组织自身掌握的权力把公共组织的行为和活动强加给环境,对环境的回应和反馈并不关心,结果造成公共组织的调节和控制和环境的反馈不完全对应,从而引发环境混乱,这是公共组织对环境的消极改造。对于开放型的组织而言,组织与环境之间保持着互动,沟通交流频繁密切,组织在采取行动时能充分了解并收集环境中的各种信息,灵活协调应对,这是公共组织对环境的积极改造。公共组织应该保持开放,不断加强和外界的沟通交流,知晓环境、适应环境、改造环境。

(一)公共组织对政治环境的影响

如果公共组织在既有的政治环境下能比较好地履行义务与职能,就会对政治环境形成一种促进作用。如果既有的政治环境不利于其履行义务与职能,公共组织就会通过对自己的政治体系进行调整,对自己的权力关系进行重新配置等手段来创设新的政治环境。在国际关系方面,公共组织可以进行对外政治沟通,缓和国家间的矛盾和冲突,各国公共组织应寻求共识、加强合作,反对霸权主义,维护世界和平与发展,为自己创设一个好的国际环境。

(二)公共组织对经济环境的影响

在现代社会中,政府和各种类型的公共组织在国家经济生活中有日益明显的作用,这突出地表现在它们对经济环境有极大的影响作用。公共组织可以通过建立、调整、改革自己的组织机制和运行程序,制定政策和法令,调整管理方式、手段和生产关系等措施来影响经济环境。

(三)公共组织对文化环境的影响

公共组织作为社会开放大系统中的子系统,既是文化的输入单位,也是文化的输出单位,这就使得公共组织与其周围的文化环境相互交织、相互影响、相互作用。公共组织在接受外部文化环境影响的同时,也在通过自己的活动影响周围的文化环境。公共组织可以通过大力发展科学教育,提高人们的文化思想素质和认知水平;公共组织可以凭借其价值取向和道德取向在社会中的主流地位,通过自己的组织目标、行为方式和先进的思维观念,通过组织自身及成员的率先垂范,向社会展示先进文化的价值、作用和内涵,引导社会文化向健康正确的方向发展,从而影响组织的文化环境。

(四)公共组织对信息、技术的影响

公共组织可以通过技术途径,如减少信息量、降低信息转移成本、提高信息处理能力等方式来降低信息成本;公共组织也可以通过制度性途径来解决信息不对称的问题。制度可以降低社会交换的信息成本——这是较为狭窄地专注于经济过程的制度,经济学家称之为"交易成本"。[①] 通过判断环境的多变性以及信息成本的大小,公共组织可以设计出有效的制度。最优的制度是能够在既定的环境与信息成本条件下,有效配置决策权,从而形成一定的信息流结构的制度,由此形成一个良好的信息环境。

第四节 公共组织环境管理

由于人类认知能力的有限性与公共组织环境的丰富性、复杂性、无限性之间的矛盾,人们对于环境的认知是有限度的,这种限度之外的环境也正是公共组织环境的不确定性之所在,我们可以将这种不确定性形象地比喻为公共组织环境的"黑匣子"。这个"黑匣子"越小,就说明人们对公共组织环境的把握和认知能力越强,越能形成公共组织与公共组织环境的良性互动;反之,人们对公共组织环境的把握与认知能力就越弱,也就无法应对组织环境的压力,造成双方关系的失衡,最终影响公共组织提供公共产品和公共服务的效能,甚至造成整个公共组织系统的失灵与崩溃。因此,有必要采取策略,做好公共组织环境管理。

一 公共组织环境管理概述

公共组织是一个开放的系统,必然要与周围各种环境互相影响。一切公共组织都是在与内外部环境的相互作用中发展的。同时,由于一切公共组织都是动态的、发展的,任何一个管理者和管理活动,都要与该公共组织自身已有的、既定的、客观存在的

[①] 苏长和.全球公共问题与国际合作:一种制度的分析[M].上海:上海人民出版社,2000:176.

条件发生联系,即必须与公共组织的内外部环境打交道。一切管理活动,就它与外部环境的关系而言,表现为一种适应环境和改造环境的行为;而就它与内部环境的关系来看,则表现为对以往管理活动的承续和发展。如果说外部环境是公共组织赖以生存和发展的必要条件,那么内部环境则是公共组织维持生存和发展的直接依据和现实基础。管理者的工作成效通常取决于他们对外部和内部环境影响的了解、认识和掌握的程度,取决于他们能否正确、及时和迅速地对环境的变化做出反应。为了预估环境的变化及其对公共组织的影响,我们需要对环境进行研究,以了解环境与公共组织之间相互作用的机制,并在此基础上采取一定的环境管理策略,主动营造良好的内外部环境。

面对动态发展的环境,组织机构应如何对待?根据罗宾斯的综合分析,管理人员可以改变自己的行动以适应环境,或者试图改变环境,以较好地发挥组织本身的潜力,从而消减环境的不确定性。前者称为内部策略,后者则称为外部策略。有关消减不确定性环境的策略见表 4-1。

表 4-1　消减不确定性环境的内部与外部策略

内部策略	外部策略
领域的选择(domain choice)	刊登广告(advertising)
招募(recruitment)	订立合约(contracting)
环境扫描(environment scanning)	增选或吸收新人(co-opting)
缓冲(buffering)	联合(coalescing)
平抑(smoothing)	游说(lobbying)
配给(rationing)	
地域分散(geographical dispersion)	

(资料来源:朱国云.公共组织理论[M].南京:南京大学出版社,2003:79-82.)

内部策略主要包括领域的选择、招募、环境扫描、缓冲、平抑、配给、地域分散等。在领域的选择方面,管理人员可以选择在不确定性较小的环境领域内进行组织经营,亦可开拓多个分割的环境(segments of environment)。招募技术方面,企业组织可以招募竞争对手的主管人员,以便获取对方未来发展的计划或信息。环境扫描方面,要尽可能对环境的波动做出准确预测,这可以减少环境的不确定性。缓冲技术方面,可以分"投入"与"产出"两个层面来探讨。"投入"主要采用包括囤积原料,联系多个供应商,或招募与培训新雇员等策略,以保障组织的正常运营,免受意外事件阻碍;"产出"方面的缓冲策略,最常见的是采用存货的方法。从管理者的角度来看,虽然缓冲技术可以消减不确定的环境因素,而且有一定的收益,但它同样需要付出成本(如囤积成本),而且货品有过时的风险,需要权衡两者,防止顾此失彼。平抑技术旨在平抑环境波动带来的冲击。配给方面,如果不确定环境因素对货品或服务的需求是否超额,可以按照不同的优先次序来配给。至于地域分散技术,主要指迁移至他地运作,以减少风险。

外部策略的技术包括刊登广告、订立合约、增选或吸收新人、联合、游说等。刊登广告可以让顾客强化印象，其主要目的在于减小竞争压力或建立品牌认可度，从而减少对服务对象的依赖。订立合约的目的在于保障投入产出的平衡，让组织不至于受各种因素的冲击和影响。组织亦可吸收对其环境造成威胁的个人或组织作为组织的董事会成员。联合指一个组织与另一个或多个组织联为一体，采取联合造势的共同行动。联合的行动可以处理好组织之间的竞争性及依赖性的矛盾，从而降低环境的不确定性。游说是一种说教的影响方式，其目的在于取得对组织有利的结果。

罗宾斯的研究主要针对企业组织。由于在环境管理方面，公共组织与企业组织有着诸多相通之处，上述策略亦可作为公共组织环境管理的策略。

公共组织的环境要素极其复杂，相应地，公共组织环境管理的内容也极为广泛，宏观层面、微观层面均有涉及。但是，有些环境因素是组织自身无法控制的，对此，环境管理需要保持敏锐的嗅觉。本章所探讨的公共组织环境管理主要针对公共组织自身能够直接影响和控制的环境因素，主要有公共关系管理、非正式组织管理和机关环境管理。类似于自然环境等因素，单个组织的影响有限，因此在本篇中不做讨论。

二 公共关系管理

公共关系管理的目的是塑造组织的良好形象，营造良好的内外部环境。公共组织公共关系管理是现代公共管理活动的一个组成部分。就其基本性质而言，公共组织的公共关系管理包括以下几个方面。

（一）公共组织的公众信息管理

公共组织的公众信息管理即公共组织与社会公众之间信息流通的管理。现代社会中公共组织与社会公众之间的信息流通量日益增大。一方面，各种社会信息对公共组织的决策和行为的影响作用越来越大。面对日益膨胀、大量涌入的社会信息，通过过滤、提炼、分析、整理，去粗取精、去伪存真、由此及彼、由表及里，提高公共组织对公众信息的利用质量和效率是公众信息管理的基本功能。另一方面，公共组织对公众环境的信息输出的数量越来越大，对公众信息的反应速度越来越快，对组织信息输出的质量要求也越来越高，如果缺乏完善的信息输出管理机构和管理机制，公共组织就难以适应开放、多元、民主和竞争的社会环境。

（二）公共组织的公众舆论管理

舆论是公众信息的一部分，是一种集中的、强化的公众信息，是社会上大多数人对公共组织的看法和意见的公开表达，代表大多数社会公众对公共组织的基本态度和行为，是衡量公共组织公共关系状态的重要标志。任何公共组织都生存在特定的公众舆论环境之中，其政策和行为既受到公众舆论的左右和影响，也影响和左右着公众舆论。

特别是在当今大众传媒时代,公众舆论变得日益敏感。公众舆论对公共组织的压力也日益增大。通过公共组织公共关系去影响人们的看法、意见、态度和行为,为公共组织营造一个适宜和良好的公众舆论环境,是公共组织公共关系管理的重要职责。

(三) 公共组织的公众关系管理

公众关系特指公共组织与社会公众相处和交往的行为与状态,其对象包括一切与公共组织的目标和政策存在现实或潜在关系、直接或间接关系的社会个体、群体或组织,它们是公共组织赖以生存和发展的社会生态环境,制约着公共组织目标、政策和公共组织管理活动的成效。在现代社会,公共组织的公众关系日益复杂多变,公众关系的开发、疏通、建立、维持、协调、发展,是公共组织公共关系管理的重要任务。

(四) 公共组织的公众形象管理

公共组织的公众形象是公共组织的素质和实力在社会公众中获得的认知和评价,即公共组织的社会认知度和社会信誉度。这是现代公共组织的一种无形财富。公共组织公共关系通过对公共组织各种形象要素的设计、规划、控制和传播,对公共组织的社会认知度和社会信誉度进行创造、维护、调整和提升,科学地调控和管理公共组织的公众形象姿态。这是现代公共组织管理所面对的一个新课题。

在当今我国开放的环境和竞争的条件下,公共组织对社会公众的依赖性越来越强,这就更加要求公共组织做好公共关系管理工作,以适应和整合复杂多变的公众环境。营造良好的公共关系,一方面,公共组织需要健全和完善公共组织与公众的沟通渠道和传播机构,及时、广泛地了解舆情民意,提高公共组织工作的透明度,鼓励公众积极参与公共管理事务,实现公共组织与公众的双向沟通;另一方面,要完善公共组织的服务,以树立良好的形象。公共组织要塑造良好的形象,一要通过实际行动,即公共组织开展的服务来体现;二要运用各种媒介,加强与公众的交流。但是,最根本的还是要树立公众至上意识,塑造为公众服务的价值观,多办实事、言而有信、行而必果、取信于民,还要加强廉政建设,纠正不正之风,把为人民服务的宗旨落实到具体工作中。唯有如此,才能形成良好的公共组织公共关系,营造良好的公共组织外部环境。

三 非正式组织管理

在正式组织内往往存在着非正式组织。非正式组织的若干成员由于生活接触、感情交流、兴趣相近、利害一致,非经人为设计而形成自然的人际关系。这种关系既无法定地位,也缺乏固定形式和特定目的,但对正式组织目标的达成会产生促进、限制或阻碍的作用。

非正式组织是组织内部环境的重要组成部分，正确地认识和引导非正式组织，将其纳入正式组织的管理轨道，是公共组织环境管理的一项重要任务。对非正式组织的引导，一般是在一定思想和原则的指导下，通过一定的方式方法，使非正式组织的功能倾向有助于实现正式组织的目标。做好非正式组织管理，需把握以下几个要点。

（一）承认非正式组织存在的必要性

从人际关系学派以来，学者们已经论证了非正式组织的重要性。在正式组织中，管理者不能忽视非正式组织的存在，要承认非正式组织存在的合理性和必要性，努力引导其为正式组织服务。在对非正式组织的管理和引导中，管理者可以通过正式渠道与非正式组织保持联系，例如，在人员招聘、晋升和组织内部各项改革之前，征求和询问非正式组织的意见，以争取他们的支持。这既可以融洽管理者与组织成员的关系，又可以提高组织的士气和凝聚力。

（二）认识并利用非正式组织的活动方式和行为方式的特点

非正式组织是人际关系自然结合的产物，因此，人际关系构成非正式组织的基础。在对非正式组织的引导方面，就要从人际关系的规律出发，注意与非正式组织成员，特别是其核心人物的人际协调。通过联络感情、建立友谊、支持非正式组织成员的有益活动等方式来缩短彼此间的距离，培养相互间的信任感，进而在真诚交往的过程中，及时了解他们的想法和状况，引导他们进行有益于组织目标的群体活动。协调好与非正式组织核心人物的人际关系具有十分重要的意义。非正式组织的核心人物多数没有正式组织赋予的职务和权力，却具备一些特殊的优越条件，比如资历深、技术强、为人厚道、办事公正等。非正式组织核心人物的言行将直接影响到非正式组织的行为倾向。因此，精明的管理者都会关心和信任非正式组织的核心人物，并根据其特长，让其担负某些实际部门的负责工作和辅助工作。调动了核心人物的积极性，也就调动了其所代表的非正式组织的积极性，有助于组织目标的实现。

（三）认清非正式组织的利弊，兴利除弊

非正式组织具有两种截然相反的功能倾向。对特定的非正式组织而言，情况又存在着一些明显的差别，其功能倾向往往直接与正式组织的对策相关。因此，深刻认识非正式组织的有益性与危害性，对引导非正式组织而言至关重要。第一类非正式组织基本的功能倾向是健康的、有益的。它常常为融洽人际关系，保持团体士气和补充、丰富、加强正式团体的功能做出积极的贡献，但有些功能也会给正式组织的主管带来一些麻烦。对这种非正式组织，基本的方针应当是肯定、鼓励和支持，并将其利益和目标作为总体组织设计的一个重要因素加以考虑，使正式组织与非正式组织、工作关系与个人关系形成一个和谐的有机整体。第二类非正式组织的功能则可能是模糊不清的。

它们可能给正式组织造成困扰,也可能带来帮助,其功能倾向常常随着问题的性质和成员的情绪而变化。对这种非正式组织不能全盘否定,而应从具体情况出发,充分发挥其正向功能,疏导、抑制其反向功能,调动一切可以调动的积极因素。在必要情况下,也可以考虑采用一定的行政手段。第三类非正式组织的基本功能倾向则是不健康的、负面的。它们经常妨碍和破坏正式组织为实现组织目标而做的努力,其联结纽带常为组织成员共同的不良动机或不合理要求。对这种非正式组织,除批评教育外,基本的对策是采取一定形式的行政手段,比如调动工作、改组团队等,必要时也可以给予一定的行政处分。

四 机关环境管理

机关环境管理的目的是营造良好的工作环境。机关环境管理主要涉及机关空间管理、办公机具的安置、照明环境的控制、颜色环境的控制、微气候环境的控制、噪声的控制等。

(一)机关空间管理

机关整体环境应当优美清静,地点应设在交通畅达、便于各方联系之处。不同类型的办公室在安置方面要求有一定的差异。① 各级首长办公室应靠近走廊或通道,最好在楼层的首端并注意隔音,以免干扰和泄密;应靠近与之联系密切的部门;应靠近小型会议室或小型贵宾接待室。② 综合部门的办公室一般应设在靠近机关首长和与其他各职能部门的距离保持大致均衡的中心地点,以便于接受指示和与各职能部门接洽,为其提供各种服务。③ 业务上具有较强独立性且与机关内部横向联系较少的职能部门,其办公室可安置在一个相对独立的区域内。

(二)办公机具的安置

在办公室内安置各种办公机具的过程中应注意以下几点:① 办公室内只摆放必要的办公设备和用具,工作人员个人的日常生活用具、用品不应放置在办公室内;② 机具的摆放位置应与工作程序的需要相一致;③ 机具的安置应有利于减少工作人员操作动作的幅度,使其取放文件、物品时方便自如;④ 机具的安置应有利于减少和避免对工作的干扰;⑤ 机具的安置应有利于充分利用空间和自然光;⑥ 注意为特殊设备和用具提供适宜的温湿度、通风、隔音、防尘、防震动等环境条件;⑦ 同一区域内各种柜架的高度应一致。尽可能倚墙、倚角而立或背靠背安置,尽量方便使用者随手取用。

（三）照明环境的控制

为了有效控制办公室照明环境,在办公室照明中应尽量采用自然光作光源。这不仅有利于节约能源和费用,更重要的是自然光明亮柔和,对人体生理机能有良好的影响。人工光源在办公室照明中只应作为补充性照明光源,与自然光源结合运用。

（四）颜色环境的控制

决定颜色的有三个指标:色调、明度和彩度。色调是颜色彼此相区分的特性,它决定了辐射光源的波长。明度是指颜色的亮度特性,以区别颜色的明暗和深浅。彩度是指颜色的饱和程度,也就是颜色的纯杂、鲜艳程度。办公室的颜色环境条件指标中的色调应在人的生理反应方面接近中性,这样能给人以平静感,同时有利于保护视力。办公室的明度指标应在 6.5 以上,给人以朝气感、前进感和轻快感。办公室的彩度不宜过高,以减少颜色对人眼的刺激,减少视觉疲劳。这也是在办公室中所采用的颜色大多为浅黄、浅绿、浅黄绿的原因之一。

（五）微气候环境的控制

微气候是指办公处所的气候环境条件,其主要指标是室内空气的温度、湿度、气流速度(风速)等。控制办公室微气候环境的方法主要有以下几种:① 在建筑物内外采取各种有利于保温隔热的措施;② 在可能的条件下,在办公室内安装各种冷暖设备、通风空调设备、湿度调节设备等;③ 合理分配办公空间,使单位面积办公处所内工作人员的数量保持在一定限度之内;④ 搞好办公室内外的绿化工作;⑤ 根据具体条件和微气候指标的变化情况,适时地采取开窗闭窗、通风换气、洒水吸潮等简便易行的调节措施。

（六）噪声的控制

办公室噪声控制的目的就是以各种方式将噪声抑制在规定标准以下,减少或消除噪声所带来的危害。控制噪声的方法主要有:选用低噪声设备,并注意经常检修维护;有噪声的设备避免置于墙角或走廊末端,以免产生扩音效果;采取各种必要的吸音措施;正确选择办公地址(远离社会上的噪声源);在办公室内部采取隔音措施、减少噪声的进入;以山冈土坡、树丛草坪、围墙等屏障限制噪声传播等。

本章小结

公共组织环境指的是对公共组织的存在与发展起决定、影响和制约作用的各种因素的总和。公共组织环境是复杂的,从环境的内容划分,可分为自然环境和社会环境;

从环境的影响范围、规模和层次划分,可分为宏观环境、中观环境和微观环境;从环境的地理区划划分,可分为国际环境和国内环境;从环境对公共组织的作用结果划分,可分为有利环境和不利环境;从公共组织及其与环境的关系划分,可分为一般社会环境、具体工作环境和团体社会环境。公共组织环境具有以下特点:公共组织环境要素具有复杂性、差异性、广泛性、动态性和不确定性。

公共组织环境分析就是在组织环境分析理论和方法的指导下,分析公共组织环境因素的构成及其对公共组织的影响。公共组织的内部环境包括物质性的和非物质性的两大类。在公共组织外部环境中,自然环境、政治环境、经济环境、文化环境、技术环境和公共舆论环境是最重要的环境构成因素。

公共组织环境管理主要针对公共组织自身能够直接影响和控制的环境因素,如公共关系管理、非正式组织管理和机关环境管理。

中英文关键术语

公共组织环境　public organization environment;
公共组织外部环境　external environment of public organization;
政治环境　political environment;
经济环境　economic environment;
文化环境　cultural environment;
信息环境　information environment;
技术环境　technology environment;
国际环境　international environment;
不确定性　uncertainty;
战略管理　strategic management

第四章
拓展阅读资料

复习思考题

1. 如何区分公共组织内部环境与公共组织外部环境?二者的关系是怎样的?
2. 简述公共组织环境的特点。
3. 公共组织外部环境包括哪些方面?
4. 文化环境如何影响公共组织?
5. 影响公共组织外部环境不确定性的因素有哪些?
6. 谈谈你对外部环境"不确定性"的理解。
7. 公共组织环境管理包括哪些方面?

第四章
自测题

案例分析题

 一、阅读材料

收缩型城市：现况与治理

收缩型城市或城市收缩，大致是指这样一种现象：城市的人口规模和劳动力减少，同时经济发展停滞甚至衰退，社会活动减少甚至萧条。

收缩型城市的成因主要如下。

第一，核心扩张—周边收缩型。随着全球化不断推进，我国大城市群逐渐成为进入世界的枢纽，参与国际分工与合作，尤其是城市群的核心城市在不断壮大。这些较为发达的城市群和核心城市的交通、通信等基础设施相对完善，环境治理能力较强，创新驱动发展成效显著，因此吸引了周边城市的各种要素流逐渐汇集到这些核心城市和区域，导致城市群边缘城市出现收缩现象。

比如，在西南地区，随着重庆和成都被确立为国家中心城市，成渝城市群得到快速发展，但周边的广安、广元、自贡和内江等城市开始出现收缩现象。

第二，资源枯竭收缩型。我国的城市收缩，以工矿资源型城市转型而导致收缩的现象最为常见。这类城市的资源面临枯竭，从而引发相关产业收缩；由于创新和转型能力不足，其他新兴产业尚未形成规模，同时缺乏相关的配套基础设施，导致就业机会减少；而且由于长期发展工业，带来的环境问题较为突出，很难吸引大量人才集聚。

这类以资源起家的城市主要分布在我国的东北、西北和西南等矿产资源丰富的地区，如鞍山、铜川和内江等城市。事实也表明，黑龙江的齐齐哈尔、黑河和绥化在2015至2017年流失的人口数分别达到13万人、8.5万人和13.2万人，三年间人口流失率分别为2.44％、4.99％和1.50％。

第三，区划调整收缩型。比如某些城市由于行政区划调整等原因，发展的重视程度受到影响，出现收缩现象。

当前，区域差异导致的收缩现象依然显著。比如，东部地区经济发展水平较高，几乎成为人口净流入地；东北地区随着经济的下滑，人口大量流出；随着西部大开发和中部崛起战略初见成效，中西部的核心城市成为吸引人口流入的主要地区，但总体看来，流向东部发达地区的人口依然较多。

此外，交通区位条件的改变，外部经济危机对外向型城市造成巨大冲击，新城新区建设、乡镇合并等，都会导致城市（旧城区、原有乡镇）出现收缩现象。

（资料来源：李旭.收缩型城市：现况与治理[N].公众号"澎湃研究所"，2021-03-23）

 **二、讨论题**

请根据上述案例材料,思考当前公共组织受哪些环境因素的影响。

第五章

公共组织文化

本章引例

山东济宁济阳街道大力弘扬廉政文化

山东省济宁市济阳街道创新廉政教育方式方法,通过多种方式将廉政文化的触角延伸至"神经末梢",营造了风清气正、崇廉尚德的浓厚氛围。

为进一步完善学习教育制度,济阳街道将每周五定为理论教育日,坚持用习近平系列重要讲话精神武装头脑,创新学习方式,通过自己主动学、组织引导学、专题交流学、培训促进学、考核保障学等措施,开展多层次、多形式的学习教育活动。

济阳街道成立了"小板凳红色宣讲团",宣讲员以国家大政方针、党风廉政建设、全面从严治党的精神要求为主题,讲关心的事,说爱听的理,用身边事教育身边人。同时,该街道大力开展普法宣传,通过情景剧、故事剧等艺术表现手段讴歌勤廉典型。

济阳街道按照廉德文化"十进"的工作要求,积极打造"廉德文化广场""廉德文化长廊""廉德书屋"等宣传载体,将廉政文化宣传覆盖至辖区的角角落落。此外,该街道坚持问题导向,开展"流动茶桌话廉政""居民说事说廉政""走街串巷讲廉政"系列活动,街道监察联络员、社区"两委"、网格员等深入小区、楼宇、居民家中,通过深入一线阵地宣传,让廉政文化融入基层社会治理、网格服务和楼宇事务管理中。

(资料来源:任向阳.山东济宁济阳街道大力弘扬廉政文化[N].中国社区报,2020-12-29)

第一节 公共组织文化概述

公共组织文化对公共组织管理具有重要的影响。所有公共组织人员都在一定的文化环境中生活、成长,并受到相应文化传统的深刻影响,因而形成独特的组织文化,并体现为独特的行为方式。可以说,任何公共组织的管理活动,都体现了一定的文化因素,并受到一定文化的规范和制约。

一 公共组织文化的含义

（一）文化与组织文化

1. 文化

文化(culture)一词来自拉丁文 Cultus,它的原义是人们在改造外部自然界使其满足于自身的衣、食、住、行等各个方面需求的过程中,对土地的耕耘、加工和改良。这里的"文化"即客观事物的"人化",是由人类创造的不同形态物质所构成的一个庞大、丰富和复杂的系统。文化在内涵上有广义和狭义之分。广义的文化是指人类社会历史实践过程中所创造的物质财富和精神财富的总和,如机器、工具、书籍等"人化"了的事物。狭义的文化是指一种非物质的文化,包括政治思想、宗教信仰、人际关系、文学艺术等。

文化的产生与人类的生产和生活密不可分,它的形成经历了一个十分复杂的过程。就文化的特点而言,主要包括以下几个方面。

(1)实践性。文化是人类活动的产物和结果,同时它又是制约、指导人类活动方式的原因。

(2)继承性。任何一种文化都不是凭空产生的,它必须建立在已有文化的基础之上,并继承和发扬传统文化的精髓。

(3)文化产生于特定的自然和社会环境之中,因而它必须同其所处的环境相适应。

(4)整合性。文化是一个复杂的系统,它包含物质、制度、精神等诸多要素。各种要素之间协调一致,才能构成一个有机的整体。

(5)开放性。文化在其产生以后并非一成不变,而是随着外部环境的改变发生着变化。文化是一个开放的系统,它永远处于动态的发展之中。①

2. 组织文化

就特定的内涵而言,组织是按照一定的目的和形式构建起来的社会团体,为了满足自身运作的要求,必须有共同的目标、共同的理想、共同的追求、共同的行为准则以及与组织相适应的机构和制度,否则组织就会是一盘散沙。而组织文化的任务就是努力创造这些共同的价值观念体系和共同的行为准则。从这个意义上来说,组织文化是指组织在长期的实践活动中所形成的,并且为组织成员普遍认可和遵循的具有本组织特色的价值观念、团体意识、行为规范和思维模式的总和。

组织是一种有意协调的社会单元,由两个以上的人组成,在一个相对连续的基础

---

① 张建东,陆江兵.公共组织学[M].北京:高等教育出版社,2003:78.

上运作,以实现共同的目标或一系列目标。[①] 组织文化是组织从制度化向人性化发展的产物,是近代人本管理思想发展的结果。组织有了制度就有了生命力,有了持续发展的体系,就有了可以被员工所共同接受的行为模式。组织朝着人性化的方向发展,就要求组织像人一样具有鲜明的个性,这种鲜明的个性就是组织文化。组织文化是文化的组成部分,相对国家文化、民族文化、社会文化而言,组织文化则是一种微观文化。

区别于其他文化,组织文化有自身的特点。

(1)意识性。组织文化是组织内一个群体的意识现象,是意念性的行为取向和精神概念。

(2)系统性。组织文化由共享价值观、团队精神、行为规范等一系列内容构成一个系统,各要素之间相互依存、相互联系。

(3)凝聚性。良好的组织文化意味着良好的组织氛围,它能够激发组织成员的士气,有助于增强群体凝聚力。

(4)导向性。组织文化规定了人们行为的准则和价值取向,它对人们的行为有着持久、深刻的影响力。

(5)可塑性。组织文化可以通过人为的后天努力加以培育和塑造,已形成的组织文化也会随着组织内外环境的变化而加以调整。

(6)长期性。组织文化的塑造和重塑的过程需要相当长的时间,并且是一个极其复杂的过程,组织的共享价值观、共同精神取向和群体意识的形成不可能在短期内完成。

(二)公共组织文化

公共组织文化是公共组织活动中表现出来的一种独特的文化形式,它借助公共组织主体、公共组织活动、公共组织对象而体现相应的特质。从其构成上讲,公共组织文化是一个复合的整体,是人们对组织体系及其实践活动的态度、情感、信仰和价值观,以及人们所遵循的公共组织原则、公共组织传统和公共组织习惯等。具体来讲,公共组织文化的内容包括公共组织意识、公共组织观念、公共组织理想、公共组织哲学、公共组织道德、公共组织原则、公共组织传统、公共组织习惯等。作为社会文化的一个有机组成部分,公共组织文化的产生同样受到社会物质生产运动的决定性影响。但是,直接形成公共组织文化的则是社会文化和具体的公共组织实践活动这两个因素。公共组织文化正是在社会文化的基础上,在公共组织体系的实践活动中形成的。在不同的公共组织体系中,在一定的活动范围内,公共组织主体进行具体的实践活动和开展具体的公共组织行动时,总是不可避免地受社会文化的各种因素和成分的影响,形成特定的公共组织文化。因此,公共组织文化作为文化的一个有机组成部分,是通过公共组织主体之间的互动行为和相互关系表现出来的。通常,不同的社会有着不同的公共组织体系,在不同公共组织体系的实践活动中,形成不同的公共组织文化。

---

① 斯蒂芬·P.罗宾斯.组织行为学[M].李原,孙健敏,黄小勇,译.北京:中国人民大学出版社,1997:521.

公共组织文化具有约束力,并与其他公共组织区分开来。公共组织的文化基于一定的价值基础上,并且面对新形势对公共组织的要求,现代公共组织的文化有着鲜明的时代特征。

第一,以民为本。新公共服务理论是关于公共行政在以公民为中心的治理系统中所扮演的角色的一套理念。与传统的组织文化不同,服务性的公共组织文化以"民本位"为其价值核心,一切活动的组织均以此为中心来进行。这种"以民为本"的公共组织文化是指在公共组织的管理活动中,公众成为活动的中心,公共组织主体应将自己定位于服务者的角色上,公共组织要以公众的利益和需要作为行动导向,公共组织活动不再是传统的自上而下的命令执行,而是围绕公众展开服务,履行公共组织的职能。

第二,法治管理。法治是现代市场经济的必然要求,公共组织管理活动应以法律为依据,严格遵守法律。公共组织管理的法治化,要求公共组织成员必须有较强的法律意识,懂得国家基本法律的规定并熟悉与组织相关的法律法规。公共组织成员都必须在法律规定的范围内进行活动,公共组织活动的程序、条件都必须符合法律的规定。公共组织成员要强化依法治理的观念,在公共组织的管理中做到有法必依、执法必严、违法必究。

第三,服务高效。要适应市场经济迅猛发展的需要和广大人民日益增长的公共服务的要求,公共组织必须克服传统公共组织文化所带来的行动迟缓、效率低下、回应性差等弊端,将效率作为公共组织管理活动的出发点和落脚点,以方便人民和服务人民为宗旨,在制度建设上必须做到权责统一,同时改善领导作风,提高组织成员的整体素质,并通过建立科学有效的激励机制,激励公共组织成员自觉、高效地开展组织活动。

第四,群众参与。参与性是指公共组织的各项活动以公共组织主客体积极参与而非消极应付为特征,并且客体对主体的行为内容和行为方式会积极施加自己的影响。随着公共管理事务的逐步增加,公共组织的活动更多地依赖广大民众的参与和合作,因此公共组织应进行协调、引导、规划,提供服务及必要的扶持,以推动广大群众参与公共组织管理,营造一种良好的合作氛围,激发民众通过加入各种形式的公共组织参与公共事务的管理过程。

二 公共组织文化的精神要素和结构

(一)公共组织文化的精神要素

公共组织文化的内容是指构成其文化的精神要素,主要包括公共组织精神文化、公共组织伦理文化和公共组织心理文化。[1]

---

[1] 李传军.公共组织学[M].3版.北京:中国人民大学出版社,2015:206.

1. 公共组织精神文化

人是有精神的，组织也不例外。公共组织文化是指公共组织在其创建和发展过程中形成的具有本组织特色的精神要素的总和。广义的精神文化是包括心理、意识、精神等因素的综合，狭义的精神文化是指其中的一部分精神因素。这里论述的是狭义的精神文化。

具体而言，公共组织精神文化应当包括以下几个方面的内容。

第一，公共组织人员应当具备正确的世界观、人生观和价值观。所谓正确的世界观、人生观和价值观是指马克思主义的辩证唯物主义和历史唯物主义的世界观、马克思主义的科学人生观和价值观。公共组织人员只有具备正确的世界观和人生观，才能正确地认识世界、认识社会、认识自我；才能在是非善恶面前明是非、识善恶；才能在金钱、美色、权力面前经得起考验，抵得住诱惑，从而把握自己在社会中的地位，树立良好的形象。

第二，公共组织精神文化是政党精神、民族精神的综合体现。中国共产党是我国公共组织的核心，所以党的精神理所当然是我国公共组织的核心精神力量。党的全心全意为人民服务的精神是公共组织人员行动的根本宗旨；党的大公无私的共产主义精神是公共组织人员的最高追求。以爱国主义为核心的团结统一、爱好和平、勤劳勇敢、自强不息的民族精神是贯穿古今的中华民族的基本精神。公共组织是融入中华民族之中的，是其中非常关键的一部分，因而，中华民族精神体现在公共组织文化中就更应该鲜明。如爱国主义体现在公共管理中就是要求公共组织人员忠于国家利益、忠于职守，管理好国家事务和社会公共事务。

第三，公共组织精神文化是民主精神和法治精神的结合。所谓民主精神，就是要意识到：人民政权是人民当家作主的政权，公共组织是接受法律委托，代表人民行使管理国家和社会的权力，所以权力的运作要忠于人民的意志和人民的利益。贯彻民主精神就是要在公共管理过程中，真正体现民主意识，了解民意，体察民情，实行民主决策、民主监督。所谓法治精神，就是法律至上的精神，以法治权，依法治国，将公共权力置于法律的有效控制之下，任何人、任何组织均不得凌驾法律之上。公共组织精神文化要求公共组织及其成员贯彻民主精神和法治精神，这样才能真正体现公共组织作为国家和人民受托组织的人民性和权威性。

第四，公共组织精神文化应是时代精神的典型体现。所谓时代精神，就是体现时代特点的精神、与时俱进的精神。每一个时代都有自己的特点，都有自己时代的精神精华。当前时代，世界正在向政治多极化、经济全球化、市场化与信息化的方向发展。公共组织成员要有全球观念，以世界眼光观察、分析、研究和处理问题，才能不闭塞、不保守，引领组织和社会向前发展。与时俱进的精神实质是把握事物发展的规律性。公共组织与时俱进的过程是一个探索规律的过程，是一个历史的、具体的、逐渐深化理论的过程。公共组织的时代精神就是不迷信、不僵化，独立思考，顺应时代，尊重规律，按规律办事，体现时代特色，引领时代进步。

第五,公共组织精神文化的特色内涵。这是指每一个公共组织在组织发展过程中所形成的,具有自身特色的组织精神和组织价值观。由于公共组织的政治性特点,其精神文化表现出更高的一致性和统一性,但是这种统一性仍然是建立在差异性基础上的。公共组织虽然不像企业组织那样具有鲜明的个性化特色,但也有与其他组织不同的特色,甚至每一个公共组织都有区别于其他公共组织的特殊精神文化。比如,中央公共组织的严肃精神不同于地方公共组织的地方特色;沿海地区的公共组织与西部地区的公共组织在精神气息上也有很大不同。

2. 公共组织伦理文化

公共组织伦理文化就是公共组织及其成员在其公共管理活动中形成的伦理意识、道德规范,以及与此相关的伦理道德活动现象的总和。公共组织伦理文化不仅是公共组织内部的伦理文化环境,而且是整个社会道德风气的晴雨表,公共组织伦理文化的好坏直接影响着社会风气和社会道德水平。公共组织伦理文化是以公共管理伦理规范为核心的一系列道德现象。从公共管理伦理规范的具体内容上看,公共组织伦理文化主要表现在以下几个方面。

(1)廉洁奉公。廉洁奉公是公共组织人员必备的最基本的公共管理道德,是公共组织人员行为的道德底线,廉洁和奉公互为前提,二者有机统一于公共组织人员的具体行为之中,是同一问题的两个方面。要做到廉洁,必须奉公,做到了廉洁,也就做到了奉公,反之亦然。我国现阶段公共管理伦理规范关于廉政建设的具体内容有:不贪、不占、不奢。我国公共管理伦理规范关于奉公的具体规定有:忠于党、忠于国家、以人民利益为根本、服从全局、团结协作、公正严明、一心为公。

(2)勤政为民。勤政即忠于职守,勤奋敬业。公共组织人员是社会各项工作的组织者和指挥者,必须在其位谋其政,兢兢业业,脚踏实地,只有如此,为人民服务才不会是一句空话。为民即为群众办好事、办实事,切实解决群众在衣食住行等方面的问题。勤政为民就是指公共组织人员应勤于政务、忠于职守、一心为民、服务于民。坚持勤政为民,必须做到以下几点:深入基层,广知民情;加快发展,帮民致富;多办实事,解民之忧;改善环境,使民安乐。

案例 5-1
安徽舒城:
"九字方针"
扎实开展党
史学习教育

(3)求真务实。求真就是求真理、做真人、办真事,务实就是务实际、说实话、见实效。求真务实是解放思想、实事求是思想路线的具体体现。要做到求真务实,首先要真心实意,这是对公共组织人员服务思想上的要求,公共组织人员应真正树立以人民利益为本的服务理念,诚心实意为人民服务,不讲空话,不讲套话;要以科学的态度对待工作中的一切问题,实事求是,务求实效,不弄虚作假,不搞形式主义;要敢于说真话,讲实情,不敷衍塞责,不曲意奉承。求真务实,必须要有真才实学,这是对公共组织人员服务能力的要求。真本事、硬功夫是公共组织人员立足于本职工作的根本要素,而一知半解、不求甚解,甚至以假文凭做面子文章,只会混过一时,时间长了自然会原形毕露,对工作以及国家、社会、自己都有害无益。求真务实,还必须真抓实干,这是对公共组织人员服务行为的要求,也是求真务实最后的落脚点,真心实意、真才实学,只有见之于真抓实干才是现实的,也只有真抓实干才能体现真心实意,才能真正得到真才实学。当然,真抓实干,必须实事求是,尊重客观规律,必须以效率为本、以创新为动力。

3. 公共组织心理文化

公共组织心理文化也是公共管理过程中不容忽视的一种文化现象,心理文化健康与否关系到组织能否优质高效地提供公共服务。公共组织文化主要体现在公共组织人员的心理活动及行为表现中。

公共组织心理文化是在当代生活实践中形成的,是对当代现实生活、公共管理实践的反映,但不可避免地要受到传统行政组织心理文化的影响和西方文化特别是西方行政组织心理文化的影响。就我国公共组织文化来说,公共组织心理文化的内容主要有正当竞争心理、开放创新心理、追求成功心理、权威依附心理、等级意识、平均主义心理、清官寄托心理、权力崇拜心理等。这些公共组织心理文化内容,有的是健康的,有的则是消极的。公共组织的心理文化主要表现在以下几个方面。①

(1)公益动机。需要引发动机,动机产生行为。公共组织把实现公共利益作为第一需要,而公共组织行为的动机是具体地实现公共利益。换言之,公共管理的动机应是实现和维护公共利益及社会稳定,而不是维护自身形象,也不是追求自身利益。

(2)平等心理。平等心理的一个主要体现就是公共组织人员把自身定位于一个服务者的角色,因而具有公仆心理。具有这种心理的公共组织人员在公共管理活动中,就会把自己的行为和工作看成一种责任和义务,而不是一种赐予和施舍。平等心理体现为公平、公正地处理公共事务,公平、公正地对待每一个行政相对人,而非抱有偏见和歧视。

(3)博爱情感。公共组织人员的博爱情感不但体现为热爱自己的工作,不是把工作当成谋取私利的手段,而且体现为爱每一个行政相对人,把每一个行政相对人视为独立的权利主体,是最亲切的人,而不是被管理的对象。博爱情感还体现为一种负责的心理态度,即所谓"先天下之忧而忧,后天下之乐而乐"。博爱情感在公共组织人员之间体现为人格平等上的一种尊重,不把一般办事人员看成领导上司的附属物与私有财产,或完成工作任务的机器和工具。

(4)热情态度。热情态度是指公共组织人员对行政相对人不因地域、贫富、利益、情感上的不同之处而区别对待,对工作积极进取,对他人热情友善。态度始终是心理的反映。有什么样的心理,就有什么样的态度。在等级社会中,行政态度无不标上了

---

① 罗忠恒.服务型政府的心理文化特征[J].重庆行政:公共论坛,2004(2):60-61.

等级的标签,而在公民社会和服务型政府中行政态度始终体现为平等、友好、亲和、热情,急群众之所急,想群众之所想,与群众同呼吸、共命运。

(5)良好的工作习惯。在公共组织中,周到服务和行动快捷是一种工作习惯,简朴、轻车简从也是一种工作习惯。注重调查研究、开放行政也应成为一种工作习惯。定位于服务者地位的公共组织和公共组织人员办事周到、全面,反应及时、快速,高效率地回应公民要求则是基本的工作习惯。

(二)公共组织文化的结构

组织文化的内容非常丰富,主要包括组织目标、价值观、作风与传统习惯、道德行为规范、组织精神、经营哲学等。爱德加·斯恩指出,一个组织的文化由外向里,具有三个层次。第一层包括一些可看见的人造物品(observable artifacts),例如着装、符号、礼仪、陈设等;它们虽然可以被看到、听到、闻到、触摸到,但很难真正被人理解其中所包含的深层创意;第二层是指公开认同的价值观(espoused values),例如组织的发展使命、愿景、目标、追求和为实现它们所需要崇尚的行为方式(如团结互助、开拓创新等);第三层是潜在的基本假定(basic underlying assumptions),包括组织成员的深层信念、认知、思想等,它是组织文化中最深、最基本的层次,不容易被人们意识到或发现,需要通过仔细观察和访谈才能了解,同时每个组织成员都对它深信不疑,不愿意对其进行讨论或更改。根据爱德加·斯恩对组织文化层次的分析,可以将组织文化的结构由浅入深分为三层:表层的物质层、中层的制度行为层和深层的精神层。每层都包括不同的具体内容,并且彼此紧密相连:物质层是组织文化的外在表现,是制度行为层和精神层的物质基础;制度行为层制约、规范着物质层和精神层的状态和建设;精神层是形成物质层和制度行为层的思想基础,也是组织文化的核心和灵魂。

1.组织文化的物质层

物质层是组织文化的表层部分,又称组织的物质文化,是形成制度行为层和精神层的条件,它能折射出组织的经营管理哲学、思想、工作作风等。主要包括以下几个方面的内容。

(1)组织环境与面貌。组织环境与面貌是组织文化物质层的重要组成部分,主要包括组织的自然环境,建筑风格,车间和办公室的设计及布置方式,工作区和生活区的绿化、美化,污染的治理等。

(2)组织产品。组织产品是组织运营活动的成果,是由形体产品、附加产品与核心产品所组成的。组织的产品可能是实物产品,也可能是服务产品,例如,法律事务所、管理咨询公司、中介组织提供的产品就是服务。

(3)组织设备。组织的技术设备和原材料是组织的主要生产资料,是维持组织正常运行或生产经营活动的物质基础,也是形成组织经营个性的物质载体。一定的技术工艺设备不仅是知识和经验的凝聚,也往往是管理哲学和价值观念的凝聚,折射出组织文化的个性色彩。

(4)组织象征物和纪念物。组织的象征物和纪念物主要包括识别标志、象征物、纪念建筑,如雕塑、石碑、纪念标牌,以及在公共关系活动中赠送给客人的纪念画册、纪念品、礼品等。它们充当着组织理念的载体,成为组织塑造形象的工具。

2. 组织文化的制度行为层

制度行为层是组织文化的中间层次,又称组织文化的里层,主要是指对组织员工的行为产生规范和约束作用的规章制度、条例、准则等,它集中体现了组织文化的物质层和精神层对员工和组织行为的要求。制度行为层主要规定了组织成员在共同的工作活动中所应当遵守的行为准则,主要包括以下四个方面。

(1)工作制度。任何组织随着工作的逐步复杂化都会建立一系列工作制度,使惯常的工作有章可循、更加标准化,以提高工作效率。工作制度主要有领导工作制度、技术工作管理制度、设备管理和物资供应制度,以及财务管理和人事管理制度等,这些成文的和不成文的规定,对组织里员工的思想和行为起着约束作用。

(2)责任制度。在组织内,各级部门、各类人员都有明确的分工和职责,为保证组织内人员能够有效地分工协作、高效工作,组织会制定相应的领导干部责任制、各职能部门和职能人员责任制以及员工岗位责任制等。

(3)特殊制度。这主要是指组织的非程序化制度,如员工民主评议干部制度、员工与干部对话制度、庆功会制度等。

(4)特殊风俗。组织会有一些特殊的典礼、仪式或活动。组织经常进行的仪式包括通过仪式、降级仪式、表彰仪式、更新仪式(如年终总结会议)、冲突减少仪式(如集体谈判)、整合仪式(如新年酒会)等。此外,还有厂庆活动、节日聚餐、生日聚会、春节联欢会等。

案例 5-2
中共中央、国务院、中央军委关于给聂海胜颁发"一级航天功勋奖章"

3. 组织文化的精神层

组织文化的精神层也称组织精神文化,是一种深层次的文化现象,是组织文化的核心和灵魂,是形成组织文化的物质层和制度行为层的基础和原因。它主要包括以下五个方面。

(1)组织经营哲学。组织的经营哲学是组织在长期生产经营过程中逐步形成的基本信念和哲理,是组织领导者对组织发展战略、经营方针、政策的哲学思考。组织的经营哲学受组织所处的社会经济制度、客观环境以及领导者个人的修养等因素影响,在组织长期活动中自觉形成,并为全体员工所认可和接受,具有相对的稳定性。

(2)组织精神。组织精神是组织在其发展过程中逐步形成的、由组织管理者所倡导和全体成员所认同的群体意识与价值观念。组织精神是组织文化的象征,体现了组织的精神面貌。

(3)组织风气。组织风气是组织文化的外在表现,是组织及其成员在长期活动中逐步形成的带有普遍性和稳定性的心理状态和行为习惯。例如,团结友爱之风、勇于创新之风、艰苦朴素之风等。人们可以通过组织全体成员的言行举止感受到组织的独特风气,透过组织风气又能体会到全体成员共同遵循的价值观念,从而深刻地感受到该组织的组织文化。可见,组织风气一旦形成,就会形成心理定势,形成集体多数成员一致的态度和共同行为方式,因而成为影响全体成员的无形的巨大力量。

(4)组织目标。组织的创立和发展是为了达到某种目标。在组织系统中,组织的目标是组织发展的方向和终极性目的。任何组织都有明确的发展目标和战略,并且随着组织的变革和发展,组织目标会不断调整和变化。因此,组织目标是组织成员凝聚力的焦点,是组织共同价值观的集中表现,同时是组织文化建设的出发点和归宿。

(5)组织道德。道德是指人们共同生活及其行为的准则和规范。组织道德是指组织内部调整人与人、部门与部门、个人与集体、个人与社会、组织与社会之间关系的准则和规范。道德与制度都是行为准则和规范,但制度是强制性的行为准则和规范,解决的是是否合法的问题;而道德是非强制性的行为准则和规范,解决的是是否合理的问题。从其内容结构上看,组织道德主要包括调节成员与成员、成员与组织、组织与社会三个方面关系的行为准则和规范,作为微观的意识形态,它是组织文化的重要组成部分。

三　公共组织文化的类型

依据不同的角度,可以把公共组织文化分为以下几种类型。

(一)依照时间的不同,公共组织文化可以分为传统的公共组织文化和现代的公共组织文化

传统的公共组织文化是随着历史的发展而继承下来的公共组织文化;现代的公共组织文化是指适应现代发展的要求而产生的新型的公共组织文化。不同的历史时期,公共组织内部会产生其固有的文化,每一时期的公共组织文化既是对已有公共组织文化的继承,又是对已有公共组织文化的发展。

(二)按照地域关系的不同,公共组织文化可分为社会性的公共组织文化和区域性的公共组织文化

社会性的公共组织文化是指存在并作用于全社会各种公共组织活动的文化,是主流的公共组织文化,它往往影响着整个社会的公共组织行为。区域性的公共组织文化

是指在不同地区,受政治、经济、文化等因素的影响而形成的与社会性的公共组织文化存在一定差异的公共组织文化。它是以主流文化为背景,同时带有本地区和民族特色的一种特殊的组织文化。区域性的公共组织文化与社会性的公共组织文化既有统一性,又存在着差异性。

(三)根据环境的需要和战略的焦点可以把组织文化分为创业文化、使命文化、家族文化和官僚文化四种类型

创业文化:此类文化鼓励、提倡有助于提高组织适应环境变化的规范与信念,注重奖励革新、创造和冒险行为。

使命文化:此类文化着重于对组织目标的一种清晰认知和组织目标的完成,诸如销售额增长、利润率或市场份额的提高,以帮助组织达到预期目标。拥有使命文化的组织强调组织远景的开发,鼓励员工努力实现与远景相匹配的具体成就,并承诺提供相应的报酬。管理者通过建立远景目标和传达组织的期望来塑造行为。

家族文化:此类文化注重组织成员对工作的投入、对决策的参与,以增强员工在组织中的归属感。

官僚文化:此类文化是一种以统一指挥为基础,以关注内部和保持环境稳定为特征的一种文化方式。这种文化主张通过规章制度来约束员工的行为,强调员工各负其责,服从指挥。这种文化成功的关键在于组织高度的整合性和高效率的协调性。官僚文化存在于许多公共组织中,例如,军队、政府机构、学校、公安局等。

(四)美国学者杰弗里·桑南菲尔德把组织文化分为学院文化、俱乐部文化、棒球队文化和堡垒文化四种类型

学院文化:学院型的组织是为那些想全面掌握每一种新工作的人准备的地方。在这里他们能不断地成长和进步。此类组织喜欢雇用许多刚刚毕业的大学生,并提供大量的培训机会,并指导他们在特定的职能领域内从事各种专业化的工作。

俱乐部文化:此类组织重视年龄与资历,并提供稳定的、有保障的工作。同时,注意培养员工的忠诚度。与学院文化相反,这种组织是把管理人员培养成通才。例如,一些政府机构、事业单位、军队等拥有俱乐部文化。

棒球队文化:此类组织倾向于吸引企业家、革新者、冒险家加盟,寻求有才能的人,并根据员工的绩效提供报酬。绩效高的高级人才常能得到巨额回报,因此他们都工作勤奋。例如,高科技研究所、咨询公司、法律事务所、高等学校等组织通常拥有棒球队文化。

堡垒文化:此类组织努力的目标是生存,因此,员工工作没有保障,而且,高绩效的员工未必获得高报酬。例如,处于初创期或衰退期的中介服务机构等组织通常具有堡垒文化。

第二节 公共组织文化的内容与特征

一 公共组织文化的内容

公共组织文化可分为思想性的公共组织文化和规范性的公共组织文化,具体介绍内容如下。

(一)思想性的公共组织文化

视频 5-1
社会主义核心价值观(全集)
(资料来源:央视网)

1. 公共组织价值观

它是指公共组织的主体对公共组织关系、公共组织活动、公共组织现象、公共组织事务的判断和评价。公共组织价值观是公共组织文化的重要组成部分,是行为主体对客观现实的反映。它是行为主体在一定条件下的动机、目的和态度的综合体现。它不仅影响着公共组织主体的行为,而且影响着整个公共组织的行为,从而影响着公共组织活动的效果。实质上,公共组织价值观是公共组织行为主体的需要和利益的内化。

2. 公共组织信念

它是指公共组织主体在活动中所遵循的原则和对理想的崇高信仰。公共组织信念是公共组织目标得以实现的前提,是公共组织进行有效管理、完成组织任务的强大动力。它决定着行为主体的行为方向和结果,是行为主体的精神支柱。公共组织中的成员所拥有的共同组织信念,是公共组织活动得以高效率进行的保证。

3. 公共组织理想

它是指公共组织成员对公共组织活动及变化发展的期望和设想。理想不是没有根据的臆想,它根源于主体的实践活动。公共组织行为主体在日常实践活动基础上,根据对组织环境的客观判断,制订了一些组织在近期或远期能够实现的目标,这些目标的集合可以作为组织成员的共同理想。在工作中每个组织成员都为共同目标而奋斗,为实现共同理想而努力。每一个具体目标的达成都意味着离理想的实现又近了一步。因此,对于公共组织而言,树立正确的公共组织理想对组织的发展有着极为深远的意义。一个正确的、切合实际的公共组织理想能够激励组织成员积极地投入到组织活动当中,鼓舞每一个成员为实现组织的目标而不懈努力。

4. 公共组织意识

它是指公共组织主体对公共组织系统、公共组织活动及其规律在主观上的反映。从对公共组织意识的定义中我们可以看出它包含以下三层含义：其一,公共组织意识形式是主观的,内容是客观的；其二,公共组织意识是主体对客体的反映,但这种反映并不是消极的、简单的,而是一个能动的、复杂的过程,是各种反映形式的总和；其三,公共组织意识具体的表现形式是组织成员的认知取向、情感取向和价值取向。这三个方面的取向决定了公共组织成员意识的强弱。

5. 公共组织道德

它是指公共组织主体在组织的管理活动过程中所形成的道德准则和规范的总称。它是基于公共组织信念和公共组织价值观而形成的。公共组织道德是选择和评价组织行为的道德要求,一方面,它通过教育和舆论宣传等方式影响公共组织主体的心理和意识,形成公共组织主体的内在信念；另一方面,它以传统习惯、规章制度等形式,在公共组织的活动中得以确定下来,成为约束主体间相互关系和主体个人行为的原则和规范。相对于公共组织规章制度对成员的规范作用而言,道德对于组织成员行为的约束作用更为有效。

（二）规范性的公共组织文化

规范性的公共组织文化是指对公共组织主体和公共组织行为产生规范影响的公共组织文化。它可以是在公共组织的活动过程中自然形成的,也可以是在总结公共组织活动过程中得出的。由于其产生具有自然性,规范性的公共组织文化不具有法律上的强制性,但也为公共组织成员共同认可和遵守。规范性的公共组织文化主要包括以下几个方面。

1. 公共组织传统

公共组织传统是指在公共组织活动过程中从已有的文化中继承的道德观念、习惯、制度规则等。它是特定的公共组织在其活动过程中长期积累而形成的稳定的规范因素,体现在公共组织成员的思维方式、行为方式等方面。公共组织传统一经形成将会成为公共组织活动的精神支柱,它的权威性和独立性会随着条件的变化,在不同的公共组织系统中产生不同的效应,影响公共组织活动的稳定性。公共组织传统主要通过传统的道德、思想、行为习惯、活动方式影响组织成员的行为。我们对于公共组织的传统文化应该持一种辩证的态度,要批判地继承,对公共组织传统文化中的精髓,应该继承和发扬,以提高公共组织的工作效率;对有悖于现代公共组织发展的文化,我们应该有正确的判断,避免它再次出现于组织中而影响组织发展。总而言之,对于传统的继承,要取其精华,去其糟粕。

2. 公共组织习惯

公共组织习惯是在公共组织活动中逐渐形成的并转变为组织所需要的行为方式。它是公共组织传统在公共组织行为方面的具体体现。公共组织习惯包括行为方式和行为作风两个方面。在经常性的公共组织活动中,组织成员对于那些能够满足自我需要和对公共组织活动产生影响的行为方式逐渐演变为一种习惯。同公共组织传统一样,公共组织习惯也有优劣之分。良好的公共组织习惯可以形成优良的公共组织行为方式和作风。不良的公共组织习惯会影响公共组织活动的效果,比如官僚主义作风会造成公共组织机构复杂、机构臃肿、办事效率低下、人浮于事等局面。一种习惯的形成需要一个长期的过程,习惯一旦形成,在短期内就难以改变。要在公共组织中培养和形成良好习惯,就应该树立正确的观念,采用规范化、科学化的管理方法,将先进的科技运用于组织管理活动中。

3. 公共组织原则

公共组织原则是指在公共组织中成员共同遵循的方法和准则。公共组织的原则是公共组织成员在大量的实践活动基础上总结出来的带有普遍性的规律,它能够指导公共组织的具体管理活动,成为公共组织成员较好地完成组织任务的推动力。

二 公共组织文化的特征

公共组织文化既具有一般组织文化的特征,又有自己的特征,主要表现为法治性、整合性、服务性和社会性。

(一)法治性

随着我国政治体制改革的不断推进以及新形势对公共行政组织的要求,现代公共组织有了法治性的特点。法治是现代市场经济的必然要求,公共组织管理活动应以法律为依据,严格遵守法律。公共组织管理的法治化要求公共组织成员必须有较强的法律意识,懂得国家基本法律的规定,并熟悉与组织相关的法律法规,做到有法必依、执法必严、违法必究。法律是公共组织的制度保障,公共组织对其成员的法律意识的要求符合我国建设法治社会的需要，也体现了公共组织文化的法治性。

（二）整合性

公共组织文化的形成经历了一个相当长的过程，在人类社会的政治和经济的相互作用过程中，在不同社会文化的冲突和交融中，由不同的区域和人群逐渐整合而成。每个组织并不是在一开始就具有相同的组织文化，就像一个新成员进入组织当中，肯定带有自身独特的文化观念，组织中的领导者会迫使成员不断按照组织的意识进行文化整合，以强化占统治地位的文化结构和功能，使得组织成员渐渐接受和拥有本组织特有的为实现共同的组织目标而形成的组织文化。这体现了公共组织文化的整合性。

（三）服务性

新公共服务理论是关于公共组织活动在以公民为中心的治理系统中所扮演的角色的一套理论。与传统的组织文化不同，服务性的公共组织文化成为公共组织的价值核心。要适应市场经济的迅猛发展和广大人民日益增长的公共服务需求，公共组织就必须克服传统的公共组织文化所带来的行动迟缓、效率低下、回应性差等弊端，提高效率，以方便人民、服务人民为宗旨。公共组织主体应把自己定位为服务者，以公共利益需求为行动导向，自觉地提高自身素质和服务意识。服务性是现代公共组织文化的呼声，其特性也随着社会主义和谐社会的构建越来越明显。

（四）社会性

公共组织文化是人们在长期的公共组织实践活动中态度、情感、价值观的沉淀，它是通过社会长期积累、传承实现的。公共组织文化普遍存在于社会中，它通过社会中的人员和物质载体表现出来。社会成员的参与是公共组织活动不可或缺的一部分，在公共组织活动中，这些人被称为公共组织的主体或客体，主体引导客体形成本组织所特有的价值观念、行为准则，客体对主体的行为内容和行为方式也会施加影响，以使得公共组织在活动过程中更能体现他们的权利。随着公共管理事务的逐步增加，其越来越依赖于社会公众的参与和合作，这就要求公共组织进行协调、引导、规划、扶持，并提供服务，以增强广大社会公众的参与度，营造良好的合作氛围。公共组织活动不是独立的，它是存在于社会中，与每个社会成员都息息相关的，这就是它的社会性。

第三节 公共组织文化的功能

一 公共组织文化的促进功能

公共组织文化是公共组织的灵魂,对公共组织的存在和发展,甚至对社会文化的发展都具有促进功能。公共组织文化的促进功能主要包括以下几个方面。

(一)指导功能

公共组织文化决定着公共组织的价值取向,规定着公共组织所追求的目标。公共组织的任何一项活动都是在一定的观念,即组织宗旨、价值观、组织精神等组织文化指导下进行的。良好的健全的组织文化既能使组织活动保持正确的方向,又能使组织充满生机和活力。

(二)凝聚功能

公共组织文化是提升公共组织成员满意度和忠诚度,增强组织凝聚力的重要手段。组织价值观一旦被组织成员认同、接受、达成共识,就会形成一种聚合力量,通过组织共同的价值观、组织精神等把组织成员团结起来。组织文化形成的群体意识寄托了全体成员的理想、信念与追求,从而使大家对组织产生认同感和归属感,它给予组织成员的身份感使组织产生巨大的向心力和凝聚力。同时,公共组织文化还是凝聚各种社会力量的核心。

(三)激励功能

公共组织文化注重以人为核心的管理办法,以理解人、尊重人、合理满足人们的各种需要为手段,以调动广大员工的积极性和创造力为目的。优秀的公共组织文化的确立,最大限度地开发人的潜能,激发组织成员的创造性和主动性,使成员拥有主人翁的意识与地位,具有强烈的权利感与义务感,具有浓厚的创造热情,在组织内形成朝气蓬勃、开拓进取的良好风尚。

(四)创新功能

创新功能是指随着环境的不断变化以及组织的不断发展,公共组织文化会不断自我更新和进化,成为组织进一步发展的重要动力。组织在不断发展过程中形成的文化积淀,通过无数次的辐射、反馈和强化,会随着实践的发展过程而不断地更新优化,推动组织文化向另一高度迈进;而组织文化的深化与完善,又会持续推动组织本身的进步与发展。

(五)保障功能

公共组织文化的保障功能是指因组织文化在公共组织中的建立与形成,降低乃至消除组织人员在工作、生活、心理或生理上的基本顾虑。比如,各公共组织规定组织成员最低生活保障的政策,给经济困难的员工家庭提供了基本的生活保障。

(六)辐射功能

公共组织文化塑造着公共组织的形象,优秀的公共组织形象是组织成功的重要标志。公共组织是行使国家权力、管理社会事务的组织,较其他社会组织而言,对整个社会具有更大的影响作用。公共组织文化的建立,公共组织形象的塑造,除了对本组织产生很大影响外,还会对组织外部产生影响,而良好的组织形象不仅可以提高政府信用度,而且还有助于推动社会文化水平的提高。

(七)沟通功能

丰富多彩的公共组织文化活动可以有效促进组织成员间的交往与互动,为他们搭建相互沟通、了解的平台,有助于组织成员之间建立和谐、友善的人际关系。

(八)规范功能

公共组织文化不同于外部的强制机制,它是一种"软约束力",通过内省的过程,使员工自觉接受各种行为准则,并按照价值观念的指导进行自我规范与控制。

(九)控制功能

在公共组织文化的作用下,公共组织及其成员的价值观、心理情感、伦理道德和行为方式受到控制,这有利于组织的健康、稳定发展。对内,能保障基本价值观的确立和实践,沟通协调好人际关系,从而更好地实现组织目标;对外,能树立和维护良好的组织形象,正确处理组织与社会、权力与责任、法治与人治等关系。一种群体的共有价值观念一经形成,并被群体成功地内化为共同信念,就会成为组织群体中所有组织成员共有的价值观、思想信念和行为准则,就会使每个组织成员产生理应如此的感觉,并将其付诸自觉行动。

(十)稳定功能

公共组织文化强化了公共组织系统的稳定性,公共组织文化是公共组织的"胶合剂",它通过对工作人员的语言和行为提供适当的标准,将成员稳定在组织中。

(十一)资源整合功能

在一个组织的众多资源中,人力、物力、财力、知识等资源需要整合、优化,以形成完整的系统和强大的综合竞争能力,公共组织文化是将上述资源进行有效整合的关键要素。公共组织文化不仅对物质资源有整合的效果,对精神资源也可以进行有效的整合。组织文化具有的共同价值观念,使组织成员在组织活动中具有共同的价值取向、思想和信念,并能化解矛盾,减少摩擦,建立良好的人际关系,形成团结、和谐的氛围。

二 公共组织文化的消极功能

不可否认,公共组织文化中也包含一定的消极、不良因素,对公共组织及其成员产生负面的影响,主要体现在以下几个方面。

(一)阻碍变革

公共组织文化让员工行为产生一致性,当外在环境稳定时,这是正面功能;但在环境变动时,则可能成为阻碍变革的力量。公共组织文化的传统思想和思维定式难以随着环境的变化而变化,这必然会给公共组织活动的变革带来阻碍。

(二)阻碍多样化

公共组织文化的统一性和同质性可以维持组织的凝聚力,但多样性与异质性的文化也是组织发展的必要条件。而强势的组织文化导致组织成员不得不顺从,结果造成行为一致性,这种强文化的一致性限定了组织可以接受的价值观与生活方式范围,势必是负面的。

（三）阻碍整合

目前，公共组织不断通过合并整合的方式追求职能的优化和责任的明确，不同公共组织的文化差异可能是公共组织无法整合优化的原因。所以，公共组织在整合的过程中，除了要考虑权限、职责、服务对象的关联性，还要关注公共组织文化的相容性。整合双方的组织文化不相容会给公共组织的机构改革工作造成很大的障碍。

第四节 公共组织文化建设

一、公共组织文化建设的基本内容

（一）公共组织文化建设的含义

公共组织文化建设是指公共组织中的管理者有意识地培育优秀文化、克服不良文化的过程，这一过程也被称为公共组织的"软管理"。任何一个组织，包括公共组织，都存在着两种文化：个人文化和组织文化。个人文化是指一个人带入工作的行为规范、态度、价值观和信念。个人文化可以因个人的工作态度、愿意承担风险的程度、对权力和控制欲望的不同而不同。组织文化则是群体的行为规范、态度、价值观和信念。二者相互作用、相互制约、共同发展。因此，优秀的公共组织管理者在建设本组织的组织文化时，不仅应该善于选择认同本组织文化的人作为组织成员，而且要能够使不认同本组织文化的人改变初衷，转而与本组织的文化相协调。优良的公共组织文化不会自发形成，它依赖公共组织管理者有意识地培育和长期的建设。因此，优秀的公共组织管理者，不仅应强烈地意识到公共组织文化的存在，而且应该注重它的建设，尽力发挥公共组织文化的正面影响，抑制、消除其负面影响，把它作为公共组织文化建设的出发点和落脚点，这也是加强公共组织文化建设的根本目的。公共组织文化的建设是一个长期的、复杂的过程，贯穿于公共组织文化的形成、社会化和变革、发展的全过程。

（二）公共组织文化建设的内容

优良的公共组织文化能够创造和谐、进取的公共组织氛围，能为组织的发展带来源源不断的动力，对公共组织的发展起巨大的推动作用。一个优秀的公共组织领导者不仅应该强烈意识到组织文化的存在,而且在组织的发展过程中应不断提倡和发扬组织中好的精神和传统,消除组织中不良的观念、习惯、风气,积极主动地引导公共组织文化的运行和完善,自觉地进行公共组织文化的建设和管理。公共组织文化建设主要包括以下内容:要在公共组织内培育具有正确取向的核心价值观念,塑造模范的公共组织精神;公共组织的管理活动应坚持以人为本的原则,全面提高公共组织成员的素质;在公共组织中要建立合理的、先进的公共组织管理制度和行为规范;加强公共组织礼仪建设,促进公共组织文化的习俗化;改善公共组织的物质环境,塑造良好的公共组织形象。

(三)公共组织文化建设的影响因素

1. 民族文化因素

公共组织文化作为一种亚文化,应该深深地根植于民族文化的土壤。一个组织的价值观、行为准则、道德规范等无不打上了民族文化的烙印。作为组织文化的主体,组织全体成员同时作为社会成员而存在,在其创建或进入该组织之前,他们在这种民族文化的环境中成长起来,接受了若干年民族文化的熏陶。所以,分析一个组织的文化内涵,就不能忽视其所在的民族文化大背景的影响。

2. 制度文化因素

制度文化是指不同的社会制度所带来的文化特征,它是宏观文化的重要组成部分。不同的国家以及同一国家在不同的历史时期,其基本的政治制度和经济制度各不相同,由此对一个组织的文化形成所产生的影响也各不相同。

3. 外来文化因素

严格来说,从其他国家、其他民族、其他地区、其他行业、其他组织中引进的文化对于一个组织来讲都是外来文化,这些外来文化都会对本组织文化产生较大的影响。这种影响通常是伴随着经济、技术、教育等方面的相互交流而产生的。

(四)公共组织文化建设的目标

公共组织文化建设的目标是通过分析、把握公共组织文化对公共组织人员的影响作用,尽可能发挥它的积极作用和正面影响,抑制和消除它的消极作用和不良影响,创建良好、积极向上、廉洁高效、勤政负责、团结合作的公共组织文化,提高公共组织效率,达到预期的管理目标。公共组织文化建设的总体目标是建设优秀的公共组织。具体来说,公共组织文化建设应包括如下具体目标:① 提高公共组织的工作效率和管理水平;② 树立公共组织的良好形象;③ 创造和谐、团结、心情舒畅的工作环境和良好的人际关系;④ 使本组织成员的物质文化生活需求能得到满足或逐步得到满足;⑤ 全面提高公共组织成员的素质,包括政治素质、文化素质、工作水平、创业精神和职业道德,挖掘和开发人的潜能,充分发挥人的积极性和创造性。

(五)公共组织文化建设的方法

1. 示范法

示范法即通过总结、宣传先进模范人物的事迹,发挥党员、干部的模范带头作用,表彰先进人物等方法,使公共组织文化成为组织成员公共管理行为的导向。做好这项工作,就是把本组织所要建立的文化传达给所有的组织成员。

2. 激励法

激励法即运用精神的、物质的鼓励或者两者相结合的鼓励方法,给先进成员以荣誉,让先进成员得实惠,激发全体组织成员的事业进取心,促使他们主动努力工作,并把自身的工作成就建立在有利于国家、社会和组织发展的基础之上。与此同时,在生活方面关心他们,想方设法解决他们生活上的实际困难,解决他们的后顾之忧。

3. 感染法

感染法即通过开展一系列的文艺活动、体育活动和读书活动等,培养公共组织成员的自豪感和向心力。在潜移默化的过程中,使公共组织人员最终接受、认同、内化本组织的文化,形成强大的集体凝聚力。

4. 自我教育法

自我教育法即让公共组织成员对照组织的要求找差距,进行自我教育,自觉使自己的价值标准、行为方式、精神理念与组织的文化要求相一致,并自觉地承担相应的责任和义务。

5. 灌输法

灌输法即通过讲课、学习、培训、报告会、研讨会等手段进行宣传教育活动,把本组织想要建立的文化目标与内容直接灌输给公共组织成员,使他们系统地接受和强化认同公共组织所倡导的组织精神和组织价值观。

(六)公共组织文化建设的基本步骤

第一,建立公共组织文化领导小组。公共组织文化领导小组负责文化建设的监督工作,为文化建设指引正确的方向。

第二,在公共组织内部设立专门的职能部门。在公共组织内部应该设立文化建设部门或者文化建设中心,负责推进公共组织文化的建设。

第三,制订公共组织文化建设计划。通过编制活动预算使资源投入、进度考核和监督等工作都能落到实处,从而保证公共组织文化建设能够有序地进行。

第四,公共组织现实文化分析。通过深入调查研究,分析公共组织文化在过去、现在和未来各个阶段的表现形式,剖析公共组织文化的各个文化层次以及各个部门文化的不同。

第五,公共组织文化建设目标设计。根据公共组织的现状、特征和一系列客观公正的标准,进行公共组织文化建设的策划。

第六,实施公共组织文化建设计划。在明确公共组织文化的建设目标之后,就要完成组织文化从现有文化向目标文化的过渡。

二 公共组织文化建设的意义、问题和途径

(一) 公共组织文化建设的意义

我国现阶段公共组织文化的内涵、公共组织文化建设的目的和任务都必须充分体现人民的意愿,维护人民的利益,尊重人民的创造精神,坚持以为人民服务为方向,努力满足人民群众多方面、多层次的文化需求,致力于提高人民群众的思想道德水平和科学文化素质,动员和激励人民为实现国家富强、民族振兴和创造自己的美好新生活而辛勤劳动、积极进取。

1. 加强公共组织文化建设,是坚持以人为本,落实科学发展观,全面构建社会主义和谐社会的现实需要

公共组织文化深刻影响着公共组织及其成员的观念和行为。现代化的公共组织文化所体现的价值取向和理论观念,对政治文明建设具有举足轻重的作用。公共组织是社会这个大系统的一个组成部分,公共组织文化建设有利于组织内形成和谐的氛围,组织成员之间和睦相处,是构建社会主义和谐社会的有力支持。

2. 加强公共组织文化建设,是提供社会公正,促进社会主义市场经济健康发展和社会全面进步的重要保证

我国正处于政治体制改革的关键时期,公共组织的管理体制也进入了不断完善的发展时期,尤其需要促进社会主义市场经济的健康发展,积极地维护社会公正,从而有效地调节人与人、人与社会的关系,以保证市场经济的公平与效率,把市场运行纳入道德规范和法治的轨道。

3. 加强公共组织文化建设，是公共组织系统高效运行与职能充分发挥的基础和前提

良好的公共组织文化可以强化组织成员的自律精神和公共责任感，所以，加强公共组织文化建设，提高组织成员的文化素质，是公共组织体系自身高效率运行与良性发展的必然要求，可以保证国家与社会公共事务管理在高标准、高效率的基点上运行。

4. 加强公共组织文化建设，是深层推进廉政建设，有效遏制腐败的重要精神力量

公共组织文化建设的深层作用在于，良好的公共组织文化能促使和增强行为主体的自律意识和抵抗能力，通过制度、道德的他律和自律机制，构筑反腐败的巩固防线，并形成廉洁公正的组织文化风气。所以，良好的公共组织文化作为一种理性力量，可以提高组织活动的合理性、合法性和廉洁性，树立组织良好的形象。

5. 加强公共组织文化建设，对于推进精神文明建设，促进社会主义社会先进文化的发展具有积极的表率作用

公共组织文化建设是整个社会文化建设的中坚力量，对全社会起着极其重要的导向作用。有了良好的文化素质，组织成员才能自觉地扶正祛邪，扬善惩恶，形成追求高尚、激励先进的良好社会风气，带动群众改善民风，提高全社会的科学文化水平和道德水平。

总之，我国公共组织文化建设不仅要继承和发扬中华民族优秀的道德传统，而且要借鉴发达国家的文明精华，并充分体现时代精神。我国社会主义的公共组织文化建设从本质上说是对我国"德治"传统的批判继承，也是对人类公共组织文化遗产的创造性扬弃与更新。

（二）当前中国公共组织文化建设中出现的问题

公共组织文化是理想性与现实性的统一体，这就决定了任何一种公共组织文化都不可能是完美无缺的。公共组织文化是在社会文化这样一个大的环境中形成与发展的，就不可避免地受到多个方面的影响和制约。社会文化的一些消极因素必然会影响公共组织文化的形成，使得公共组织文化显露一些不足之处。随着经济体制和政治体制的不断完善，我国公共组织文化建设已取得不少成绩，但是目前我国在公共组织文化建设中还存在着一些不够完善的方面。

1. 过分注重形式

传统组织文化注重形式，讲究烦琐程序和规则，办事拖沓、机构臃肿、人浮于事、决策迟缓，这影响工作效率的提高和组织目标的实现，表现出比较严重的形式主义，容易形成惰性。一个有惰性的公共组织必然不会有很高的办事效率，更无从提高公共组织的管理水平。

2. "官本位"思想和特权观念

中国公共组织管理中存在的人格化倾向、组织活动缺乏有效的法律约束、人治重于法治等现象,在很大程度上受到"官本位"思想和特权观念的影响。这不仅使公共组织内部成员缺乏应有的独立性,而且"官本位"思想和特权观念会衍射到广泛的社会文化领域,泛化为大众文化的内涵。这一现象的出现反过来又强化了公共组织中"官本位"和特权的色彩。

3. 重人治而轻法治

中国传统的社会秩序,不是靠法律维系,而是靠宗法、纲常、下层对上层的绝对服从来维持的。当时权力支配法律,用人治世多体现长官意志,民众能接受拯救自己的清官和救星,但对保障社会正常运转和人民基本权利的法律关注度较低,不习惯用法律来捍卫自己的权利,人情之风盛行。在公共组织活动中往往表现为权利凌驾于法律之上,组织决策和活动执行缺乏法律约束,有法不依、执法不严的现象屡有发生。

4. 价值观念混乱,出现信任危机

社会的开放和自由,带来了人们价值观念的多元化,使得生活于社会中的公共组织主体陷入矛盾与困惑之中。伴随着社会市场化而来的拜金主义、享乐主义和极端个人主义思潮也不断腐蚀部分公共组织领导者和组织成员。这些思想冲击着掌握社会资源配置的公共组织领域,造成了公共组织成员价值观念的混乱。价值观念的混乱导致了信任危机的产生和部分公共组织主体信念的缺失。

(三)公共组织文化建设的途径

社会主义社会是全面发展、全面进步的社会。我们努力进行物质文明建设的同时,也要大力加强精神文明建设,加强公共组织管理。先进的公共组织文化是精神文明建设的重要组成部分,因此,努力推进有中国特色的现代化公共组织文化建设是社会主义现代化建设的一项重要内容。

1. 继续发扬我国公共组织文化优势,以"更好地为人民服务"为公共组织文化建设的动力和目标

一方面,我们要结合我国当前公共组织管理的实际,继承和借鉴古今中外的优秀公共组织文化,为我所用。另一方面,我们必须以马克思列宁主义、毛泽东思想、邓小平理论、"三个代表"重要思想、科学发展观、习近平新时代中国特色社会主义思想作为公共组织文化建设的指导思想,坚持实事求是,理论联系实际,密切联系群众,不断发展健康向上、丰富多彩、具有中国风格、中国特色的社会主义文化,以满足人民日益增

长的精神文化需求。在公共组织活动中要处处以人民的利益为根本出发点和归宿,以"更好地为人民服务"为公共组织文化发展的动力和目标。

视频 5-2
弘扬伟大民族精神
奋发有为新时代
(资料来源:
央视网)

2. 加强宣传教育,尽快清除落后的思想观念

清除落后的组织思想观念,需要从公共组织成员和社会民众两个方面进行宣传和教育。一方面,清除公共组织成员存在的"官本位"思想、人治观念。另一方面,加强对社会民众的思想观念教育,消除他们头脑中"官贵民贱"的思想、"官高一等"的观念,增强他们的"主人翁"精神,使民众对公共组织工作提出自己的意见和想法,这样才能形成良好的公共组织氛围。

3. 加强公共组织管理的法治化,为公共组织文化建设奠定法治基础

用稳定的、统一的、理性的法律规范来约束公共组织行为,严肃党纪、政纪和法治,严惩一切腐败行为,并使其具有可操作性,这是当前公共组织文化建设的重要方面。同时,要提高公共组织成员的思想道德素质,提高他们的法律意识,使他们在公共组织管理活动中依法进行管理,保证有法必依、执法必严、违法必究。

4. 培养科学的公共组织意识和公共组织信念

要注重培养公共组织成员的政治意识、公仆意识、法治意识、廉政意识和创新意识。社会主义民主政治不仅是一项目标,而且是一种制度。制度建设要求公共组织成员具有科学的公共组织意识,强调组织成员在组织管理过程中发挥意识的能动作用来处理事务。培养科学的公共组织信念是一个帮助组织成员提高水平、陶冶情感、磨练意志、确立组织信念的过程。科学的公共组织信念就是对建设有中国特色的社会主义事业充满信心,并愿意为之奋斗。

本章小结

本章首先从基本概念着手分析了文化与组织文化的含义和特征,并由此引出了有关公共组织文化的概念。在有关公共组织文化的分析中,主要从公共组织文化的含义、特点、类型出发,揭示出公共组织文化的结构和特征,接着分析了公共组织文化的功能及其对

公共组织的影响,又分析了进行公共组织文化建设时应该遵循的基本原则。之后较为详细地介绍了公共组织文化的建设内容和基本步骤,从分析当前我国公共组织文化建设中出现的问题出发,指出公共组织文化的建设对于组织的积极意义。

中英文关键术语

文化　culture;

组织文化　organizational culture;

公共组织文化　public organization culture

第五章
拓展阅读资料

复习思考题

1. 公共组织文化的含义及特点是什么?
2. 公共组织文化有哪些积极促进功能和消极阻碍功能?
3. 公共组织文化建设的内容有哪些?
4. 公共组织文化建设的基本步骤分为哪些?

第五章
自测题

案例分析题

 一、阅读材料

美国政府"9·11"事件周年纪念活动

2002年9月11日上午,纽约州政府于当日举行了隆重的纪念活动。活动的主题为:为了所有民众。在"9·11"事件中,纽约消防局、警察局、卫生局以及纽约和新泽西港务局是最直接为市民提供公共服务,维护生命、财产安全的政府机构。这些机构在前一年的英勇、无畏表现,赢得了全美国民众的赞扬和尊重。

纪念活动当天的零点,上述政府机构的部分工作人员组成乐队发起游行。在他们的带领下,纽约市五个行政区同时举行游行活动,人群最后在世贸中心废墟汇集。乐队吹响忧郁的风笛,悲伤、哀悼之情弥漫整个纽约。

在世贸中心废墟上,纽约州州长乔治·帕塔基朗诵了美国前总统林肯为纪念南北战争死难者而发表的著名的"盖茨堡演说":

"那些在这里奋斗的勇敢的人们,活着的和死去的,已经使得这块土地神圣,远非我们的能力所能增减。……我们活着的人应该献身于在此作战的人们曾如此英武地推进尚未完成的工作。我们在此坚决地表示,要使他们不至白白死去,要使这个国家在上帝庇佑之下得到自由的新生,要使那民有、民治、民享的政府永世长存。"

在哀婉的大提琴声中,前纽约市长朱利安尼以及部分罹难者家属和纽约州、纽约市的官员分别读出一个个罹难者的名字。时任美国国务卿的鲍威尔、前第一夫人希拉里等人也参与了宣读罹难者名单仪式。

黄昏时分,现任纽约市长布隆伯格在巴特里公园点燃长明火。他说:"我们对逝者的怀念永不止息,并将点燃照亮全世界的自由之火。"正在纽约参加联合国大会的阿富汗总统卡尔扎伊、日本首相小泉纯一郎和加拿大总理克雷蒂安等国家领导人,以及联合国秘书长安南也参加了巴特里公园的纪念仪式。

当天夜里,市民们手持蜡烛,在纽约各个公园中为死难者守夜。钟声回荡在纽约城市上空。音乐在纽约的每一处响起,《纪念序曲》《上帝保佑美利坚》《天赐恩惠》《自新大陆》《回家》和《安魂曲》飘荡在人们耳际。

为了做好"9·11"纪念活动,纽约市政府此前主动向市民征求意见。一个月内,政府收到了 2764 封电子邮件、264 个电话留言和 5000 封信件。

(资料来源:胡百精.危机传播管理[M].3 版.北京:中国人民大学出版社,2014:122-123)

二、讨论题

综合上述案例,运用本章相关知识谈谈公共组织应该如何构建组织文化,以及什么样的公共组织文化能更好地为公共利益服务。

第五章
参考答案

第六章

公共组织运行

本章引例

美国国家税务局

美国国家税务局（Internal Revenue Service，IRS）隶属于美国财政部，是美国联邦政府负责税收的机关，于1862年设立。IRS只有两个指定的职位：国税局局长和首席顾问。他们需要美国总统提名，参议院通过才能上岗。国税局还设有9个人的监督委员会，确保公平对待每一个纳税人。虽然国税局的总部在华盛顿，但大部分查账工作都在地方办公室。

IRS可以说是美国最大的官僚机关，雇用11.5万人，掌握着美国人的社会安全号码和银行账号，有稽查人员4万人。他们无孔不入，威力甚至超过国防部、中情局。

每年4月15日前，美国人都要向国税局提交一份材料，拿出自己的收入证明，连带自己填的表格让国税局审核。因为银行账户和信用卡是用社会安全号码注册的，所以一旦有人逃税，IRS完全有能力查到。IRS可以不经法庭审判就冻结财产，这也是很大的特权。无论是什么来源的收入，即使是非法收入，也必须报税。即使是新兴的电子商务，IRS也后来跟上。如果只是网上销售物品，而没有实体店铺，营业税基本可以豁免，但只要网站有收入，就要支付联邦所得税。IRS的调查办公室是少有的几个有权调查犯罪的政府单位。美国《福布斯》杂志曾描述国税局调查员是"一群可以配枪并且有逮捕权的税务官"。

（资料来源：李传军. 公共组织学[M]. 3版. 北京：中国人民大学出版社，2015：138）

 讨论题

结合上述案例，分析美国国家税务局体现了公共组织运行的哪些特性。

第一节 公共组织运行概述

从某种意义上而言，公共组织运行就是指公共组织的主体和客体之间的一种互动。按照政治系统论的观点，也就是组织系统与外部环境不断进行"输入—转换—输出"的动态过程。具体而言,公共组织运行实际上是指公共组织"决策—执行—反馈"的运动过程,反映的是社会公共问题和大众利益的诉求。

一 公共组织运行的含义

公共组织运行的概念较为宽泛。广义上看,从公共组织的计划、建立到职能运转都可能属于组织运行;狭义上讲,组织运行就是指组织对内、对外的运行管理过程。本章选择狭义的角度,即将组织运行理解为运行管理的过程。有学者将管理界定为:在特定的环境下,组织中的管理者为了实现既定的目标,运用各种方式对组织所拥有的资源进行有效计划、组织、领导和控制的过程。相应地,公共组织运行同样可以被界定为公共组织管理(public organization management),即公共组织为了实现特定的目标,管理社会公共事务的活动过程。

二 公共组织运行的特性

公共组织运行的目的在于提供公共产品和公共服务,满足社会公共需求,推进经济社会以及人的全面协调发展。公共组织的这种性质内在地决定了其运行具有一般组织运行不具有的特性。

(一)社会性

社会性是公共组织运行的本质属性。公共组织运行为了维护社会利益和统治秩序,必须履行社会管理的职能,管理社会政治、经济、文化等各方面的事务,在促进经济社会的全面发展的同时,实现自身的发展。

(二)人本性

人本性要求公共组织运行一切从人出发,调动人的主动性、积极性和创造性。公共组织运行的人本性主要体现在以下三个方面:第一,人是公共组织运行的起点和归宿,公共组织运行的本质是满足社会公众的需求,实现人的全面发展;第二,公共组织运行归结到底是人的活动,公共组织运行有赖于具体的人来完成,表现出人格化的特征;第三,公共组织运行中人的群体性,公共组织是人的集合体,这些个人因某些共同需求而构成了公共组织,公共组织是个人人格力量的集合与化身。

（三）服务性

现代市场经济条件下的公共组织运行，就其本质而言，不是管制而是服务。公共组织按照经济规律，以社会、企业和公众为本位，为其利益的实现创造良好的条件。服务是公共组织管理的核心。

（四）公益性

公共组织的目标指向公共利益，公共组织管理的目的是提供公共物品和公共服务，满足公共需求。公共组织面对的是社会所有公众的群体性需求，这种需求的广泛性和普遍性决定了公共组织管理的公益性。

（五）协调性

公共组织在管理的过程中不可避免地会遇到社会公众不同需求并存的情况，尽管这些需求有其存在的合理性，但是不同需求之间存在的矛盾和冲突并不少，因此公共组织在具体的管理实践中，要均衡不同需求，确保公共组织的可持续发展。

（六）强制性

虽然从本质上说，公共组织属于服务性组织，但这并不意味着公共组织强制性力量的丧失。作为公共组织重要表现形式的政府组织和非政府性的社会组织，其权力直接或间接地来源于国家权力。在很大程度上，政府是国家的代表，它控制整个社会生活，拥有权威性，社会各种团体和全体公民都必须服从政府的规定和命令，否则将受到制裁和惩戒。非政府性社会组织，受政府的委托，代表政府从事管理社会公共事务的活动，其权力往往来源于政府的授权，这样，非政府性的社会组织也具有强制性。

三 公共组织运行的职能

公共组织运行的职能是公共组织在管理社会公共事务和提供公共物品的过程中所发挥的职责和功能。公共组织运行的职能有程序系统职能和任务系统职能之分。程序系统职能反映了公共组织在管理社会公共事务过程中所具有的一般性和普遍性，它是管理活动中最基本、最普遍的职能，主要包括决策、计划、组织、领导、协调和控制职能。而公共组织的任务系统职能主要是经济职能、政治职能和社会职能。

(一) 公共组织的程序系统职能

1. 决策职能

决策是公共组织的管理者为了对公共事务进行有效的管理,解决各种问题,达成特定目标,而选择行动方案的一项基本管理职能,它贯穿于一切管理活动的始终,在公共组织管理活动中占首要地位的程序系统职能。公共组织的决策过程包括目标确立、发现问题、设计方案、选定方案和实施方案等一系列基本步骤。

2. 计划职能

计划是公共组织管理的重要职能,计划包括两层含义:一是制订公共组织的目标和为实现这些目标而必须做出的选择;二是在一定的法律法规范围内,舍弃某些选择,制订工作程序。公共组织的计划是公共组织制订在未来一段时间内要达到的目标,以及为实现这些目标选择最佳方案和路径。

3. 组织职能

公共组织想要在实现决策目标过程中产生比个体功能总和更大的功能,就需要根据工作的需要和成员的特点,将合适的人员安排到合适的岗位上,明确各个成员之间的职责关系,以形成一个有机的组织结构。公共组织的组织职能一般包括公共组织的组织结构设计、人员配备与力量整合等基本内容。

4. 领导职能

由于公共组织内部成员在目标、需求、偏好、性格、价值观等方面的差异,在组织工作实践过程中必然会产生各种矛盾和冲突,为此,公共组织中的管理者需要运用领导职能与组织成员进行沟通,协调他们的关系,指挥他们的行为,激励每个组织成员自觉地为实现组织目标而共同努力。

5. 协调职能

公共组织规模庞大,分工精细,关系错综复杂。如果不进行协调,公共组织的各项工作就会相互脱节;如果没有公共组织各部门和人员之间的配合和协作,管理目标就不可能如期达到。公共组织运行过程的各个阶段都需要通过协调来发挥各自功能。

6. 控制职能

在公共组织运行目标的实现过程中,需要适时对既定计划进行调整,这一过程就是控制。公共组织的控制职能主要体现在两个方面:一是公共组织依据搜集、分析计划执行和完成的有关情报资料,对公共组织的数量、质量等因素加以控制;二是依据有关资料,掌握人力、财力、物力等情况,对公共组织活动的各种行为进行控制。

(二)公共组织的任务系统职能

1. 经济职能

经济职能是公共组织运行的重要职能,它是公共组织在社会经济生活中处理公共事务管理时所承担的职责和任务。在市场经济条件下,公共组织的经济职能主要有以下几点。第一,提供公共产品和服务。由于公共产品和服务具有非竞争性和非排他性的特殊性质,只能由公共组织来经营和提供。第二,维护市场秩序的稳定。公共组织应当建立各种市场法规和制度,规制市场行为主体,打击垄断和不正当竞争,维护市场结构和市场秩序。第三,进行收入再分配。公共组织通过税收和支出等手段,向某些弱势群体倾斜,以进行收入再分配,抑制过高收入者,补充低收入者,增进社会公平。第四,调节经济运行过程。实施稳健的财政政策和货币政策,保证宏观经济的稳定和增长,消除市场失灵。第五,优化经济结构。在市场经济自我调节的基础上,加大公共组织的介入力度,优化经济结构,推进产业升级。

2. 政治职能

公共组织的政治职能是国家统治阶级职能的构成部分。它主要包括以下几个基本方面。第一,民主建设。实行民主管理是现代民主国家政治制度的根本要求,也是公共组织必须遵循的基本原则。第二,社会治安。通过运用法律、政策、条例等约束机关团体和个人的行为,以维持正常的社会政治秩序和社会生活秩序,保护公民利益不受非法侵害,推动国家发展目标的实现。第三,国家安全。加强国防军事管理、外交及对外事务管理,防御外来侵略和颠覆,保卫国家安全与世界和平,反对霸权主义。

3. 社会职能

公共组织的社会职能是指各个公共组织为了维持正常的社会生活水平和生活秩序,增进国民福利而生产或提供福利性产品和服务的一种管理职能活动。公共组织的社会职能主要体现为社会管理、社会服务和社会平衡职能。

第二节 公共组织的领导与决策

一、公共组织的领导

(一) 公共组织的领导与领导者

1. 公共组织的领导

领导通常包含两层含义：一是指处于各级领导岗位上的主管人员，他们的行动对组织产生重要的影响；二是指主管人员引导下属活动的过程。在此，我们主要从第二层含义来对领导进行分析和研究。

一般来说，领导是组织中的领导者运用权力引导和影响组织成员为实现组织目标而努力工作的过程。公共组织领导(public organization leadership)就是公共组织的领导者在本组织现有的结构框架内引导和影响其成员为了实现组织的目标而努力的过程。其含义包括以下几个方面。

第一，公共组织领导是一个运用权力指挥、引导组织成员的过程。这种权力分职务权力和非职务权力。

第二，公共组织领导的目的是推动组织目标的实现。

第三，公共组织领导是一种影响力。这种影响力是双向的，组织成员受到领导者的影响，领导者也受到组织成员的影响。

第四，公共组织领导必须在本组织现有结构框架内实施。

第五，公共组织领导的要素包括领导者、被领导者和作用对象。

2. 公共组织的领导者

领导者是领导工作的主体和核心因素，是在特定的环境下、相互作用的体系中被赋予或实际承担指导和协调与目标相关的群体活动的个人或者集体。公共组织领导者的含义包括以下几个方面。

第一，领导者是组织目标的集中体现者和实际承担者。领导者的意图代表着特定的公共组织的目标，或者是组织成员群体的共同需求。

第二，领导者作用的发挥是通过影响力来实现的。领导者的影响力是一种能够使其组织成员认同、服从自己意图，进而顺从领导者意图的本领和能力。

第三，领导者的影响力是一种基于权力的行为方式。它包括法定权、奖励权、惩罚权、个人魅力权、业务专长权等。

第四，公共组织的领导者有正式组织领导者和非正式组织领导者两类。正式组织领导者通常是依据公共组织的分工原则和职能化原则而被公共组织授予相应职权的个人；非正式组织领导者通常是在正式组织中，由于个人特质、人格魅力、血缘关系、兴趣爱好、所处地域等因素，使公共组织成员在组织正式关系之外自愿或自动结合到其周围而被认同的领导者。非正式组织领导者一般没有法定的地位，但也能够以其言行影响追随者，从而在一定程度上对其成员施加权力上的影响，成为实际上的领导者。

案例 6-1
永远把伟大建党
精神继承下去
发扬光大

从某种意义上说，公共组织领导的过程表现为权力行使的过程，或者说是一种权威与服从关系展开的过程。实际上，权力的价值并不在于职位的高低，而在于是否能够影响他人，因此，影响力才能使他人产生敬畏感，从而让其下属或者是同一层级的成员在心理上认同、在行为上效仿，这一非法定权力的拥有者便具备了影响他人的能力。从这个意义上说，公共组织中任何一个人或者是任何一个部门都有可能拥有权力，都有可能影响他人，也都有可能领导他人。

3. 公共组织领导的特征

（1）权威性。

这种权威性集中体现在，领导者发出的指令，被领导者必须执行。领导的权威性来自以下三个方面：其一，公共组织领导是国家组织活动的重要组成部分，它体现的是国家意志，维护的是公共利益；其二，公共组织领导的权力是由国家权力机关或上级行政机关依法定程序授予的，并且公共组织的任何领导活动和行为都是由公共组织系统指挥中心发出的，具有统领和管辖的权威；其三，在依法行政的今天，任何具体的领导活动都必须以一定的法律、法规等规范性文件为依据，都是依法展开的，因而具有强制性。

（2）综合性。

公共组织领导的综合性体现在以下三个方面。其一，领导的内容具有综合性。组织领导的基本活动内容依领导层级的不同而有所区别。从整体上看，公共组织领导的内容包括：对国防和外交事务的管理；对人员编制、经费、工作程序、组织改革等公共组织内部事务的管理；对社会政治、经济、文化等众多社会事务的管理。其二，领导的方法具有综合性。组织的领导过程要综合运用创造性思维方法、调查研究的方法、预测的方法、分析综合的方法、系统的方法、群众路线的方法、行政命令的方法等多层次、多环节的综合方法。其三,组织领导者的知识具有综合性。公共组织的领导者是政治领导和业务领导的中间环节,兼具政治领导和业务领导的特征,因此公共组织领导者应掌握更广泛的多方面的综合知识,应既是业务上的专才,又是政治上的通才,只有这样,才能真正担负领导所应肩负的责任。

(3) 动态性。

任何领导都是一个历史的范畴。组织领导随着环境的变化而不断发展,公共组织领导在不同的社会制度、国家,甚至在一个国家的不同历史时期都具有不同的领导内容、领导方式、领导体制等。组织领导的动态性还表现在领导主体是动态的,无论是资本主义国家还是社会主义国家,公共组织领导者都是通过法定程序产生的。

(4) 服务性。

这是我国公共组织领导独有的特征。社会主义国家一切权力属于人民。公共组织领导就是为实现国家的意志和为人民服务的。服务是我国公共组织领导的根本宗旨。中国共产党历来强调领导就是服务。从目的性来看,社会主义的组织领导不是为了统治,而是为了服务人民大众;从手段来看,社会主义的组织领导不只是依靠领导权力,更是依靠领导者的知识才能去服务人民;从对象来看,社会主义的组织领导一要为人民服务,二要为党的基本路线服务,而党的基本路线要靠各级组织和组织领导者来贯彻执行。

4. 公共组织领导的权力构成

权力是指人所具有的并施加于别人的控制力。权力主要来自两方面。一是来自职位的权力。这种权力是由上级和组织所赋予的,并由法律、制度等明文规定,属于正式的权力。它的基本内容包括对组织活动的决定权、指挥权和对组织成员的奖惩权。这种权力有两个特点:第一,这种权力的激励作用是有限的,这种权力随着职务的变动而变动,有职务就有权力,没有职务就无权力;第二,这种权力具有很大的强制性和不可抗拒性,因此对被领导者来说只能表现为被动的服从。二是来自领导者个人的权力。这种权力产生于领导者自身的某些特殊条件,它的基本内容包括专长和个人影响力。这种权力的特点为:第一,这种权力所产生的激励作用是发自内心的,是持久的、广泛的;第二,这种权力不随职位的消失而消失。

(1) 法定权(也称合法权)。

公共组织属于正式组织,因此,在公共组织中,总有某些个人拥有组织所赋予的法定职位和职权,它是由正式组织提供的,具有制度性规范的意义。公共组织中那些职位和职权的拥有者所拥有的职位与职权本身就具有某种权威性。按照公共组织科层制的要求,他与下属之间是"领导—服从"的关系,下属必须服从他所发出的指令,按照其指令行动。这种"领导—服从"关系实质上是以公共组织整体权力为基础和后盾的。

(2) 奖励权。

这是一种决定给予或是取消奖励和报酬的权力。奖励的范围包括增加报酬、提升职务、表扬、提供培训机会、分配理想工作、改善工作条件等。这种权力来自下属追求自我满足的欲望。当下属认识到服从领导者的意愿能带来更多的利益和满足时，就会自觉地接受领导，服从指挥。

(3) 惩罚权。

这是一种惩罚性的权力——对下属进行威胁，强迫其服从的权力。惩罚的内容主要有降职降薪、批评、分配不称心的工作、降低待遇等。这种权力是建立在下属人员意识到违背上级指示和意愿会导致某种惩罚的基础上的。下属成员为避免受到惩罚，就会被动地服从领导。

(4) 人格魅力权。

这是由于领导者具有的特殊品格或个人魅力而形成的权力。如领导者有高尚的品德、勇于创新、知人善任、富有同情心等，往往受到下属的敬佩、认可和信任，从而愿意模仿和追随。这种权力来自下属对领导者的认可和信任。这是一种由个人独特的特质而形成的影响力。通过一个人的特质对他人施加影响，从而获得他人在心理和行为方面的认同。如果某一个人在人格方面具有这种特质，就比常人更加有魅力，那么他就更有可能把这种原本属于私人化的特质变成一种感召力，从而引领组织其他成员的心理和行为朝某一方向发展。一般说来，个性随和的人比较容易获得更多人的合作和敬重，独断专行的人往往容易引起他人的反感；处事冷静而果断的人能够比较容易地获得他人的拥护，而优柔寡断、患得患失的人则容易让人失去耐心和信心。

(5) 业务专长权。

如果一个人在某一领域具有某种特殊的专长和能力，那么他就可以凭借这一知识或技能来指导和影响他人，这就是所谓专家能力。这种人对组织所要解决的问题的理解比别人更深刻并且更具合理性，因此，他对事态的发展就具有更多的发言权，对他人的影响力也就更强。一个具备专家能力的人针对公共组织事务问题所表达出来的建议、方案或评审意见等，应该具有一般人所不能及的程度或层次，这样才能够令人信服，才能够领导他人的意志。因此，所谓"专家"的称号并不是自封的，而是通过获得同行、专家委员会或者是绝大多数组织成员的一致认同而得到。如领导者或学识渊博，或精通业务，而得到下属尊敬和认可，表现出自愿的服从。

在上述各项权力中，法定权、奖励权和惩罚权都属于正式权力，是由领导在组织中的职位所决定的。这类权力是外界赋予的，具有外在性。而个人魅力权和业务专长权则属于非正式权力，是由领导者自身的品德、知识、才能等个人素质所决定的，具有内在性。外在性权力是构成领导权力的基础，内在性权力则是提高领导效能的重要方面。因此组织中的领导者不仅要运用好外在性权力，而且要充分发挥内在性权力的作用，提高领导的影响力。

5. 公共组织领导影响力的基础

公共组织领导者发挥领导作用的程度及其影响力的大小，与以下几个因素有关。

(1) 组织层级结构。

公共组织属于正式组织，因而组织的科层制结构决定了公共组织具有很强的、确定性的上下级关系。公共组织的层级关系是一种制度化的程序，它明确规定了组织上下级人员的角色与义务、命令与服从之间的内在结构。组织成员处在哪一种角色位置上,他就可以用法定的权力或影响力来控制和管辖他的下属,使下属按照他的指令行动。这样,整个公共组织体系之中的权力等级链就是"领导—被领导"或者"影响—接受"的权力关系,体现出公共组织整体权力的影响力。

(2)组织规章制度。

规章制度是公共组织用来强化组织管理功能的一种制度性保障。公共组织要完成它的目标,就必须设置一些与目标相一致的具体规章制度,规定公共组织的成员或内部各个部门的职责,作为考核其成员和部门绩效的内在依据。一个规章制度不健全的组织,其组织成员与成员之间、成员与部门之间、部门与部门之间的关系必定是不确定的甚至是混乱的。因此,规章制度对公共组织保持效率、促进内在关系的协调一致、促使组织顺利地完成目标具有十分重要的作用。任何个人或部门,都必须无条件地服从组织规章制度体系的管理,接受公共组织规章制度的控制,按照规章制度进行活动。

(3)组织环境氛围。

公共组织的环境氛围具有柔性,它是通过规章制度内化的方式,以组织理念、榜样影响、人格感召、士气鼓舞,以及培养集体主义、责任感和荣誉感等潜移默化的形式,使所有公共组织的成员自觉接受并内化为行为准则的一种权力影响力。一旦组织的成员在组织氛围所营造的环境下活动,就可以认定他已接受了组织氛围的影响和控制。因此,对于公共组织而言,强制性的规定也许是十分必要的,但一个聪明的领导者则更擅长用组织的氛围来影响他人,从而获得控制力和凝聚力。

(4)领导技术控制。

技术包括两个层面的意思:一是组织的物质技术水平及其成果,在组织中一般体现为组织的生产技术及其工艺;二是组织的管理技术,一般体现为控制组织运作的方法和技艺。对于一个组织而言,如果掌握了组织生产的核心技术,那么该组织就具备了生产独特产品和提供独特服务的能力,该组织就可以获得比其他组织更有优势的立身之本,也就比其他组织具有更强的吸引力。管理技术是公共组织在活动过程中处理日常事务的一种能力,它的主要功能是按照组织决策和计划,围绕组织目标进行协调、指挥与控制。组织不仅要对组织确定的层级关系中的事务进行管理,而且要对组织内部所存在的非正式组织进行教育和引导,防止消极的非正式组织及其行为对组织目标造成损害;同时,任何一个组织都是处在复杂的关系之中的,组织领导者不仅要有高超的管理方法,处理组织内部领导与成员、成员与成员、成员与部门、部门与部门之间的矛盾与冲突,而且要时刻做好组织与环境之间的相关协调和控制工作。因此,组织的管理技术与物质技术一样,是能够领导组织、影响组织成员行为方式的权力因素。

(5)领导资源控制。

任何组织都有与其整体发展相关的资源,如资金、技术、信息、人员、市场、原材料等。从本质上看,公共组织的生存与发展无不依赖于组织自身所拥有的各种资源的流动,对组织资源中的任何一种或若干种资源的控制,构成了组织权力、影响力的另一种基础。在公共组织管理过程中,组织应该保持其成员或部门对资源的一定程度的需求张力,原因在于:如果组织中的个人尤其是部门对资源的需求依赖性减弱,那么就有可能增强个人或者部门的独立性,组织也就可能因此丧失管理控制的应有力度,组织权力的影响力也会随之减弱;如果组织控制的某种资源属于稀有资源,那么组织权力控制的影响力也就会增强,组织也因此获得了强有力的领导基础。需要指出的是,在公共组织中,无论是个人还是组织,通过影响力而实现的领导都必须和受权力关系影响的群众结合起来考察。权力影响关系是双向的,领导者必须在权力影响结构中因势利导,和谐互动。

6. 公共组织领导的作用

领导在公共组织中处于主导地位,具有重要的作用。具体表现在以下几个方面。

(1)领导是管理协调统一的保证。

一方面,公共组织的管理是由众多成员共同协作的管理活动,必须在统一指挥下协调一致,才能实现组织目标;另一方面,公共组织管理本身是一个复杂的社会系统,需要领导统一意志,才能保证这个系统运行有序、畅通,特别是随着国际社会竞争的日益激烈、社会活动的复杂和多变、科学技术的迅猛发展,加强领导,实施统一指挥,是现代公共组织管理的必然要求。

(2)领导是公共组织管理运行过程的核心。

公共组织管理运行过程与领导过程是交叉的。从具体的公共组织管理运行过程看,组织管理是通过建立组织、选人和用人、进行决策、制订计划、组织实施、检查监督、控制反馈等各个环节连接起来的链条,这个过程的实质是不断做决策、执行决策、完善决策的过程,而出主意、做决策是领导的根本职责之一,因而可以说,领导贯穿于公共组织管理活动的全过程,是公共组织管理运行过程的核心。

(3)领导是公共组织管理成败的关键。

领导具有统领、引导的整体功能。现代公共组织管理的高效率和高质量,都强化了领导的作用,特别是领导的决策作用。领导的决策及其质量是公共组织行为的指南和准则,是公共组织管理活动成败的关键。因此,正确认识领导的职、权、责,掌握和运用科学的领导方法、方式和艺术,优化领导者的素质结构等,是保证公共组织高效运作的关键。

二 公共组织的决策

(一)决策

决策是管理的一项重要职能,一个管理者不管从事什么工作,都需要不断做出决策。决策学派认为,决策是管理的核心职能,管理理论的研究应围绕决策而展开。

"决策"一词作为现代管理学中的一个术语,英文为"decision-making",意思是做出决定。一般而言,决策就是人们根据社会发展中出现的问题,来确定预期目标,并采用一定的科学理论和方法,制订若干实现目标的行动方案,从中选择最满意的方案去付诸实施的活动过程。

一般说来,决策具有以下几个表现特征。

(1)目标的社会性。决策总是为了实现一个特定系统的社会目的的活动,所以要有明确的目标。没有目标就无从决策,任何目标都处于一定的社会环境中,都是为了实现一定的社会目的而制定的,因此,目标是决策的出发点和前提。

(2)选择的慎重性。决策必须掌握实际情况,占有全面准确的信息和资料,并对各种方案进行分析、比较、抉择,从中选出最满意的方案,而放弃其他方案。方案一经选定就要付诸实践。所以方案必须慎重选择,在实践前保证方案的科学性和可行性,如果在实践中才发现方案不合理,甚至不具有可行性,就必然会给组织造成损失。

(3)过程的复杂性。决策行为本身是一个复杂的联动机制,它不是单向的程序化结构所能完成的过程。无论是在搜集信息、发现问题、分析问题过程中,还是在准备方案、评估方案、确定方案过程中,都需要反复求证后才能确定执行。其间只有大致的工作框架和流程,各类活动之间往往是互相交错的。决策作为一个循环的过程,贯穿于整个管理活动的始终。在整个决策过程中,应随时纠正偏差,以保证决策的质量。尽管现代决策是在科学化、民主化、规范化的框架下进行的,但是环境的不确定性和人类认识能力的有限往往使决策的科学性大打折扣。

(4)实践的必然性。任何决策都是为了实现一定的目标,而要实现目标,决策就必须付诸实践。如果决策不在实践中贯彻落实,即使再科学的决策,也是毫无意义的。同时,实践是检验决策正确与否的唯一标准,只有付诸实践才能对决策的科学性做最全面的检验。另外,也只有通过实践,才能给决策者提供再认识事物的条件和机会,并由此修正决策的不足,制定对原决策的追踪决策。

(5)结果的满意性。决策的结果是要选择一个合理的方案。决策过程是一个研究复杂的、多变量、多约束条件问题的过程。现实中的决策要达到所谓的最优是不大可能的。因此,决策者要对决策的评价指标确定一个最低标准,超过这个标准并在总体上达到预期效果即为合理,或称为满意,即以满意代替最佳,最佳指向的是一种应然的状态,满意则是决定决策合理程度的实然状态。而这种决策价值或者取向的变化实际上体现了一种务实的态度,它并非为决策实践的不确定性提供某种心理安慰,而是为追求决策的科学化拓展更为广阔的理解空间,并打下进一步研究的基础。

(二)公共组织决策的含义与特征

公共组织决策作为一种特殊的决策,是指公共组织在管理公共事务时,为履行公共组织职能、实现预期目标、维护公共利益,根据实际情况制订并选择行动方案的组织活动过程。公共组织决策是公共组织运行的起始环节,具有一般决策活动的共性,同时,公共组织的自身特性又决定了公共组织决策具有区别于其他决策的特征。

(1)决策主体的特定性。公共组织决策的主体是公共组织,主要是国家机关,这是公共组织决策最为常见的行为主体,而另外一些主体则是经过国家机关授权的公共社会组织。决策主体特定这一特征,决定了公共组织决策的其他特征。

（2）决策内容的广泛性。公共组织决策不像一般决策那样主要集中在某类或某几类问题上，而是涉及人类社会生活的方方面面。尽管现在"政府失灵"的消极影响使得"有限政府"的理念愈加突出，但这并不是说政府组织"让渡"的决策权力已经从根本上脱离组织职能的限制，公共组织实际上在有效地控制着社会生活各个层面，对于其做出的决策内容同样具有规范和制约的力量。

（3）决策效力的权威性。公共组织决策效力的权威性来源于公共组织权力的强制性和决策的合法性。其权威性表现在，公共组织一旦做出决策方案，其在社会生活中就起到直接的约束作用，社会中的任何组织和个人都要按照决策指向的目标规范自己的行为，履行决策规定的职责，完成决策规定的任务目标。决策的权威性往往与一定的惩罚性措施联系在一起，如若缺乏惩罚性措施，决策就会失去强制力，无法得以贯彻执行。

（4）决策目的的非直接营利性。这并不是说公共组织决策不能追求经济效益，而是说与其他组织尤其是企业组织决策相比，公共组织决策不能以直接盈利为目的。它主要是服务于社会，为社会提供公共产品和服务，主要考虑社会效益和大众利益问题，努力追求大众社会效益的最大化。

（三）公共组织决策的类型

在公共组织决策中，因为涉及的问题十分复杂，而且在决策主体、决策条件、决策方式等方面有着多种多样的变化，所以公共组织决策的类型也是多种多样的。归纳起来，主要有下列几种类型。

1. 国家公共组织决策、地方公共组织决策与基层公共组织决策

这是根据公共组织决策主体在公共组织系统中所处的不同层次来划分的。国家公共组织决策，又称宏观决策，是指国家最高公共组织为解决全国性的、对国家有战略意义的以及其他适宜于中央统一处理的公共事务问题而制定并选择决策方案的活动。地方公共组织决策，又称中央决策，是指省、市、县等各级地方公共组织执行各自的职能，处理本地区公共事务问题而制定并选择决策方案的活动。基层公共组织决策，也称微观决策，是指乡镇一级公共组织为履行自身职能，处理本地区管辖范围内的公共事务问题而制定并选择决策方案的活动。

2. 确定型决策、风险型决策与不确定型决策

这是按公共组织决策问题所处的客观条件和后果的确定程度不同来划分的。确定型决策是指在要解决的问题相对简单、决策所面临的客观条件相对确定、各种方案的可能结果相对明确的条件下所进行的决策活动。风险型决策是指有理想的决策目标和两个以上可供选择的决策方案，但决策条件中包含不可控制的因素，某一决策结果的出现有一定的统计概率，并不完全确定，因而要承担一定风险的决策活动。不确

定型决策的决策对象所处的状态基本上与风险型决策相近,不同的是未来出现哪一种决策结果的概率都是无法预测的,因而决策难度更大、风险也更大。

3. 经验决策和科学决策

这是根据决策者基本决策的不同思路来划分的。经验决策是指决策者根据个人或集团的经验知识、胆识和直觉,认识和判断决策对象、决策环境而进行的决策活动。经验决策的正确程度,受决策主体思想水平、工作能力以及生活经验等个人素质的制约。在现代社会,经验决策的主要目的是应对在客观上要求迅速做出决策的社会问题。科学决策是指在科学理论指导下,遵循科学的原则和程序来认识和判断决策对象、环境、目标、行动方案,采用科学手段和方法进行的决策活动。

4. 常规性决策和非常规性决策

这是根据决策有无先例可循来划分的。常规性决策是指对重复出现,一般可遵照已有的标准、程序、方法去解决的问题进行的决策;也称例行决策、程序性决策、重复性决策。非常规性决策,也称非程序性决策,是指对首次出现或偶然出现的非重复性问题,没有现成规范可遵循,只能通过创造性思维活动解决的决策活动。

此外,依据决策目标的数量不同,可分为单目标决策和多目标决策;依据决策进程不同,可分为一次性决策、渐进性决策和追踪决策;依据公共组织决策涉及问题的规模和影响的不同,可分为战略决策和战术决策等。

(四)公共组织决策的原则

为了使公共组织的决策更具规范性和科学性,并最大限度地保障社会公共利益,公共组织决策应遵循以下原则。

1. 信息决策的原则

充足的信息是进行决策的基础,科学的公共组织决策必然需要全面、准确和及时的信息。信息越是全面、准确和及时,公共组织的决策思路就越有广度和深度。古今中外不乏信息失真或者信息不全导致决策重大失误的案例。1958年中国大地上的"浮夸风",导致领导者基于错误的信息判断而做出错误的决策,就是一个惨痛的教训。而要保障信息全面、准确和及时,公共组织的决策主体必须建立、健全信息系统,广泛搜集、深入调查,并对信息进行系统的比较分析、去伪存真、去粗取精、归纳整理、科学论证。

2. 民主决策的原则

合理的决策要求决策者事先了解所有可行的行动方案及其实施后果,而这需要决策者拥有完备的知识、准确预测未来的能力以及合理决策方案的设计能力。但是个人的能力总是有限的,民主决策就是让更多的人参与决策过程。一方面利用他们对组织内部不同部门和环节的活动条件与能力的充分了解来弥补决策者的信息局限;另一方面利用他们的参与,促进组织成员对决策的认同,从而让组织成员在决策实施中自觉做出努力和贡献。民主决策一般采用建立委员会、专家智囊团、研究小组等方式进行,这样可以利用专家的知识弥补决策者知识的不足,用集体的智慧弥补个人或少数人的不足,以便提高决策的正确性。

3. 科学决策的原则

科学决策要求决策者在决策过程中尊重客观事实、客观规律,遵循决策的合理程序,运用科学的方法和手段进行决策。尊重客观规律就是要充分进行调查研究,掌握客观事实,不要只凭主观臆断和拍脑袋决策;遵循决策的合理程序,就是要求在时间许可的情况下,尽量做好决策的各个环节,特别在调查研究和可行性分析等重要环节,要舍得投入时间和精力;运用科学的方法和手段,就是要借助计算机和整理信息、决策支持等各种系统,运用数学手段、运筹方法等决策技术帮助决策。

4. 法治决策的原则

公共组织决策的主体具有特定性,因此公共组织决策受到国家法律的约束更加严格,规定也更加具体。公共组织在决策过程中坚持法治决策,就是要在决策权力运用、决策方案选择和决策程序执行等方面严格按照宪法和法律的规定进行操作,不能违反法律,也不能缺位、越位、错位或不到位。

5. 责任决策的原则

权力往往与责任相伴,随着"责任政府"观念的深入人心,责任决策的原则也愈发重要。公共组织及其领导者要对决策承担责任,这是人民主权的内在要求,也是依法治国的必然要求,更是对公共组织权力进行制约的必然要求。这就要求公共组织的决策承担政治责任、法律责任以及道德责任。

(五)公共组织决策的程序

完善的决策程序是贯彻上述决策原则的有效保障,一般而言,公共组织决策应包括以下程序。

1. 研究现状,调查情况,发现问题

任何决策都是从发现和提出问题开始的。所谓问题,是指应该或可能达到的状态同现实状况之间存在的差距,决策者要善于在全面收集、调查、了解情况的基础上发现差距,确认问题,并能阐明问题的发展趋势和解决问题的重要意义。明确问题主要包括两个方面:一是要弄清问题的性质、范围、程度以及它的价值和影响,必须深入进行

调查研究;二是要找出问题产生的原因,分析其主观原因和客观原因,主要因素和次要因素,直接原因和间接原因等。因此,作为一个决策者,必须在大量调查研究的基础上明确存在的问题,认准问题的要害。决策的正确与否,首先取决于决策主体对问题的识别程度。

2. 确定决策目标

在发现问题并分析组织改变活动的必要性之后,就要针对这些问题研究确定应该达到何种效果,即确定决策的目标。确定目标是决策中的重要环节,决策目标不明确、盲目地搜集情报、盲目地制定方案,很有可能造成"差之毫厘,谬以千里"的结果。因此,确定决策目标必须引起领导的高度重视。目标是决策的方向,没有目标的决策是盲目的决策。在确定决策目标时应注意:决策目标必须建立在必要和可能的基础上;决策目标必须明确、具体,尽可能数量化,以便衡量决策的实施效果;在进行多目标决策时,必须分清决策目标的主次。

3. 搜集资料,掌握信息

决策目标一旦确定,就要通过各种渠道搜集组织内外各方面的相关情报和信息。根据信息决策的原则,搜集到的资料越丰富、越准确、越全面,决策者及参谋者最终做出的决策也就越合理有效。也就是说,科学决策过程实际上是信息输入、输出的过程。确定决策内容要靠信息启示,制定决策方案要靠信息分析,决策付诸实施要靠信息传递,落实和完善决策要靠信息反馈。

4. 拟定方案

这一步要求决策者列出几个能成功解决问题的可行性方案,可行性方案的拟定是决策的关键。可行性方案要具备三个条件:一是能保证决策目标的实现,二是组织外部环境和内部条件都有可行性,三是具有排他性。

5. 分析方案

方案一旦拟定后,决策者必须批判性地分析每一个方案。要研究各个方案的限制因素,综合评价各个方案的技术合理性、可操作性、经济时效性、环境适应性及其对社会和生态的影响,分析各个方案可能出现的问题、困难、障碍、风险,并制定相应的防范、应变措施。

6. 选择方案

在对可行性方案进行分析评价的基础上,决策者从中选择一个满意的方案。应注意的是,由于受主客观条件的限制,实际决策时,往往很难找到最优方案,一般来说,只要找到满意方案即可。另外,选定方案也不是简单地挑选一个而抛弃其他,由于每个方案都可能有优点,可以一个方案为基础,兼收并蓄,吸取其他方案的优点综合而成。

7. 实施方案

方案的实施是决策过程中非常重要的一步。实施方案是指将决策传递到有关责任部门和人员,制定实施决策的规划和期限要求,解决有关问题。

8. 检验和评价决策效果

决策的目的是实施,而实施又反过来可检查决策是否正确。因此,决策者必须对决策实施情况进行跟踪检查,根据反馈信息对决策不断调整。同时,决策者也可以通过对决策结果的分析、总结,不断提高决策质量和决策水平。

(六)公共组织决策的方法

1. 定性方法

(1)头脑风暴法。头脑风暴法是比较常用的集体决策方法,它由奥斯本于1939年提出,它的实质是通过会议的形式,鼓励与会者不断产生或改进想法,从而找到解决问题的创造性方法。头脑风暴法的实施一般要遵循四项原则:其一,组成成员对别人的建议不做任何评价,讨论中没有负面评论;其二,鼓励组织成员敞开思路,畅所欲言,建议越多越好;其三,每个人独立思考,大胆设想,构思越新颖越好;其四,鼓励对已有的构思进行组合并予以补充和完善,使其更具说服力。头脑风暴法中,讨论主题没有明确限制,在讨论的过程中也不存在某个支配局面的人,这非常有利于参与者发挥想象力。

(2)德尔菲法。德尔菲法是一种直觉预测技术,它由兰德公司的研究人员首先发明,是一种广泛应用于预测、建立评价指标体系和确定某些不可预测目标的主观、定性决策方法。这种方法不要求参与者出席,它采用匿名发表意见的形式,通过多轮向专家征求看法的问卷调查,经过反复归纳、修改,最后汇总成专家基本一致的看法。德尔菲法能发挥专家会议集思广益、取长补短的优点,但是由于这种方法耗时久,不适用于快速决策的情况。

(3)专家意见法或经理意见法。这种决策方法可以应用于个人决策,也可以应用于集体决策。它是专业人士根据自己的知识、经验和能力,对问题进行判断和分析,最后做出决策的一种方法。

2. 定量方法

(1)边际分析法。在评估抉择方案的过程中,可以采用边际分析法,即把追加的收入和追加的支出进行比较,两者相等时为临界点。如果组织的目标是取得最大利润,那么只要追加的支出和追加的收入相等,组织的目标就能达成。

(2) 概率方法。概率方法可以分为主观概率方法和客观概率方法。主观概率是决策者凭借自己的经验或预感估计出来的量。客观概率是凭借统计资料或实验,推理而求得的量。通常说来,主观概率方法适用于非常规的、不重复的决策,客观概率方法适用于常规的和重复的决策。

(3) 线性规划方法。线性规划是在一定的约束条件下求出最优方案的数学模型,也就是利用一定的资源实现经济效益的最大化或者在达成目标的前提下实现成本的最小化。在现有的约束条件下,在实现目标的多种方案中,总有一种能取得较好效果的方案,这种方案能够通过线性规划方法求得。

(七) 公共组织决策的意义

概括而言,公共组织决策的意义可以从以下层面来理解。

1. 决策是公共组织运行的首要环节

作为一种组织活动,它首先应该解决的是"做什么"的问题,然后才是"如何做"的问题。而"做什么"实际上就是组织主体的事实选择和价值选择的指向,就是组织的决策活动。这种活动决定了组织运行的其他活动(诸如执行、控制、领导、反馈等)的存在意义。决策尽管无法替代其他组织运行活动存在的价值和作用,但是却能规定其目标方向和具体实施的程度。一旦针对某项具体的公共行政事务做出否定性决策,就意味着公共组织运行活动的终结,而肯定性决策也将以决策的类型及其重要程度限制其他组织活动的方式。因此,作为组织运行的首要环节,决策的这种重要决定性作用在整个组织运行过程中都有明显的体现。

2. 决策是公共组织领导者的基本职责和重要技能

在公共组织运行过程中,公共组织领导者处于管理的核心地位,承担着诸多职责,而在这些职责中,决策是最为重要的。审时度势、智谋善断、科学决策、统筹全局,是领导者的首要职责。这个首要职责,用毛泽东同志的话来讲,就是"出主意",一切计划、决议、命令、指示等决策活动,都属于"出主意"之列。公共组织领导者经常面临长远的或当前大大小小的问题,这就决定了公共组织决策能力是公共组织领导者的一项基本能力。在社会公众对领导者素质要求越来越高的今天,决策水平低的领导者注定要淘汰出局。

3. 重大的公共组织决策直接关系到政府工作的成败和国家、社会的发展

任何国家的政府、任何层次公共组织职能的正常发挥,都必须借助科学的公共组织管理。而按照管理对象的规律办事,科学地分析公共组织目标,制定正确的公共组织决策,是科学的公共组织管理的关键步骤。重大公共组织决策的正确与否,是影响政府工作成败和国家民族兴衰的重要因素。比如,美国的"星球大战"计划、日本的科技兴国战略、中国的改革开放政策都对本国乃至世界产生了重要影响。

第三节 公共组织的执行与沟通

一 公共组织执行

公共组织执行是公共组织运行过程中一个相对独立的环节,是公共组织把先期进行的决策结果放到实际工作中加以具体实现的阶段,也就是我们通常所说的"付诸行动",即把决策放到实践中具体落实,检验决策是否满足公共组织管理公共事务的要求和目标。

(一)公共组织执行的含义与特点

简单而言,执行就是把法律、政策、规定、决定等在实践中贯彻实施的过程。而公共组织执行主要是指公共组织及其工作人员为实现一定的政策目标,充分调动一切资源(包括人力、物力、财力等),采取一系列措施落实已做出或批准的公共组织决策。

理解公共组织执行的含义,必须把握以下几个要点。

第一,公共组织执行的主体是公共组织及公共组织人员。

第二,公共组织执行是一项具有目标导向的活动。公共组织执行过程中的一切行为都是对决策机关所做决策的贯彻、落实。

第三,公共组织执行是一种施行性很强的活动,是务实性的、付诸实际的行动,需要通过一定的具体步骤或实际行动来落实。

第四,公共组织执行具有强制性。公共组织执行以国家强制力为后盾,它要求执行对象必须服从执行者所发出的执行指令、遵守执行的有关制度和规定,否则,执行机关和执行人员就有权对其实行职权范围内的强制措施或处罚行为。

第五,公共组织执行主要涉及的是公共组织决策在实践中的贯彻实施。

公共组织执行作为公共组织运行过程中相对独立的环节,较之于公共组织决策等其他环节,具有以下显著特点。

第一,现实性。公共组织决策活动是对未来公共组织活动的反应,而公共组织执行活动是按照一定的目的组织的实施活动,通过这种活动,把体现在公共组织决策中的各种预想和方案变成现实。因此,现实性是公共组织执行的一个重要特征。公共组织执行要求公共组织成员必须脚踏实地完成每一步具体操作,推动计划、方案、决策、规范向现实转化。

第二，综合性。公共组织执行过程牵扯许多动态因素。首先，在执行系统内部，需要把人、财、物、时间、信息、管理技术、规章制度等因素协调、平衡；其次，执行过程需要各个执行机关和社会各部门积极配合；最后，公共组织执行需要使用各种管理手段，如行政手段、法律手段、经济手段及思想政治教育手段等。

第三，目的性。公共组织执行是按照决策的要求而进行的一种有特定目的的活动。在公共组织执行之前，已经通过公共组织决策为执行活动规定了明确的方向和要求，提出了实施的步骤和应达到的目标。这种实践活动，是有严格要求的、定向的、有规则的、有步骤的活动，必须严格按照公共组织决策确定的思路和方案进行操作，使整个执行过程中的一切活动都紧紧围绕实现公共组织决策规定的目标进行，使执行的每一步都能目标明确、措施对路，保证达到预定目标。

第四，实效性。由于公共组织执行作用对象的社会性，公共组织执行直接同社会公众的利益相关。公共组织的每一项决策都有明确的目的要求，其执行结果都将对社会产生全局性影响，因此，公共组织执行必须讲求实效。公共组织执行的实效包括两个方面：一是公共组织执行活动本身的实效性，能够以较低的成本、较短的时间、较少的资源投入实现某一目标；二是公共组织执行结果的实效性，公共组织执行的结果是真正切实解决问题，做好实事，干出实效。

第五，具体性。公共组织执行是一个具体的活动和过程。公共组织执行所面对的工作对象是具体的组织、团体和个人，公共组织执行所运用的手段是具体的，公共组织执行所实施的步骤和环节也是具体的；同时，公共组织执行的过程是法律和政策原则的具体化，是一般原则与特殊对象相结合的过程。公共组织执行的这种具体化特点，要求在公共组织执行中必须善于将普遍性和特殊性结合起来，将规范的政策原则落实在具体的执行对象中，将宏观目标与微观操作统一起来。

第六，强制性。公共组织执行活动是依靠公共权力，贯彻、落实国家方针政策和法令、法规的活动，因此，在执行手段、执行方式等方面都具有一定的强制性。这也是公共组织活动权威性和严肃性的重要体现。

第七，灵活性。公共组织执行是决策目标具化为实际行动的过程，在坚持决策目标的前提下，应当做到因时制宜、因地制宜、因事制宜，具体问题具体分析，灵活采用多种有效的方法和手段。当然，灵活性并不意味着可以随心所欲，公共组织执行必须遵循决策的主旨。公共组织执行应当坚持原则性和灵活性的统一。

（二）公共组织执行的步骤与原则

尽管公共组织的决策已经尽可能多地考虑了将会遇到的各种情况与变化，但是这种考虑毕竟仅仅属于理论上的种种设想，即所谓"纸上谈兵"。而现实中的实际情况要比理论设想的困难得多，也更加复杂。因此，要使公共组织的决策真正得到顺利的贯彻、执行，还必须根据现实需要不断地加以宏观协调，因时、因地制宜，做好决策执行阶段的各项组织工作，从而保证公共组织决策目标的完整实现。

为此,公共组织至少要在三个层面上把握决策执行的步骤:首先,要做好宣传发动工作,使公共组织的全体成员对决策的目的有明确的认识;其次,要把决策工作的逻辑性规则和执行程序公之于众,让公共组织的每一个成员对决策过程的步骤有清晰的了解,以便他们能够自觉把自己的行为纳入决策程序,围绕决策的要求进行活动;再次,要在决策执行过程中建立信息反馈系统,使公共组织能够把决策执行的每一步结果与预期目的进行比较,发现差异,及时调整,切实保证决策目标的真正落实。

对公共组织的管理过程而言,执行是对决策方案的具体实施,它含有命令、指挥的性质,因而具有一定的强制性,同时执行也具有再创造的特征。因此,公共组织管理过程对决策的执行有着十分严格而明确的要求。具体表现在以下几点。

1. 合法性原则

公共组织的决策是依照宪法、法律、法规和有关政策做出的具有权威性和强制性的决定,在其执行过程中,也必须严格依法执行,以贯彻公共组织决策的合法性。

2. 忠实性原则

要切实按照预先确定的决策方案不折不扣地实施。既然决策方案是经过千锤百炼、反复推敲而最终确定的,尤其是它考虑了决策具体实施过程中各种各样的例外情况,那么它至少在理论上是正确的、经得起考验的,因此,在决策方案的执行过程中,原则上必须保证贯彻决策不走样,不能随心所欲、阳奉阴违,这是公共组织目标得以顺利实现的基本条件。至于在执行决策方案的过程中出现无法预期的情况,属于决策过程的问题,而不是执行过程所要解决的问题,这就需要公共组织进行重新决策,待新的决策方案确定之后,再一次进入执行过程,而不应该在执行阶段盲目作为。

3. 迅捷性原则

执行决策要迅速和果断。古人有云"谋在于众,断在于独"。对于决策而言,需要的是集思广益,而对于执行来说,则要求迅速和果断。任何一个组织都希望求得高效率,而组织高效率的取得,依赖于决策是否得到迅速执行。——决策执行得越迅速,组织的效率也就越高。就公共组织的执行来看,它的一个重要职责就是以最快的速度,在最短的时间内圆满地实现决策的目标。因此,决策执行的迅速与果断,是公共组织高效率的保证。

4. 灵活性原则

要鼓励创造性地执行决策。切实地按照预定的决策来执行,不能简单地理解为刻板、机械地被决策方案束缚住手脚,即无论情况发生怎样的变化,只会按照决策去行事。尽管决策已经比较详细具体,但没有哪一个决策方案是尽善尽美的,总会有某些细节没有被完全考虑进去,这就需要决策执行者在具体执行决策时,根据实际需要,发挥自己创造性的思维,既忠实于决策的基本原则,又结合变化的环境和自己的实际情况,灵活地把决策指令"创造"成为具体的实施活动,为公共组织目标的最终达成贡献出最佳成果。从这个意义上说,忠实于决策与创造性地执行决策之间并不存在矛盾。

(三) 公共组织执行的影响因素

美国学者艾利森曾经指出,在实现政策目标的过程中,方案确定的功能只占10%,而其余的90%取决于有效的执行。公共组织的执行是解决政策问题、实现政策目标的重要途径,也是检验决策方案正确与否的唯一标准,同时是后续决策问题改进的基本依据。然而,在执行的过程中,常常由于各种因素的阻碍而导致执行不力。西方学者史密斯认为政策执行涉及的重大因素有四个方面:理想化的政策、执行机构、目标群体和环境因素。他指出,政策的执行是一个互动的过程,理想化的政策只是重要的一面,但只有跟执行机构、目标群体和环境因素结合起来才能保证决策的有效执行。总体而言,影响决策执行的因素主要有以下四个方面。

1. 理想化的决策

大量事实表明,决策之所以在执行中出现问题,一个重要的原因是决策自身的缺陷。决策本身科学与否对决策执行的效果来说至关重要。理想化的决策主要包括:决策目标的合理性、决策的明确性、决策的稳定性。

2. 决策资源

决策资源包括决策执行机构、人力和财力资源、信息资源三个部分。首先是决策执行机构,作为一种决策资源,执行机构的关键问题在于既定的公共组织决策的执行是否可以依托或者建立一个强有力的、行之有效的组织机构。其次是人力和财力资源。任何决策的执行,都需要投入一定的人力和财力。当然,这里的投入是必需的、适当的,而非多多益善。再次是信息资源。现代社会是信息社会,执行者不仅应该获得足够的信息资源,而且应当保持信息渠道的通畅,否则就很难制订出正确可行的行动计划,也无法对决策执行过程实施必要的控制。

3. 相关人员的利益和态度

首先是执行者的利益和态度。执行者的利益、态度和行为倾向都对决策的有效执行产生重要影响。基于"经济人"假设的公共选择理论认为,任何人、任何群体都存在一种自利的倾向,如果一项决策的出台威胁到执行者自身的利益,则可能遭到抵制,使其很难有效执行。其次是决策对象(目标群体)的利益和态度。公共组织的决策通常以一定的公众或者团体为决策诉求对象。公共决策的执行能否达到预期的目标,在很大程度上取决于目标群体的态度。

4. 决策执行环境

决定执行环境主要包括政治、经济、文化等环境中能够影响决策执行的因素,环境因素贯穿执行的全过程。具体而言,一项决策能否同当时的政治环境相契合,能否适应当时的经济发展水平,能否适应当时的文化传统和氛围以及大众心理承受能力,是决策能否得到有效贯彻执行的关键。

决策执行的成败最终取决于上述各因素之间的互动情况,因此要提升执行的效果,必须从上述几个方面着手。首先,要有科学、理想的决策。其次,要保证执行的必需资源。如果缺乏足够的执行资源,无论制定的决策目标多么明确,规划多么精细,方案多么具体,执行结果都不可能达到决策规定的要求。当然,在对执行资源的投入过程中,还要注意成本效益的原则,争取以最小的投入获得最大的收益。最后,要加强宣传,重视决策执行中"人"的作用。在公共组织决策执行的过程中,人是关键因素之一。作为执行者的人,需要具备一定的决策执行能力、知识,正确的价值取向和良好的行为习惯,而这些方面的获得要依赖政治社会化过程的培养。因此,必须加强正面宣传,为有效的决策执行创造良好的环境。通过加强政治社会化过程的教化,一方面,可以提高执行者的执行水平和对执行风险的预判能力;另一方面,可以增加目标群体的政治参与机会与决策认同感,使得更多的人能理解决策目标,并且为之坚持不懈地努力。

(四)公共组织执行的作用

公共组织执行作为公共组织及其工作人员经常性、现实性的管理活动,在公共组织过程中有着十分重要的地位。公共组织执行的作用具体体现为以下几点。

1. 公共组织执行决定着决策方案能否实现及其实现的程度

公共组织要有效地管理国家政务和社会事务,就必须根据社会政治、经济、文化发展的需要,针对现实生活中存在的重大问题,及时正确地进行决策并付诸实施。由决策到执行是由知向行的转变。只有实现这一转变,公共组织决策才具有实际意义,公共组织的工作目标和任务才能真正完成。公共组织执行是实现公共组织决策目标的有效途径,而且执行人员的创造性活动可以弥补规划、决策的不足,提高决策的经济和社会效益。

2. 公共组织执行效果是检验决策是否正确的根据

在公共组织运行过程中,公共组织决策正确与否最终必须由公共组织执行来检验。公共组织执行活动就是最有力的实践活动,也是检验公共组织决策正确与否的最好标尺。如果公共组织决策目标通过公共组织执行并未得到圆满实现,在能够排除公共组织执行不力因素的情况下,便证明原来的公共组织决策是有缺陷的,甚至是错误的。

3. 公共组织执行是使原决策得到修正、补充和完善的根本途径

由于现代公共管理的复杂性和客观情况的不断变化,公共组织决策往往会存在一些缺陷甚至出现失效的现象,需要人们在公共组织执行的过程中对其加以修正、补充和完善。原决策本身有错误,要通过公共组织执行给予纠正;原决策模棱两可、难以操作,要通过公共组织执行使其具体化和周密化。在实际的公共组织活动中经常遇到这种情况:有时形成某项合理周密的决策,需要在决策者和执行者之间进行广泛而频繁的磋商、协调;有时一项重大决策出台之前,要先在小范围内试验执行,并通过总结执行经验、概括执行情况,为即将出台的重大决策定基调。另外,公共组织执行活动及其执行结果,是形成新的公共组织决策的重要依据。决策要以现实为依据,尤其要以前一项决策执行后所反馈的信息为依据。只有认真总结前项决策的经验,才能使新的决策更加科学、准确。

4. 公共组织执行是衡量公共组织及其运行状况的重要标志

公共组织执行不仅是基层公共组织的任务,而且是公共组织领导者的主要职责。完成一项任务,往往需要许多组织及其工作人员的相互配合,甚至会牵动整个公共组织系统,因此,公共组织执行的情况和效果能够检验和衡量公共组织的设置是否合理、公共组织领导者与一般工作人员的配备是否得当、具体的工作制度是否健全、信息系统和监督系统的工作是否得力、各有关单位的权责划分是否明确适当等。同时,公共组织执行的效率和效果也直接影响公共管理的效率和效果,并直接影响公共管理的水平和质量。

二 公共组织的沟通

著名管理学大师彼得·德鲁克曾明确地把沟通作为管理的一项基本职能。全面地讲,沟通是同周围环境进行信息互换的一个多元化过程。正如英国作家萧伯纳曾经打过的一个比方:假如你有一个苹果,我有一个苹果,彼此交换后,我们都还是只有一个苹果;但是,如果你有一种思想,我有一种思想,那么彼此交换后,我们每个人都有两种思想,甚至两种思想发出碰撞,还可以产生出两种思想之外的东西。

(一)公共组织沟通的概念和要素

沟通(communication)就是指人与人之间、人与组织、组织与组织之间凭借一定的渠道传递信息并寻求反馈,以达到相互理解的过程。沟通包含以下几层意思:第一,沟通首先是信息的传递;第二,信息不仅要被传递到位,还要被准确理解;第三,沟通是一个双向、互动的理解和反馈过程。

公共组织沟通是指在公共管理活动过程中，公共组织与外界环境之间，公共组织内部各部门、层级、人员之间信息的交流与传递过程。与企业组织的沟通相比，公共组织沟通具有以下特点：第一，企业组织的沟通往往直接影响该组织的经济效益，而公共组织沟通的效果往往体现在其所服务民众的评价和社会效益方面；第二，企业组织的沟通往往比公共组织沟通更加灵活，企业组织中级别的概念相对弱化，而且由于经济成分的复杂性、多样性，沟通无定规，具有较强的灵活性，而公共组织沟通具有明显的封闭性，形式和方式都不如企业组织灵活。

公共组织沟通主要由以下要素构成。

(1) 沟通的主体。主要包括信息发出者和信息接收者。信息发出者是沟通过程中主动发出信息的一方，是有目的地传播信息的人。他在产生沟通动机后，便会将有关信息（如思想、观点、态度等）通过"编码"，变成对方能够理解的信息形态传递出去，并试图通过一定方式让对方接收。信息接收者通过一定渠道接收信息，并将这些信息通过"译码"，转化为自己的思想、观点、认识等，采取相应的行动和产生反应，并把有关信息反馈给信息发出者。

(2) 沟通的内容。它包括沟通双方进行交流的认知、情感、需求、动机、意向、态度等信息，以及由信息所产生的反馈，通过沟通达成双方共同关心问题的共识。然而，由于人们的知识、经历、职业、价值观、政治观点、社会地位、家庭背景等不同，对同一信息有不同的看法和不同的理解，还会造成沟通过程中的障碍问题。

(3) 沟通的渠道。人们进行沟通和交流必须依靠渠道，依靠声、光、电、人、报纸、书刊等媒体都能形成信息传播的渠道。

(4) 沟通中的信息"编码"。信息发出者把信息进行"编码"，加工成便于传递的形式，可采用语言、文字、电码、图案、符号等形式表示。

视频6-1
港珠澳大桥车辆
通行费听证会举行
（资料来源：
腾讯视频）

(5) 信息反馈。即将信息接收者的反应反馈到信息发出者，缺少信息反馈的沟通是不完整的沟通。

信息沟通的各要素密切相连，组成一个完整的统一体。主体和内容相互作用、相互影响。没有沟通主体，就谈不上沟通内容，沟通主体状态决定沟通内容；没有沟通内容，主体间的沟通就无从谈起，内容的状况及其变化也会影响主体状态。如果只有沟通主体和内容，而没有沟通的渠道和信息的"编码"，沟通就无法实现。信息反馈则使整个沟通过程成为具有反馈功能的程序，形成一个闭环，使沟通更有效。

(二)公共组织沟通的一般程序

沟通的发生要遵循一定的程序,如图6-1所示,沟通发生前,要存在被传递的思想,它在信息源(信息发生后)与信息接收者之间传递。信息(思想1)首先被编码,然后通过各种通道转换成为译码,通过译码转换信息(思想2),呈现给接收者(当然,这个译码也主要是接收者自己的)。因为,接收者在具体了解信息内容之前,需要将信息进行译码(解码),在了解信息后会对所传递的信息做出反应,反馈给信息发出者。

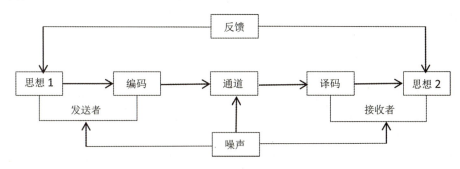

图6-1 组织沟通的程序

1.信息的发送者

信息发送者是指发出信息的人或组织。它可以是传达指示、发布命令、制定政策的上级公共组织或个人,也可以是提供情况、反映意见、提出建议的下级公共组织或个人。

2.信息的内容和形式

信息实际上是人们把抽象思维进行"编码"后的实体产品,如语言、文字、符号等。公共组织沟通的信息内容还包括观点、情感、情报、消息等。信息要通过一定的形式表现出来,公共组织沟通信息往往通过命令、文件、计划、执行程序等来实现。

3.信息的传递渠道

信息是通过联系信息发出者和信息接收者的渠道进行传递的,它既可以是口头的,也可以是书面的。口头形式是最常用的,指信息发出者与信息接收者进行面对面的语言交流。有研究表明,有效的语言交流需要信息发出者具备丰富的知识、强大的语言驾驭能力、清晰的语言表达等。而当公共组织的信息需要广泛向他人传播或信息必须保留时,报告、备忘录、信件、函电、合同等文字形式的信息传递方式就不能被口语形式及非口语形式所替代。例如,组织对外签订的买卖合同,就应当"空口无凭、立字为据"。一般来讲,采用文字形式进行信息传递,要遵循以下几个原则:第一,尽量简明扼要,不必要的文字要删除;第二,合理组织内容,重要内容和信息一般放在前面;第三,对每一个层面的问题都要给出一个明确合适的标题,让人一看就能了解基本内容。信息还可以通过计算机、电话、电报等来传递。人们可以选择一种或几种信息传递媒介,这取决于信息的性质、安全性、时间性、接收范围,以及信息接收者的偏好、理解能力等因素。

4. 信息的接收者

公共组织作为具有科层制结构的正式组织,其信息一般是由上级向下级发送,即上级是信息发送者,下级是信息接收者。不过随着技术的发展和观念的改变,上级也逐渐成为信息接收者,这有利于公共组织决策的民主化和科学化。

5. 信息产生的结果

所谓结果,就是对待信息的态度或行为,大体有接受或不接受、积极或消极、欢迎或冷漠等。在沟通过程中,"编码"和"译码"相当重要。"编码"是指将想法、认识及感觉转化成信息的过程。例如,员工将自己的想法写成报告上交领导,员工写报告的过程实质上就是"编码"的过程。"译码"则是指信息的接受者将信息转换为自己的想法和感觉。"编码"和"译码"成功与否将直接影响沟通效果。在"编码"过程中,应该从以下几个方面着手:第一,相关性,即信息必须与接受者的知识范围相关联,只有这样才可能为接受者所了解,信息必须以一种对接受者有意义或有价值的方式传递出去;第二,简短性,即信息尽量简明扼要;第三,系统性,即信息尽量具有条理,避免杂乱无章;第四,重复性,即对信息的重复强调有利于接受者的理解和记忆;第五,集中性,即将重点放在一个或几个问题上,避免传递的问题过多,造成接受者应接不暇。总之,沟通过程中的许多环节都有造成信息失真的潜在可能性,从而使精确完善的沟通目标受到冲击。如果"编码"不认真,发送者发出的信息就会出现失真。信息本身也可能导致失真。如信息选择不当、信息内容混淆都是出错频率较高的地方。通道选择不当或干扰因素太多,也会使沟通失败。沟通主体的偏见,知识水平、注意广度不足等因素也会使信息发送者与信息接收者之间产生理解偏差。所以,在沟通过程中,必须注意沟通过程的每一个环节和步骤,做好每一项工作。

(三)公共组织沟通的类型

公共组织的沟通是维系和加强组织关系的一种有效的方法,它是经过组织设计的结果。对于不同的组织而言,沟通的形式也存在很大的不同。一般而言,按照公共组织沟通的性质可以划分为正式沟通与非正式沟通。在组织运行过程中,信息的沟通一般都是以正式沟通为主,但自从20世纪中叶的霍桑实验发现了正式组织中存在着非正式组织,非正式组织的作用日益引起人们的重视,因此,非正式沟通也就理所当然地成为公共组织管理中备受关注的领域。

1. 正式沟通

所谓公共组织的正式沟通,是指公共组织按照明确的规章制度所规定的方式进行的信息传递过程。正式沟通没有随意性,也不是可有可无的,而是必须进行的。在沟通过程中也不允许掺杂个性的因素,沟通必须按照正式组织确定的科层制结构形式来进行。正式沟通包括上行沟通、下行沟通、水平沟通和斜向沟通四种具体形式。

(1)上行沟通。上行沟通是指下级部门或人员按照公共组织层级制的要求,自下而上地层层向上级反映和汇报情况。它不仅为上级组织或组织领导进行科学的决策提供必要的参考依据,而且为下级部门或个人提供了参政议政的机会,有助于组织民主化的管理。但是真正做好上行沟通也是需要条件的:一是需要组织的领导者具有民主的心态和作风,二是需要下属具有实事求是的工作态度,不阿谀奉承,也不肆意妄为。

(2)下行沟通。它是指在正式组织确定的科层组织结构下,由上级指挥机关按照组织的层级结构自上而下地发布指令和信息,由下级来具体接受和执行的沟通机制。这种沟通方式的有效性,与公共组织本身内在结构、层次之间的联系是否通畅具有很大的关系,同时与公共组织的领导是否具有积极主动的沟通态度有关。下行沟通是否顺利,是对公共组织内部结构是否科学合理、政令信息通道是否通畅、组织领导是否具有权威性、公共组织是否具有整体统一性的检验。

(3)水平沟通。它是指科层制组织结构中处于相同层次的横向部门或个人之间相互进行信息沟通的方式。严格地说,科层制的组织结构模式并没有对组织中平行关系的部门、人员之间的关系做出明确的规定,因而与前面两种沟通方式相比,水平沟通显然要困难一些,但正因为如此,水平沟通才真正体现出它的重要性。公共组织的水平沟通一般有三种形式:当面协商、文件交流与会议协调。如果一个组织在纵向关系上是比较通畅的,但在横向关系上不是那么协调,组织的效率仍然会受到一定程度的影响。可见,水平沟通对于公共组织目标的实现同样具有不可忽视的重要意义。

(4)斜向沟通。斜向沟通是公共组织在确定的科层组织结构中不属于同一隶属关系、不在同一部门的层次之间或人员之间的信息沟通。通常严密的科层制所规定的组织结构是垂直结构,因此,科层制中很少有斜向沟通的情况出现。但是公共组织部门之间的斜向沟通又是十分重要的。对于复杂的公共组织事务而言,刻板的垂直沟通往往不能实现部门之间的沟通,尤其是某些突发性公共事务的出现,迫切需要部门之间齐心协力、相互合作,因而公共组织必须在部门之间进行沟通,以促使组织信息的快速传递,且具有多样性和动态性的特征。

2. 非正式沟通

非正式沟通是指通过非正式渠道进行信息传递和意见交流,例如员工之间的私下交流、小道消息的传播等。它是组织内部的客观存在。任何部门和任何人都可以按任何方式进行非正式沟通，包括上行、下行、水平及斜向的沟通，其沟通对象、时间及内容等，无计划且难以辨别。对非正式沟通要加以合理的引导，因为一旦非正式沟通不受任何限制，就容易影响公共组织沟通的正常进行。由于非正式沟通没有确定的规范作为约束，受个人的随意性影响程度较大，往往出现一些不良的后果。这种不良后果主要表现在两个方面：一是非正式沟通极容易歪曲事实，误传信息，特别是它可能传播谣言，从而影响公共组织人员的情绪稳定和工作的正常开展；二是如果非正式沟通信息量过大，容易堵死正式沟通渠道，从而使公共组织权威命令无法传达和执行。所以，对公共组织信息沟通来说，一方面要利用非正式沟通来弥补正式沟通的不足，另一方面要对它进行相应的控制、规范和引导，其中最重要的是不能让非正式沟通的负面效应膨胀，堵塞正式沟通渠道。

现代公共组织管理十分重视非正式沟通对公共组织运行和发展的意义，特别是它在公共组织管理控制方面的重要作用。原因在于，非正式沟通不受官方正式组织权力与规章制度的约束，能够在程序化的沟通之外传递正式沟通无法传递的信息，达到更深层次的沟通效应；非正式沟通不受正式沟通的组织制度和惯例约束，沟通的速度更快、更直接；非正式沟通能够把上级的正式命令转换为下级更加容易理解的语言，从而减轻正式沟通渠道的信息荷载，提高信息沟通的效率。

尽管非正式沟通有一定的作用，但管理者应该把非正式沟通的范围和影响限制在一定区域内，并使其消极影响降到最低。为此，管理者应尽量做到以下四点：一是公布进行重大决策的时间安排；二是公开解释那些看起来不一致或隐秘的决策行为；三是对目前的决策和未来的计划，在强调其积极一面的同时，也指出其不利的一面；四是公开讨论事情可能的最差结局，这会比无端猜测引起的焦虑程度所带来的影响要小。

（四）公共组织沟通的原则和作用

公共组织沟通的原则主要有以下四点。

（1）沟通渠道通畅的原则。它包括两个方面：一是要使公共组织内部的传递机制健全通达，不能出现信息渠道闭塞的情况，尤其是不能人为地损害信息与信息传递渠道，要保证信息的真实性；二是要在技术上构建可靠的信息传递的软硬件设备和确保操作上的严格规范，不能因设备的陈旧和操作的失范使信息通道不畅。

（2）信息载体合理的原则。首先是语言必须准确、规范，要容易为人们所接受，避免出现沟通障碍；其次是载体的形式要简洁，内容要简练，防止信息接收者受到无效信息的干扰。

（3）沟通方式规范的原则。公共组织作为正式组织，沟通形式一般以正式沟通为主，在必要时也可以采用正式沟通以外的其他沟通手段。但无论是正式沟通还是非正式沟通，两者的目的是完全一致的，都是为了使组织内外关系融洽，便于组织目标的最终实现。

（4）沟通路径简洁的原则。它是实现公共组织信息发送、信息接收过程迅速且及时的重要保证,也是保持信息真实的基本条件,是公共组织信息传递与反馈准确有效的基础。

一般来说,组织沟通的作用在于使组织内每个成员都能够在适当的时间内,用适当的方法,将适当的信息传给适当的人,从而在组织内形成一个健全、迅速、有效的信息传递系统,以利于组织目标的达成。公共组织沟通的作用包括以下几点。

1. 组织沟通是正确决策的前提和基础

良好的沟通有利于提高决策质量和决策执行效果。准确、可靠而迅速地收集、处理、传递和使用情报信息是决策的基础,要提高决策质量,就必须做好群体沟通工作,广泛了解每个人的观点和看法,集思广益。这不仅可以为决策工作提供各种信息,使决策尽可能反映客观规律;而且,因为广泛考虑和吸取了决策执行者的意见、观点,从而可以使决策得到执行者的理解和支持,增强了执行者对决策的承诺,将群体决策内化为个体的目标,尽个体的最大能力使决策得到有效执行,提高决策效果。在决策过程中,无论是问题的提出、问题的认定,还是各种可供选择方案的比较,都需要组织内外的各种相关信息。事实证明,许多决策的失误,都是由于信息不全、沟通不畅造成的。因此,没有沟通就不可能有正确的决策。

2. 组织沟通是统一思想和行动的工具

组织沟通是整合组织力量的有效手段。当组织做出某一项决策或制定某一项新的政策时,由于所处的位置不同、利益不同、掌握的信息量不同、知识经验不同,组织成员对决策和政策的态度和理解程度是不一样的。为了使人们能够理解并愿意执行这些决策,就必须实行充分而有效的组织沟通——交换意见、统一思想、明确任务、统一行动并控制工作进程,以达到组织目标。所以没有沟通就不可能有协调一致的行动,也不可能实现组织目标。

3. 组织沟通有利于加强控制,有效激励

一个有效的控制过程,离不开良好的信息沟通。在控制过程中,不仅管理者发出某种控制信息作用于被管理者,而且被管理者也会发出某种信息反作用于管理者。控制的实质就是信息沟通与信息反馈的过程。激励是发现需要并不断使其满足的过程。沟通过程实质上就是交换意见和看法的过程,是了解组织成员需要的过程,从而进行必要和正确的激励。如果没有良好的沟通,就不会存在有效的激励。

(五)公共组织沟通的障碍及排除

1. 沟通的障碍

公共组织的信息沟通是一个非常复杂的过程,由于外界的干扰和各种影响因素的

作用,组织的信息沟通存在诸多障碍。

第一,信息发送者方面的障碍,即在公共组织的信息沟通过程中,由于信息发送者表达能力及逻辑推理能力不佳,导致信息接收者无法理解或错误理解。

第二,信息传递中的障碍。信息传递需要通过合适的渠道并以某种特定的网络连接方式来进行,沟通必须借助于一定的渠道。所以,沟通渠道的选择不当也会产生沟通障碍。

第三,信息接收者方面的障碍。信息接收者收到信息并不意味着理解和接受了该信息。信息接收者需要对接收到的信息进行"译码",将其转换成自己可以理解的形式,"译码"过程同"编码"过程一样,受到个体自身的知识能力和文化背景等方面的影响。

第四,其他方面的障碍。与信息沟通相关的其他因素也会影响沟通的有效性,诸如组织的规模和层级结构、组织内外的人际关系、沟通方式的选择、沟通个体性格的差异等都会对组织信息沟通效果产生影响。

2. 沟通障碍的排除

尽管沟通障碍是难以完全避免的,但是组织管理者要运用各种方法,尽量减少和排除沟通障碍,实现组织信息沟通的有效性。

第一,在信息发送者方面排除障碍。首先,使信息发送者具备良好的口头或书面表达能力以及逻辑推理能力,排除信息传递的"先天性缺陷"。其次,提高信息发送者的自身素质以排除由于信息发送者文化水平低、知识面窄形成的沟通障碍。最后,减少基于信仰与价值观的先入为主的偏见和对信息进行的有意识的筛选,保证沟通的有效性。

第二,在信息传递过程中排除障碍。不同的信息沟通需要选择适当的渠道并运用适当的方法进行。为此,公共组织的管理者应当根据不同沟通渠道和方法的特点以及作用效果,来选择适当的渠道和方法,确保组织信息沟通的有效性。

第三,在信息接收者方面排除障碍。和信息发送者一样,信息接收者要从知识能力和文化水平等方面全面提高自身的综合素质,培养良好的倾听能力、理解能力和接受能力,对接收的信息进行合理正确筛选,从而减少和排除信息沟通障碍,促使沟通效率提高。

第四,在沟通的其他方面排除障碍。为了实现良好的信息沟通,公共组织应当减少机构层级,逐步推行扁平式管理,以形成科学的组织沟通架构。组织内部结构人员之间、组织与外部环境之间应形成良好的人际关系,为信息交流创造良好的环境。

第四节 公共组织的反馈、监督和控制

一 公共组织的反馈

（一）公共组织反馈的概念

反馈是组织实现自我控制的一种重要方法。它是指将公共组织一定的输出信息反向输入到输出端（即组织决策信息收集者）的控制行为。只有通过反馈，组织才能比较、纠正和调整所发出的控制信息，实现对组织的自我整体控制。

公共组织在由决策的制定进入具体的实施阶段的时候，就必须随时进行信息的跟踪和评价，以查明所实施的行动是否与组织的目标一致，是否正在趋向目标。所以，公共组织的反馈实际上就是决策执行过程中信息的反馈。反馈在公共组织管理与运作的过程中具有为组织决策的调整提供信息的重要作用。实际上，公共组织的沟通过程、决策过程、领导过程、执行过程等是否真正达到了预期效果的有关信息，都需要在公共组织管理程序中形成回路，反馈到公共组织管理与运作的上一个步骤，同时为下一步的执行情况提供指导。

（二）公共组织反馈的作用

对整个公共组织的运行来说，每一步都及时反馈信息，可以帮助组织对前一阶段的实施情况做出正确的判断，以确定所实施的计划与步骤达到预定的目的。因此，虽然反馈不会直接对公共组织的管理和运作产生作用，但是可以通过公共组织的管理者对所反馈信息的分析、评价与判断，找到每一个步骤与组织目标之间的差距，从而提出纠偏的措施和方案，作用于公共组织管理的下一步骤，实现对组织的整体控制。

利用信息反馈机制来控制公共组织一般会产生正反馈与负反馈两种截然不同的结果。正反馈是指输出信息与反馈信息之间存在的差异导致组织目标偏向的加剧，其最终结果是使组织失去运作程序的稳定性；负反馈是指输出信息与反馈信息之间的差异能够产生减弱或反抗组织目标偏向的作用，其结果是能够补偿公共组织内部由于某种变化而产生的负面影响，从而促使组织走向工作程序的稳定。一般说来，公共组织较多地使用负反馈的机制来控制组织行为，以使组织的管理活动能够自觉地朝符合组织目标的方向发展。

二 公共组织监督

(一) 公共组织监督的含义

公共组织监督(public organization supervision)是指国家机关、社会组织或公民等监督主体,采取相应措施对公共组织及其管理者在管理社会公共事务过程中的行为以及公共权力运行的合理性、合法性和有效性进行的监察和督导活动。它的主要任务是发现并纠正一切违反公共组织管理要求的行为,防止和纠正公共组织在管理公共事务的活动中产生的偏差与失误,从而保证公共组织管理活动的正常进行。

从公共组织监督的定义可以看出,公共组织监督包含以下几点。第一,监督主体的多元性。公共组织监督主体包括国家机关、司法机关、政党组织、各种社会团体以及广大社会公众。第二,监督客体的多层性。公共组织监督的对象涵盖各级政府部门及其行政人员、各类事业单位和中介组织的工作人员。第三,监督内容的广泛性。公共组织监督既包括对公共组织管理合法性的监督,也包括对公共组织管理合理性的监督,以及对公共组织管理的有效性进行监督。第四,监督过程的公开性。公共组织监督的各种法律规定都是公之于众的,同时公共组织的工作计划、工作程序、工作内容也应有一定的透明度,即公开办事制度、办事结果,便于接受人民群众的监督。此外,适应民主政治的客观要求,还应建立有助于社会舆论监督的公开监督体制。第五,监督依据的法定性。公共组织监督是依法监督,是依法治国的具体体现。公共组织监督机制和各种专门的监督机构是依法建立的,公共组织监督的权力是依法授予的,公共组织监督活动是依照法定程序进行的,整个公共组织监督过程不仅有法可依,而且对违法行为或不当行为,也要有法必依、违法必究。有效的公共组织监督必须以强有力的法律制度为后盾。公共组织及其工作人员利用法律赋予的职责和权力对国家和社会实施管理,但如果权力没有得到监督就容易产生腐败。为了防止滥用权力的现象发生,必须对掌握公共权力的公共组织和工作人员实施有效的监督,这是保证国家机器正常运转和巩固国家政权的重要手段。

(二) 公共组织监督的作用

公共组织监督不仅是规范公共组织管理行为、保持正常的管理秩序的重要手段,而且是维护社会整体利益、顺利实现组织目标的有力保证,还是提高公共组织工作效率和实现科学管理的有效途径。公共组织监督在公共组织活动中发挥着重大作用。

1. 保障作用

公共组织监督保障公共组织管理沿着正确的政治方向发展,并对偏离这一方向的管理行为进行纠正。公共组织监督有利于保障公共组织管理的公共利益取向,维护社会公共利益,维护公民权益,实现公共组织的预期目标。

2. 预防作用

公共组织管理社会公共事务的范围十分广泛,管理环境错综复杂,加之公共组织可运用的管理方法和技术条件的限制,在具体的管理活动过程中,各种失误和问题在所难免。公共组织监督可以事先采取相应的预防措施和手段,尽可能减少公共组织管理过程中错误和问题的发生,使公共组织管理活动符合合法性和合理性要求,提高管理的工作效率,保证管理目标顺利实现和管理最佳效果的获得。

3. 补救作用

复杂多变的管理环境的影响,难以把握的管理对象的广泛性,公共组织活动中的不确定性和随机性因素的增加,都给公共组织管理带来了风险和难度,而公共组织管理行为的偏差又会给社会带来广泛的危害。在这种情况下,对公共组织及其管理者实施及时有效的监督,有利于发现缺陷和问题,并及时预警和化解,起到弥补缺陷、解决问题的补救作用。

4. 改善作用

公共组织监督的目的是通过有效监督,及时发现组织未意识到的、有可能影响组织工作顺利开展的某些不尽如人意的地方,及时调整工作计划并解决管理过程中存在的各种问题,保证组织的所有活动围绕目标进行。公共组织监督活动还有利于调动公共组织管理者的积极性,促使他们认真履行管理职责,提高管理效率。

(三)公共组织的监督体系

公共组织的监督方式多种多样,众多的监督方式构成公共组织的监督体系。以公共组织监督主体和客体的关系为标准,我们可以将公共组织的监督体系划分为外部监督体系和内部监督体系两种。

1. 公共组织的外部监督体系

公共组织的外部监督体系主要包括立法监督、政党监督、司法监督和社会监督等。立法监督是指国家立法机关作为监督主体对公共组织管理实施的监督活动。它包括监督宪法的实施、监督法律法规的执行、监督公共组织规章的合法性等。政党监督是指执政党和其他各党派对公共组织及其成员进行的监督活动。政党对公共组织行使公共权力过程的监督是必要的,而且这种监督的力度和作用非常大。司法监督是指司法机关通过司法程序对公共组织及其成员的管理行为的监督与限制。司法监督是一种兼具公正性与合法性的监督形式,对于保障国家法治秩序的稳定和完善法治建设有重要的意义。社会监督是指各种社会组织和团体以及社会公众作为监督主体,对公共组织管理实行广泛的监督活动。社会监督主要包含社会团体监督、公民监督和社会舆论监督三个方面。社会监督具有覆盖面广、影响范围大、透明度高等特点。

2. 公共组织的内部监督体系

视频 6-2
《中国共产党党内监督条例》之党的基层组织
(资料来源:腾讯视频)

公共组织的内部监督体系主要包括三种:一般监督、专门监督和特种监督。一般监督是指公共组织内部按直接隶属关系,自下而上和自上而下以及横向之间所实施的监督行为。一般监督包含上级对下级的监督、下级对上级的监督、平行机关的监督。专门监督指公共组织各职能部门就其所主管的工作,在其职权范围内对其他有关部门实施的监督行为。专门监督是在法定职权范围内进行的,具有保障力和强制力。特种监督又称为业务监督,是指公共组织内部依法实施的针对某种专门的公共组织管理活动进行的监督行为,它具有很强的专业性、灵活性和权威性。

(四)公共组织监督的原则和方法

1. 公共组织监督的原则

公共组织监督是公共组织管理活动的重要组成部分,要使监督活动科学化、合理化和有效化,取得较好的监督效果,必须遵循以下基本原则。

第一,合法性原则。合法性原则是公共组织监督的前提性原则。如果没有法律作为保障,公共组织的监督活动就难以展开。公共组织监督的合法性原则要求公共组织监督主体的资格和监督权限由法律赋予并保障,公共组织监督活动必须严格以法律为准绳,依据法定程序和形式进行,公共组织的监督方式也必须符合法定要求,使监督方式法治化和规范化。

第二,公正性原则。公共组织监督的公正性原则要求监督主体在具体的监督过程中,对待不同的监督对象应依据统一的监督标准,做到对各个公共权力的行使者一视同仁、赏罚分明,禁止在监督过程中采用双重或多重标准。同时,应做到监督活动信息公开,并接受社会监督,真正做到公共组织监督的公平、公正、公开。

第三,经常性原则。公共组织的监督是一种经常性监督,它贯穿公共组织活动的始终,涉及组织决策、执行、评估等各个环节。公共组织要使监督及时有效,就必须保持监督活动的经常性和连续性。

第四,广泛性原则。公共组织监督的广泛性除了体现在监督主体的多元性上,还体现在监督对象和范围的广泛性上。公共组织监督主体既包括国家机关,又包括社会组织和个人,公共组织管理活动涉及多种社会公共事务,理所当然要求公共组织的监督范围涵盖公共组织管理的方方面面和活动的全过程。

第五,时效性原则。公共组织监督的目的是使组织工作能够按预定的轨道进行。因此,在实施监督活动的过程中,必须做到监督的及时有效,使被监督者的不当或违法行为得到及时有效的制止、防范和矫正,保证组织活动沿着实现组织目标的方向发展。

2. 公共组织监督的方法

在开展具体监督活动的时候,必须全面了解各种监督方法的运用。公共组织的监督方法主要包括以下几种。第一,汇报与报告。汇报可以分为例行报告和专项汇报。例行汇报是公共组织下级定期向上级管理者反映工作情况。专项汇报是公共组织及时汇报某项活动进展的详细报告。第二,审核与批准。审核与批准是公共组织上级权力机关对下级权力机关的运行过程进行事先检验的方法。第三,视察和调查。公共组织监督主体对监督对象的工作状况进行一般性的检查或专项详细调查,了解情况,沟通信息,及时发现、纠正问题或进行绩效评价以改进工作。第四,考核与奖惩。上级机关及考核管理部门依据组织的目标,对下属的工作情况进行考核并做出评价以作为奖励或惩戒的依据。第五,申诉和控告。申诉和控告是指公共组织监督主体对公共组织在行使公共权力、管理社会公共事务过程中损害公共利益的行为提出法律诉求。申诉是为了使受到损害的公共利益得到补偿。

三 公共组织控制

(一)公共组织控制的含义与类型

1. 公共组织控制的含义

公共组织控制(public organization control)是指公共组织的管理者为了确保组织目标的顺利实现,通过对照、计划、检查、督促、调节和纠正偏差等行为,对公共组织管理的全过程施加影响。公共组织控制与公共组织监督既有联系,又有区别。控制偏向于偏差的纠正,监督侧重于问题的发现。但从监督的目的来看,监督活动属于控制活动的范畴。监督和控制的最终目的都是确保公共组织目标的实现。

2. 公共组织控制的类型

公共组织控制有两种方式:一种是系统内部的自我控制,施控方与受控方都是公共组织;另一种是公共组织以外的力量对公共组织的控制。依照不同的角度,我们可以把公共组织的控制划分为不同的类型。

(1)按照控制实施的时间,可分为事前控制、事中控制和事后控制。事前控制是指在事件发生之前,对公共组织的行为所实施的控制,目的是防患于未然;事中控制,是指在越轨行为发生过程中的控制行为,目的是及时调整和纠偏;事后控制,一般是指在越轨事件发生以后所采取的补救措施。公共组织的这三种控制方式是一个有机体,其根本目的是公共组织为实现组织目标而实施管理职能的过程中,对它的运作进行全方位的控制。

(2)按照控制自身的性质,可分为正式控制和非正式控制。正式控制是公共组织依据法律和法规对组织的管理与运作方式所实施的控制,它具有权威性、强制性和直接性的特点。非正式控制是公共组织凭借社会认可的惯例,对组织的管理与运作以及成员所施加的控制,它具有广泛性、及时性和持久性的特点。在公共组织的实际管理过程中,这两种控制方式可以并用,但要处理好两者的关系。一般说来,正式控制较为常用,非正式控制可作为正式控制的辅助形式,帮助公共组织实现对组织整体的控制。

(3)按照控制的表现形式,可分为内在控制与外在控制。内在控制主要是指公共组织的成员把法律法规以及组织的规章制度当作自身行为准则,自觉地接受这些规范的约束,从而使自己的行为符合组织的要求;外在控制则是某种强制性控制的方式,它假设组织成员可能会出现与组织目标不一致的行为方式,因而要求组织成员达到组织要求的"应然"状态,属于组织成员的一种外力约束机制。公共组织的内在控制和外在控制对组织来说都是必要的,组织成员的所有行为不可能完全达到组织所要求的理想状态,因此,仅仅靠公共组织的内在控制方式不足以实现对公共组织的完整把握,这也说明外在控制方式有其存在的必要性。所以,公共组织要在管理控制过程中做好两方面的工作:一方面,通过完善各项规章制度和行为规范,激励或迫使公共组织成员遵守组织行为准则;另一方面,要不断做好思想政治工作,提高组织成员的思想觉悟和自我控制力,把公共组织对成员的各项要求内化为成员的自觉行动。

(二) 公共组织控制的过程

公共组织的控制过程即公共组织的控制程序,一般包括前后相继的三个步骤。

1. 确定控制标准

所谓标准即是规范性要素,或者说是在一个完整的计划程序中所选定的、对工作成果进行计量的一些关键性指标体系。它是衡量组织工作是否达到预期成效的尺度。标准可以是多种多样的,公共组织控制的标准主要有政策标准、职责标准、工作标准、行为标准、财务标准、时间标准等。按照标准制定要求,这些标准应该都可以作为实际工作绩效的考核标准,同时也应该具备客观性、完整性和具体性的特征。公共组织确定的控制标准既是实现有效控制的必要条件,也是实施控制的客观依据。

2. 实施绩效评估

在公共组织实际控制过程中,要以控制标准为基准,对公共组织管理工作的实际业绩做出分析与评价,以找出偏差及其形成的原因,为纠正偏差提供依据。必须指出,公共组织不是具体的企业组织,不能用具体的数字关系来描述公共组织的绩效,因而对公共组织绩效的评估不可能达到精确的定量化。但这并不是说公共组织的业绩是不可测量的。公共组织要在获取大量信息的基础上,经过仔细研究和科学分析,取其精华,去其糟粕,力求客观公正地对业绩做出符合实际工作情况的评估。

3. 落实纠偏措施

公共组织在实施组织绩效的评估后,要及时地针对组织现存的偏差进行纠正,把组织下一步的发展强制性地纳入预定目标的轨道。纠正公共组织偏差要运用科学的方法和技术。首先,确定现有组织中是否存在偏差。如果确实存在,那么就应该分析偏差的性质及程度,弄清偏差产生的原因,然后进一步落实纠正措施。其次,注意纠偏的时效性。措施应当及时、得当、有力,使偏差没有扩大或反弹的可能。再次,注意纠偏幅度,不能草木皆兵。公共组织执行过程中的任何一项指令,一般说来都是对组织工作的理想化要求,在实际操作中不要求绝对精确,只需要无限贴近,只要不影响组织管理工作的正常开展,组织中存在一定程度的偏差是允许的。如果偏差在组织运作允许的范围内,只需要保持适当的控制张力让组织实行自我控制,就可以保证组织管理工作的顺利进行。而对于那些确实危及公共组织可持续发展的偏差,实施强制性的外在纠偏措施则是十分必要的。

(三)公共组织控制的原则

有效的控制必须具备一定的条件并遵循科学的原则。为了使公共组织的控制工作高效进行,必须遵循以下几个基本原则。

1. 目的性原则

公共组织控制要有明确的目的性。公共组织控制的目的是及时发现偏离计划的误差,采取有效的措施,纠正可能发生或已经存在的偏差,确保计划的顺利执行,从而保证公共组织预期目标的实现。归根结底,公共组织控制的目的是保证组织目标的最终实现。

2. 及时性原则

信息是公共组织实施控制的前提条件,公共组织要及时有效地收集并传递各种与组织活动有关的信息。如果信息处理时间过长,就可能给组织带来不可弥补的损失。

公共组织要在信息快速传递的基础上,随时掌握工作进度,及时发现偏差,并采取有效措施对加以纠正。

3. 灵活性原则

灵活性就是指公共组织实施控制行为的过程中,应当注意适应主客观条件的变化,保持充分的灵活性。外部环境的复杂性和内部环境的多变性,必然要求控制标准和方法随情况的变化而做相应的调整,否则,公共组织的控制就会失败,而原先的计划也因此无法执行。

4. 例外原则

例外原则要求管理人员把有限的精力放在对重点问题的控制上,更多地关注那些重大的偏差,以及工作中发生的特殊情况,并尽可能地选择计划的重点作为控制标准,以提高控制的有效性。

(四)公共组织控制的方法

面对庞杂的公共事务,公共组织要想及时正确地处理公共事务中极其复杂的关系,就必须借助科学的方法和技术,开展卓有成效的管理控制工作。公共组织实现管理控制的方法与技术主要包括以下几种。

1. 预算控制法

预算控制法主要是对公共组织物质性资源的使用和调配进行预算和控制,包括弹性预算法、程序性预算法和零基预算法三种形式。弹性预算法是对公共组织预期消耗的资源进行评估,在确认公共组织预算项目消耗时,必须考虑组织环境的变化因素,所以一般对资源控制采取变动预算和滚动预算。程序性预算法是公共组织按照已经预定的计划来控制、调配资源的方法。它可以避免组织运作过程中资源的浪费,但其缺陷是没有考虑到环境变化对资源的要求变化,因而相对来说缺乏灵活性。零基预算法是在公共组织每一个预算年度开始时,以零为起点,重新评估各项尚在进行中的管理活动对实现组织目标的意义和效果,同时在费用-效益分析的基础上,重新确定组织各项管理活动的优先次序。这种方法可以解决公共组织预算管理中奖金过度膨胀的问题。

2. 过程控制法

过程控制法是把公共组织的整个管理过程一并纳入控制过程的方法,主要包括程序控制法和网络规划法两种。程序控制法是对公共组织管理过程和具体业务流程实施控制的方法。它对所有面向组织目标活动的行为方式及其步骤都进行严格而又明确的规定,迫使组织的每一个环节和每一个人都照章办事,这有利于控制主体对公共组织事务的有效监控。网络规划法是把公共组织的所有事务看作一个完整的系统,通过网络图式的考察与研究,制定相应的组织规划,并选择最佳方案来达到对公共组织预定目标进行控制的方法。它主要是控制各项规划的合理性程度以及工作进度,以求用最小的成本取得最好的效果。

3. 一般控制法

一般控制法包括现场观察法、统计数据资料分析法、专题报告分析法、比率分析法和人员管理控制法等。现场观察法是公共组织控制最古老、最直接的方法。通过控制主体在现场的直接观察,可以掌握大量第一手的可靠信息,对发现的问题能够及时提出并加以纠正。统计数据资料分析法是在对组织运行状况的相关资料(比如年度、季度、月度统计报表)进行分析的基础上,对公共组织管理活动的发展趋势及其相互关系做出明确的判断。通过统计数据资料分析法得出的结论一般比较理性和权威。专题报告分析法是针对公共组织中某一具体的专项问题所做的调查和解析,能全面掌握、重点突破问题,对解决公共组织的突出问题有很好的效果。比率分析法是对公共组织中的不同度量关系进行比率分析,其中最常用的是财务比率和经营比率的分析研究,它可以全面掌握和控制组织的资金来源和使用情况。人员管理控制法是对公共组织或部门内部人员行为、业绩的评估和人事关系的分析采取相应的控制措施,其主要目的是褒扬先进,惩戒落后。

4. 综合控制法

综合控制方法不是针对某一具体的组织工作任务而进行的控制,而是在公共组织管理的最大范围内实施的综合性监控,主要包括管理审计、盈亏控制、投资报酬率分析和信息控制四种方法。管理审计包括内部审计和外部审计两种方法,是全面系统地分析评价公共组织管理绩效的控制方法,能够通过对公共组织管理流程所有环节进行审计检查,发现问题并及时解决问题。盈亏控制是根据公共组织或部门的工作盈亏状况的分析和研究,对其管理绩效进行综合控制的方法,主要的特点是可以针对组织管理工作中关键性的、全局性的问题进行有效控制。投资报酬率分析是比较公共组织的投入与报酬,由此来观察组织所取得的绩效,针对比率所反映的实际情况,有针对性地调整组织工作的战略步骤。信息控制是公共组织在广泛收集内外部信息的基础上,通过对相关信息的综合、比较和分析,从中发现公共组织发展的规律,并利用这些规律实现对组织的有效控制。信息控制对公共组织的管理与运作具有极其重要的意义,已经成为公共组织赖以生存的社会基础。随着信息技术的高速发展,公共组织所面对的信息可以说是爆炸式的,对庞杂的信息进行收集分类、综合评价,要求公共组织不断完善自身管理信息处理系统,并及时把对公共组织有用的信息转化为组织管理控制的有效手段。

(五) 公共组织控制的作用

公共组织控制对组织发展具有十分重要的作用,控制的功能主要表现为以下三个方面。

1. 控制体现了公共组织决策与计划的要求

公共组织必定是按照预定的决策和计划去完成组织目标的,但是,即使决策和计划制定得再完善,也并不是任何时候都会被执行得完美无缺,在公共组织决策执行的过程中,随时可能偏离计划原定的轨道。这就需要公共组织在决策与计划具体实施的同时,通过监督和协调来控制和把握组织发展的方向,以利于组织目标的顺利实现。

2. 控制有利于公共组织实现组织目标

在公共组织实施管理的过程中,组织目标一直被当作校正组织自身行为以及组织成员个人行为的准绳。就公共组织来说,它必定希望花最短的时间、以最少的成本来完成预定的目标,但在实际的计划执行过程中,不可能存在不偏不倚的组织活动状态,总是有些地方与组织的目标相一致,而另外一些地方则与目标有着较大的偏差,甚至会走一些弯路,延误公共组织目标的如期完成。公共组织可以通过对组织活动的控制,把这些可能存在的弯道"拉直",使组织的目标以快捷、经济的方式达成。

3. 控制是改善公共组织工作的有效手段

控制的实质,是对公共组织实际管理活动的反馈信息做出的反应。这种信息反馈对于公共组织来说是十分珍贵的。公共组织可以通过反馈信息,及时弥补在组织管理工作中的不足,对那些偏离公共组织预定计划的部分加以修正。公共组织一旦取得了反馈信息所提供的纠偏经验,在之后的管理工作中就能够避免类似的错误,这样就使公共组织自身的工作程序得到了完善。而如果没有这种反馈控制的过程和手段,组织工作的自我完善就会是相当困难的。

本章小结

公共组织运行是公共组织为了实现特定的目标,管理社会公共事务的活动过程。公共组织运行的特性有社会性、人本性、服务性、公益性、协调性和强制性六个方面。公共组织的运行职能有程序系统职能和任务系统职能之分。程序系统职能主要包括决策、计划、组织、领导、协调和控制职能。任务系统职能主要包括经济职能、政治职能和社会职能。

公共组织领导是公共组织运行的重要职能,它对公共组织的发展方向和运作效率产生重要影响。公共组织领导者的权力来源主要有两个方面:一是职位的权力,二是领导者个人的权力。公共组织领导者的权力一般由五个部分构成:法定权、奖励权、惩罚权、人格魅力权和业务专长权。

公共组织决策指公共组织主体在管理公共事务时，为履行公共组织职能、实现公共组织目标、维护公共利益，根据实际情况，制定并选择行动方案的组织活动过程。决策方法既包括定性方法，也包括定量方法。

公共组织完成决策之后，便进入决策的执行阶段。公共组织执行，就是公共组织领导者及其成员将公共组织决策付诸行动的过程。执行是对决策方案的具体实施，它含有命令、指挥的性质，因而具有一定的强制性，同时执行具有再创造的特征，具有合法性、忠实性、迅捷性和灵活性等原则。

公共组织沟通是指在公共管理活动过程中，公共组织与外界环境之间，公共组织内部各部门、层级、人员之间信息的交流与传递过程，它包括沟通主体、沟通内容、沟通渠道、信息编码和信息反馈等基本要素，沟通对于公共组织的运行具有非常重要的作用。公共组织沟通的类型包括正式沟通和非正式沟通两大类。公共组织要针对各种沟通障碍采取相应的措施，以提高沟通效果。

公共组织反馈实际上是对公共组织决策执行情况的信息回流，它是公共组织对自身进行管理控制的一种重要手段。公共组织反馈在公共组织的运行中发挥着极其重要的作用。

公共组织监督是指国家机关、社会组织或公民等监督主体对公共组织及其管理者进行的监察和督导活动。公共组织监督具有保障作用、预防作用、补救作用和改善作用。公共组织监督可以分为外部监督体系和内部监督体系。公共组织监督的原则有：合法性原则、公正性原则、经常性原则、广泛性原则和时效性原则。公共组织监督还要注意各种监督方法的运用。

公共组织控制是指公共组织的管理者为了确保组织目标的顺利实现，通过对照、计划、检查、督促、调节和纠正偏差等行为，对公共组织管理的全过程施加影响的活动。根据不同的标准，可以将控制划分为不同的类型。公共组织控制一般有三个基本阶段：确定控制标准、衡量工作绩效和采取控制措施。控制还应当体现如下原则：目的性原则、及时性原则、灵活性原则和例外原则。公共组织控制的方法主要包括预算控制法、过程控制法、一般控制法，以及综合控制法。

中英文关键术语

公共组织领导　public organization leadership；
公共组织决策　public organization decision；
公共组织执行　public organization practice；
公共组织沟通　public organization communication；
公共组织反馈　public organization feedback；
公共组织监督　public organization supervision；
公共组织控制　public organization control

第六章
拓展阅读资料

复习思考题

1. 如何理解公共组织运行的内涵和职能?
2. 如何理解公共组织领导者的权力?
3. 什么是公共组织沟通?
4. 公共组织怎样才能保持沟通的高效性?
5. 怎样把握公共组织监督的含义和作用?
6. 公共组织监督的基本原则和方法是什么?

第六章
自测题

案例分析题

 一、阅读材料

宋徽宗的"禁屠狗令"

宋朝崇宁初年,官员范致虚向宋徽宗提出建议:"京师有以屠狗为业者,宜行禁止。"取缔京师的肉狗屠宰业,其实就是禁止民间食用狗肉。原因是宋徽宗生肖属狗,狗不宜宰杀、食用。宋徽宗觉得范致虚的建议非常有道理,下了一道诏书,禁止天下人屠狗,并赏赐范致虚两千贯钱。

然而,"食狗禁令"发下来,朝野哗然。因为宋人虽然并非以食狗为乐事,但食狗毕竟不是华夏的饮食禁忌,市井间也不乏吃狗肉之人,屠狗还是一门正当的营生。现在朝廷突然禁止食狗,不但妨碍了市民的口腹之欲,而且侵犯了经营狗肉的饮食店的利益。所以当时的舆论都反对"食狗禁令"。

京师的太学生带头抗议,在众人面前发表宣言:"朝廷事事绍述熙丰,神宗生戊子年,而当年未闻禁畜猫也。"这段话翻译过来,是说宋徽宗事事以继承父皇宋神宗的职业来标榜,神宗皇帝生于戊子年,属鼠,但从未听说当年禁止养猫。

总之,由于"禁屠狗令"不得人心,实行不到几年,便不了了之。

(资料来源:李传军.公共组织学[M].3版.北京:中国人民大学出版社,2015:135)

 二、讨论题

结合上述案例,运用本章相关知识谈谈宋徽宗发布"禁屠狗令"违背了公共组织决策的哪些原则。

第六章
参考答案

第七章

公共组织绩效

本章引例

杭州市政府绩效管理的起源与发展

杭州市政府绩效管理是以杭州综合考评为发动机和主载体的。它最早可以溯源到20世纪90年代初的目标责任制考核，这是当时中国各地顺应邓小平南方谈话后兴起的改革开放和经济建设大潮，借鉴企业目标责任制考核而实施的一种政府机关内部的考核奖励制度。在不断探索具有杭州特色的政府绩效管理之路的过程中，杭州综合考评主要经历了三次跨越。

一是从机关目标责任制考核向满意不满意单位评选的跨越。2000年，市委、市政府在全国率先推出"满意单位和不满意单位"评选活动，以根治门难进、脸难看、话难听、事难办这机关"四难"综合征，转变机关作风。这一时期，满意评选活动和原市直单位目标责任制考核双轨并行。

二是从满意不满意单位评选向综合考评的跨越。2005年，市委、市政府决定将目标责任制考核与满意评选（社会评价）进一步结合，同时增设领导考评，对市直单位实行综合考核评价，形成了"三位一体"的综合考评。2006年8月，全国首家正局级常设考评机构——杭州市综合考评委员会办公室正式成立，标志着杭州综合考评走向制度化、规范化、专业化。

三是从综合考评向绩效管理的跨越。2007年以来，杭州综合考评积极探索绩效管理新路径，不断完善绩效指标体系，深化社会评价，推进创新创优，增强诊断治理功能，强化绩效管理，促进目标管理由任务型目标责任制考核向功能型绩效管理转变。2011年6月，杭州市被列为全国政府绩效管理试点城市，市考评办也于2012年8月增挂"杭州市绩效管理委员会办公室"牌子，履行综合考评、效能建设、绩效管理新的"三位一体"职能。

从发展历程来看，杭州市政府绩效管理经历了从封闭式的内部考核到开放式的社会评价、多元化的综合考评，再到功能型绩效管理的不断演变。在20年的发展过程中，杭州市政府绩效管理始终秉承"创一流业绩、让人民满意"的宗旨，坚持"让人民评判、让人民满意"的核心价值观，通过社会公众评价方式，运用外部力量来推动政府部门持续改进绩效、提升治理的有效性，形成了"公民导向"的鲜明特色。

（资料来源：伍彬.中国地方政府绩效管理中的民意价值和治理创新——以杭州综合考评为例[EB/OL].(2014-06-16). http://www.jxhz.gov.cn/ldjhwb/11345.jhtml）

讨论题

请结合本案例，谈一谈你对公共组织绩效管理的理解，并说明其作用体现在哪些方面。

20世纪末期以来,西方国家相继出现了财政危机等问题,官僚制组织的低效率引发了政府的信任危机。为了有效应对这些危机、提高行政组织的效率、重建政府的信任度,西方发达国家在政府改革的过程中开始引入政府绩效管理制度。美国发展绩效管理运动,并发布《政府绩效与成果法》和《绩效基础组织法案》,英国、新西兰等国也推行绩效管理运动,绩效管理逐渐成为政府改革的重要策略。

一般而言,政府绩效包括经济、效率和效益三个方面,其中效率指的是投入和产出之比,效益则指的是组织目标的实现程度。公共组织以提供公共服务、维护公共利益为宗旨,在提供服务的过程中不仅要做到有效率、节约公共资源,而且要做到有效益、维护公共利益。然而,对于某些特定组织而言,效率与效益之间的关系可能并非一直相互促进、相互统一的,公共组织的效率和效益在很多时候并不能够做到完全一致。受各种因素的影响和制约,公共组织在现实运行中往往会只关注效率,而忽视对效益的关注。"组织的绩效是通过系统的管理活动实现的,要实现管理所追求的效率和效果两大目标,就必须在战略的指引下,对组织的绩效进行科学系统的计划、监控、评价与改进,这正是绩效管理所应承担的责任。"[①]公共组织的绩效管理实际上就是要在包括效率和效益在内的这些要素之间寻求均衡,这就是公共组织绩效管理的使命。

随着时代的发展,公共组织所面临的环境日益复杂,需要肩负的责任也愈发沉重。要充分发挥公共组织在提高公众生活水平和质量、促进社会公共利益等方面的积极作用,就必须加强对公共组织的绩效管理,建立和优化相应的绩效评估体系,从而不断提高公共组织的绩效。[②] 本章主要介绍公共组织绩效的概念、公共组织绩效的影响因素、公共组织绩效评估以及实践等内容。

第一节 公共组织绩效概述

一 公共组织绩效的内涵

"绩效"一般解释为成绩、成效,含有"成绩"和"效益"的意思。它最早用于社会经济管理领域,后来在人力资源管理领域被广泛应用。该词用在社会经济管理领域时是指社会经济管理活动的结果及成效,工商管理中的绩效也是这个含义。绩效是指"从过程、产品和服务中得到的输出结果,并能用来进行评估和与目标、标准、过去结果以

[①] 方振邦,葛蕾蕾.政府绩效管理[M].北京:中国人民大学出版社,2012:8.
[②] 麻宝斌.公共组织理论与管理[M].北京:科学出版社,2019:178.

及其他组织的情况进行比较"①。

有人认为广义上的"效率"就是绩效,这很容易造成概念上的混淆。严格意义上的效率是指投入与产出之间的比例,力求以最少的投入获得最大的产出,而绩效是一个既与效率有联系又有区别的概念,是一个包括效率但又含义比效率更为广泛的概念。绩效是效率和效益的总和,二者是相辅相成的统一体。效率产生效益,效益反映效率,效益是效率的导出,而效率是效益的根本所在。其中,效率侧重于从定量的角度进行考评,是对产出与投入的比例进行测量;效益则侧重于从定性的角度进行考评,是将实际成果与原定的预期成果进行比较,包括经济效益和社会效益,是指工作的结果、价值。绩效是一个综合性的范畴,应该是个体或群体为实现其目标而展现在不同层面的工作表现、直接成绩和最终效益的统一体,包含个人绩效和组织绩效两个层面。②

公共组织绩效是指公共组织利用组织资源的经济性、效率和效益,是公共组织功能的实现程度。公共组织在积极履行公共责任的过程中,在内部管理与外部效应、数量与质量、经济因素与政治因素、刚性规范与柔性机制相统一的基础上,要尽可能获得公共产出的最大化。

公共组织绩效指公共组织行为及其取得的业绩、工作成就和实际效果,主要指"3E",即经济(economic)、效率(efficiency)和效益(effectiveness)三项主要内容,这"3E"也是新公共管理的核心价值。③依据塔尔伯特的分析,目前美国公共组织运用"3E"的情形相当普遍,其中至少有68%的公共组织使用"效益"指标,14%的公共组织使用"经济"指标,8%的公共组织使用"效率"指标。"3E"实际上是三种关系,涉及公共管理活动的四个方面——成本、投入、产出和效果。其中,经济涉及成本和投入的关系,效率涉及投入和产出的关系,而效益则涉及产出和客观效果的关系。以环保部门为例,该部门从事公共组织管理活动耗费的人力、物力和设备等是投入;获得和维持这些人力、物力和设备所花费的资金就是成本;产出既可以是决策活动的产出,如出台的环保计划或实施细则,也可以是执行活动的产出,如建设项目的审批、违规企业的处罚、清洁技术的推广等;效果则主要体现在对现有环境质量的改善提高。具体如图 7-1 所示。

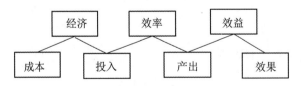

图 7-1 公共组织绩效"3E"内容

自新公共行政产生以来,公平问题日益受到人们的广泛重视。新公共行政理论认为,经济与效率目标固然是公共行政的价值追求与目标之一,但当公平与效率发生矛

---

① 龙晓云.绩效优异评估标准[M].北京:中国标准出版社,2002:358.
② 李传军.公共组织学[M].3版.北京:中国人民大学出版社,2015:230.
③ 丁煌,梁满艳.地方政府公共政策执行力测评指标设计——基于地方政府合法性的视角[J].江苏行政学院学报,2014(4):99-106.

盾时,却不能牺牲社会公平来强调效率。[①] 因此,学者弗莱恩认为公共组织绩效还应该加上公平(equity),他认为经济、效率、效果和公平组成的"4E"都是公共组织绩效的重要指标。

公共组织绩效内容包括内部绩效和外部绩效。

(1)内部绩效。公共组织的内部绩效是指公共组织在管理的过程中所实现的公共组织内部经济性、效率、效益和公平。公共组织的内部绩效是公共组织实现外部绩效的内在前提。公共组织的内部绩效表现为:一是针对公共组织目标做出科学而及时的决策;二是良好的工作纪律和健全的管理体制下有效利用公共组织的资源;三是通过人性化的管理方式所取得的效果;四是各个组织成员的自我实现和成就感;五是优秀的公共组织文化所塑造的人格魅力等。

(2)外部绩效。公共组织的外部绩效是指公共组织在管理过程中所实现的公共组织的外部社会效益,是公共组织内部绩效的外在实现,其具体表现为:一是维护公共安全,如抵御外来军事侵略、打击偷盗或泄露国家机密的间谍行为、增强与国际的安全合作、维护社会治安和公共秩序、查处违法犯罪、提高公民和社会安全感等;二是提高人口素质,如人口平均预期寿命、教育程度、技术人员比例、医疗水平等的提高;三是促进经济发展,如社会产业结构水平、经济效益、国内生产总值和国民收入等的发展;四是促进社会和人民生活的进步,如教科文卫体等各项社会事业的发展、城市化水平、社会保障水平、脑力劳动者占社会劳动者的比重、人民群众生活质量的提高等。

案例 7-1
高绩效公共组织
的六大特点

二 公共组织绩效的影响因素

公共组织绩效是一个综合性、全局性的问题,公共组织管理的每一个环节都会对绩效产生影响,因此我们必须通过科学的绩效管理提升公共组织的绩效水平。分析公共组织绩效的影响因素,对于正确开展公共组织绩效管理具有重要意义。根据公共组织管理的实践经验,公共组织绩效的影响因素主要包括外部因素和因部因素两种。

(一)外部因素

1. 政治因素

国家的政治体制决定行政体制,政治权威决定行政权威,国家政

---

① 唐兴霖.公共行政学:历史与思想[M].广州:中山大学出版社,2000:401.

治稳定与政治生活民主化、法治化是公共组织正常运行的基本条件，也是公共组织管理高效化的前提。

2. 经济因素

案例 7-2
小政府、大社会

国家经济发展状况是提高公共组织绩效的物质基础，公共组织管理体系的结构和功能要与经济发展的类型和水平相适应。在计划经济体制下，我国政府对经济实施全面干预，但由于政府机构重叠，人浮于事、效率低下等问题日益突出，导致长期处于低效管制的状态。目前我国已进入社会主义市场经济时期，新形势要求"小政府、大社会"，逐步弱化政府的职能，政府由管的"宽"过渡到管的"窄"，充分发挥市场、社会组织的自我调节能力。① 只有大力提高公共组织绩效，才能满足社会主义市场经济体制的需要。

3. 社会因素

首先是社会团体对公共组织绩效的影响，如不同的利益集团向公共组织施加影响，通过它们的社会关系网络，用公共舆论、说服和诱导等手段进行干预，因而对公共组织绩效产生严重影响；其次是社会风气对公共组织绩效的影响，党风、政风以及公众整体效率意识都是影响公共部门绩效的因素。一个国家有良好的社会风气和优良的文化传统，才会有健康的公共组织环境，才有助于公共组织绩效的提高。

4. 地理因素

一个地区的地理环境决定着该地区的交通、邮政、电信等事业的发展条件，也是影响公共组织绩效的重要因素。不同地区，因其交通、文化、观念、资源等方面的差异，公共组织的绩效必然受到一定程度的影响。

5. 科学技术因素

在现代化的公共组织管理中，现代科学技术在其管理活动中的运用情况，对于能否大幅度提高公共组织绩效起关键性作用。在决策阶段，利用科学的决策技术方法可以提高决策水平，帮助决策者更快、更准确地选出最佳方案。运用电子计算机为中心的信息处理技术，逐步实现办公自动化，对公共组织绩效具有积极作用。

---

① 郝铁川.从统治到治理：论强政党、小政府与大社会[J].马克思主义与现实，2003(6):56-69.

(二) 内部因素

1. 组织因素

影响公共组织绩效的组织因素主要有以下几点。第一,机构的设置。首先,机构的功能是否齐全,是否适应社会和经济发展的客观要求,是否事事都有人管。其次,机构的精简程度。如果机构太多,部门林立,管理幅度过窄,就会造成权力过于集中,严重影响下级的积极性和创造性;如果管理幅度过宽,又会造成权力过于分散,不利于统一领导。最后,权责是否明确,权责划分和组合是否合理。第二,职位的设置。机构中有各种职位,这些职位的设置是由该机构的功能、地位和职责范围等因素决定的。一个机构到底应该有多少个职位才是最合理的,应该根据目标的需要,按照科学高效的原则进行确定。职位的法定性和稳定性也是公共组织管理高效的重要前提。那些因人设事,滥设副职、虚职的现象都会造成人浮于事、推诿扯皮的现象,严重影响机关的效率。第三,公共组织管理各环节的衔接。高效的组织不仅要求自身设置专业化和程序化,而且要求做好公共组织管理各环节的连接工作,形成各司其职、各尽其责的协调局面。公共组织的各部门是否尽职、管理的各环节联系是否紧密,关系到能否顺利实现总体目标,能否最大限度地减少内耗,提高效率。[1]

2. 人员因素

人员因素对公共组织绩效有直接影响。第一,人与事的关系。能否做到人人有事做、事事有人做,是衡量公共组织绩效的重要指标。第二,人员素质。包括领导者的素质和一般工作人员的素质两个方面。公共组织的领导者是组织的决定性因素,将组织和事业的兴衰系于一身,其政治思想、道德品质、决策能力、指挥能力、用人能力等,都对公共组织绩效有重大影响。一般工作人员是大量业务工作的完成者,其政治思想、工作态度、效率观念、业务知识和技能等方面的素质,直接影响着公共组织绩效的高低。高素质的公共组织人员能够准确地理解和执行政策,进行科学的管理,恰当地处理社会公共事务,有助于提高公共组织绩效。

三 公共组织绩效的优化

公共组织要提高绩效,首先应找到低效能的症结所在,然后在此基础上采取针对性的措施。前面已经阐述了众多影响公共组织绩效的因素,公共组织要实现高绩效,还需从具体影响因素着手。一般可以从以下七个方面对公共组织的绩效进行优化。

---

[1] 李传军.公共组织学[M].北京:中国人民大学出版社,2015:234.

1. 明确的组织目标

如果一个组织战略目标模糊,组织的工作缺乏方向性,组织就不可能有较强的活力,组织的高效能也不可能实现。按照美国管理学家彼得·德鲁克的观点,组织战略目标不清楚时,可以通过依次回答以下五个问题,对本组织的战略目标进行自我评估,确立明确的战略目标:① 组织的使命是什么(即思考组织存在的目的与价值、活动的根本宗旨,分析遇到的挑战和今后一定时期的阶段工作总目标);② 组织的服务对象和支持者是谁(对组织的服务对象和支持者的类别进行调查,明确组织的工作对象);③ 组织的工作对象和支持者的认知价值是什么(这一问题包括工作对象和支持者的生理与心理需求、对工作的建议和要求及长期追求);④ 组织期望的结果是什么(即思索组织所要达到的工作成效);⑤ 组织的计划是什么(这是对以上问题的总结,也是明确要达到的目的)。在回答以上几个问题之后,组织应当考虑的是,重新明确原有的战略目标还是确立新的战略目标,如何确立新的战略目标,采取怎样的措施实现这一战略目标,在此基础上制定出系统的可行性计划并进行论证。

2. 合理的组织结构

合理的组织结构可以提高工作效率、减少决策失误、增强对外界环境变化反应的灵敏度。组织的内外环境是不断发展变化的,当组织的结构不适应这些环境的变化时,必须及时进行组织的学习和改革,推动组织的发展。我国目前在对实行事业单位管理的社会团体进行改革,大力推进社会团体社会化、民间化进程。在这种形势下,国家创办的社会团体要发展,只有选取科学的目标组织模式,进行包括组织结构在内的全面改革。

3. 称职的组织人员

工作能力、工作态度以及工作效果等是员工是否称职的重要标志。一方面,要把好准入关,确保招募录用人员的基本素质符合工作要求;另一方面,要加强培训,使员工不断补充工作需要的新知识,提高工作水平,培养敬业精神。

4. 健全的组织制度

在决策、指挥、控制、协调、监督、反馈与变革等各个环节,在人事、财务、工作程序、岗位职责分工等各方面,建立健全系统的组织制度。健全的制度是组织运作的轨道,组织会因缺乏健全的制度而失去运转的规则而无法工作。近年来,我国建立了国家公务员制度,普遍实行目标责任制管理,建立起政府公开招标制度和政府采购制度,极大地推动了我国公共机关效能的提高。

5. 良好的组织管理

科学的管理就是生产力。在价值目标、结构、人员、制度问题解决之后,管理就是组织高效运作的关键。管理是一门复杂的学问,涉及社会学、心理学、政治学、文化学、组织学乃至自然科学等多学科。管理又是一种艺术,民主、科学、灵活、高效的管理,可以提高组织的效能。

6. 有凝聚力的组织文化

有凝聚力的组织文化能够使组织内部各层级之间、同一层级各部门之间、各员工之间,在组织的战略目标和阶段目标基础上进行团结协作,从而形成较强的凝聚力;打破僵化的传统官僚体制下员工被动执行命令的惰性,鼓励员工为了提高工作成效和组织效率创造性地开展工作,组织才具有创新精神。

7. 良好的组织外部条件

组织的效能不仅受到内部因素的影响,而且受到外部因素的制约。国际环境、国内政策、经济发展状况、社会公众支持程度等多种因素,会阻碍或促进组织效能的提高。公共组织应当努力创造有利于自身发展的外部环境。具体来说,可以从以下几方面入手。第一,树立良好的公众形象。通过宣传、为社会提供优质高效的服务等途径,获得良好的社会声誉,赢得社会的支持。第二,建立稳定的支持基础。稳定的支持基础是组织生存和发展的"土壤",它由组织工作人员、服务对象、志愿工作者、捐助者、工作合作者等构成。第三,加强国际交流与合作,争取组织发展的国际资源,学习借鉴国外的先进经验。

案例 7-3
《杭州市绩效管理条例(草案)》

第二节 公共组织绩效评估

一 公共组织绩效评估的内涵

对绩效评估的研究广泛分布于管理学、组织行为学、人力资源管理等学科中,学者们基于各自的学科角度对绩效评估予以不同的理解和界定。美国学者史密斯·穆飞认为,绩效评估是组织对雇员价值秩序的决定。美国学者朗格斯纳认为,绩效评估是基于事实,有组织地、客观地评估组织内每个人的特征、资格、习惯和态度的相对价值,确定其能力、业务状态和工作适应性的过程。日本学者伊山吹太郎认为,绩效评估是对雇员与职务有关的业绩、能力、业务态度、性格、业务适应性等方面进行评定与记录的过程。① 1993年,美国颁布了《政府绩效与结果法案》,将政府绩效评估界定为一种评估方式,它通过客观的测量和系统的分析,确定联邦政府的项目是否达到预定目标的程度和方式,明确了绩效管理的概念与制度。美国审计总局关于公共组织绩效的定义也具有代表性,其认为绩效评估是便于公共决策者获取相关信息,比如关于为解决或缓解某一问题所采用策略的相对有效性或关于特定方案的实际有效性的一种方法。综上所述,公共组织绩效评估就是运用科学的方法、标准和程序,对公共组织行为主体的业绩、成就和实际作为进行评估。

公共组织绩效评估是绩效管理的重要组成部分,绩效评估理论与方法的进步与绩效管理的发展密切相关。公共组织绩效评估的学术研究可以追溯到1910年,默里斯·库克在《学院和工业效率》的研究报告中提出大学工作效率的测定方法,他建议设立"学生学分制"作为衡量效率的单位,用于奖励注重效率的教授。公共组织绩效评估的实践在第二次世界大战以前就已开始,以政府部门为例,当时美国政府机构寻求制定工作准则和业绩作为衡量标准的初步技术已在几个机构中运用。各种专业协会开发了评级制度以评价行政工作的业绩以及公共服务的需求。第二次世界大战期间,克莱伦斯·雷德和赫伯特·西蒙著有《市政工作衡量:行政管理评估标准的调查》一书。书中提出了评估的五个主要内容(需要、结果、成本、努力、业绩),并且调查了测定的必要性和难点。雷德和西蒙又把后三项合并,作为组织管理效率的测量标准,这个项目研究为以后的组织绩效评估做了技术上的准备。② 但直到20世纪80年代,组织绩效评估才得到重视和青睐,主要原因是传统的官僚政治体制不注重效果,导致了机构臃肿、绩效低下、资源严重浪费等问题。同时理论界出现了相信市场力量、减少政府干预,政府做掌舵者而不是划桨者,用企业家精神重塑政府等理论主张。组织绩效评估就是在这种背景下被引入的,它的推广和深入是上述因素的客观要求和必然结果。

英国的组织绩效评估应用非常持久和广泛,在技术上也相对成熟。1979年,撒切尔夫人任命雷纳勋爵为顾问,推行改革,开展了著名的雷纳评审。雷纳评审是以解决问题为导向的经验式调查,调查的起点是人们已经了解的东西而非不了解的东西。它向传统行政管理的思想和方法提出了挑战。雷纳评审是指针对人们已经熟悉的东西,评审者提出问题和质疑,以发现存在的问题,从而拟定提高绩效的具体方法和措施,并征求建议,在相关人员对将要采取的改革措施达成共识的基础上,由被评审单位的负责人实施改革的具体措施。1980年至1983年,英国又先后实施了(环境事务部)部长管理信息系统、财务管理新方案和(卫生与社会保障部)绩效评估方案;1987年推行

---

① 李传军.公共组织学[M].北京:中国人民大学出版社,2008:238.
② 梁作强.论我国政府绩效评估体系的构建[J].理论导刊,2007(4):42-43.

"下一步行动方案";1991年梅杰政府开展"公民宪章"运动和"质量竞争"运动等,这些都推动了绩效评估的广泛应用和评估技术的成熟发展。①

从20世纪90年代开始,社会关注的焦点逐渐转向效益和顾客满意度,质量被提到了前所未有的高度。因此,在西方公共组织管理实践中,评价的侧重点也转向了公共服务的质量和效益。除了美国和英国外,荷兰、澳大利亚、法国等国家也纷纷将绩效评估作为政府改革的一个重要部分,以此提高组织绩效和服务质量。绩效管理和绩效评估已经成为公共组织的一种基本管理工具。

案例 7-4
顾客满意理论

二 公共组织绩效评估的意义

公共组织绩效评估在政府公共管理实践中广泛运用,开创了当代公共组织部门吸收、借鉴私营部门管理方法与经验的先例,为公共管理理论研究提供了新的视角,并在一定程度上带来了国家政府管理效率的提高和管理能力的增强,各种社会危机和矛盾得以缓和。公共组织绩效评估的重要理论意义和实践意义主要表现为以下几点。

(一)绩效评估是公共管理的必要手段

公共管理人员能够对公共政策和项目的结果进行评估至关重要,否则,其管理水平不可能得到提高,也不可能以高效的管理为公众服务。对公共项目实施的实际状况进行了解、考察,分析实际效果与预期目标的偏离程度,进行绩效评估,总结政策及项目实施的经验教训,并将其反馈给有关公共组织部门,有助于对公共组织项目做出调整、修正,弥补公共管理项目的缺陷,为未来的公共决策及实施积累经验,完善和提高公共组织管理水平。

(二)绩效评估是提高公共组织部门绩效的动力机制

作为技术层面的绩效评估本身不是目的,它只是为了获得更高的业绩水平而使用的手段,是有效提高组织绩效的动力机制。

首先,绩效评估有助于实现和落实公共组织的责任。公共组织

---

① 周志忍.英国的行政改革与西方行政管理新趋势[J].北京大学学报(哲学社会科学版),1994(5):50-55.

至少应对公民负以下主要责任：一是政府的支出必须获得公民的同意并按正当程序支出；二是资源必须有效率地利用；三是资源必须用于达成预期的结果。与此同时，公众期望政治家能为自己做出的决定负责。这就要求有某种评价绩效的方式。

其次，绩效评估有助于提高公共服务供给的质量和效率。在市场化条件下，根据社会的发展要求和公众的需要提供公共服务，是公共组织最重要、最广泛的职能和根本性任务，公共组织部门是公共服务的供给者。要对公共组织确定公共服务供给的质量和价格标准、进行绩效管理、把控市场准入标准等活动的绩效进行评定，以防止供给者利用提供公共服务的机会来谋取不正当利益，保障社会公平，增加顾客选择的机会，更好地满足顾客的需要。这就需要采用合同出租和非国有化等多种形式，由企业主体通过竞争来提供服务，或者通过合同与公共组织采购等形式，以竞争招标方式交由社会承担。这样，公共组织绩效评估为公共服务供给部门（包括政府公共部门、私营部门和非营利部门）之间展开竞争、创造市场动力、利用市场机制解决政府管理低效率问题提供了有效途径，从而有利于提高公共服务的质量和效率。

最后，绩效评估有助于改进政府公共组织与社会公众之间的关系。公共组织与社会公众之间的关系由治理者与被治理者的关系变为公共服务的提供者与消费者、顾客之间的关系。公共组织行使公共权力主要是为了实现公共利益和主动为社会公众谋福利。公共组织绩效评估贯彻和体现的是上升为国家意志的广大公民的意志，评估过程中，公共财政的分配与使用、公共服务项目的划分、绩效目标的确定都是这种意志的体现。公共组织绩效评估巧妙地将这种意志通过公共责任和顾客至上的管理理念表现出来，从而在政治上加强与维护了现有的基本社会秩序，建立和发展了社会公众对公共部门的信任，增强了公共组织部门的号召力和社会公众的凝聚力。

（三）绩效评估有利于提高公共组织的信誉和形象

绩效评估实际上是一种信息活动，其特点是评估过程的透明和信息的公开。对公共组织府在各方面的表现情况做出全面、科学的描述并公之于众，无疑有助于广大群众了解、监督和参与公共组织的工作。一方面，不但可以用绩效评估证明公共组织开支的合理性，而且通过评估可向公众展示公共组织部门为提高绩效所做的不懈努力；同时，公共组织绩效评估并不只是展示成功，它也暴露出不足和失败，向公众公开所面临的困难和问题，有利于纠正公众对政府的偏见，建立和巩固公众对公共组织的信任。另一方面，具有影响力的绩效评估结果对公共组织部门来说有重大的监督作用，为社会公众对不同的公共组织部门及其所提供的服务进行选择提供了依据和参考。社会公众就是通过这种选择来控制和监督公共服务供给的。

（四）绩效评估是一种有效的管理工具

从实践来看，绩效评估作为一种有效的管理工具，在当代公共管理中有诸多意义。第一，绩效评估可以用作一种诱因机制。任何管理，包括公共组织的管理，都需要某种诱因机制，才能激发人的工作热情和动力。组织诱因机制中最重要的莫过于绩效与奖惩相联系。绩效评估使组织的激励与约束机制有了依据；建立在绩效评估基础上的奖惩，强化了组织的激励机制。第二，绩效评估作为一种管理工具最重要的意义在于，在公共组织运作和管理上增加了成本-收益的考虑。从某种意义上说，它是公共组织部门进行有效资源配置的一个重要手段。第三，绩效评估是诊断公共组织发展的一个有力措施。作为管理决策的基础，绩效评估不但能为组织提供有关组织活动进度、物质损耗、工作协调等方面的信息，以适时调整组织的战略目标、人员物资分配等，而且能够在组织中营造一种注重业绩的组织文化，使雇员以绩效为目标，时刻校准自己的行为，并为每个雇员发挥积极性、创造性提供基础。此外，绩效评估及其措施在公共组织实践中的运用，极大地推动了公共管理方法与技能的改进和发展，促使管理者倾听顾客声音、提高服务质量。同时，项目评估、管理信息系统、电子政务等公共管理方法应运而生，为公共组织管理开拓了新的视野。

三 公共组织绩效评估的类型

从不同的角度，依据不同的标准，我们可以将公共组织绩效评估分为不同的种类。

（一）内部评估和外部评估

内部评估是由公共组织内部的评估者完成的评估。内部评估最大的优点在于评估的主体本身就是公共组织内部的决策者、管理者和工作人员，他们对该组织有更详尽的了解，他们在持续性的、长期的方案评估中可能更有优势。但是要求公共组织对自己的行为做出客观评价实非易事。首先，评估往往会服从一些自利行为，如避免暴露缺陷，只强调取得成就的一面，例如某服务资金投入太多，未达到或只是较小程度达到目标，内部评估的主体很可能找出种种理由为其项目失败进行辩护。再次，评估往往代表某一部门的局部利益，这使内部评估容易走向片面性并带有浓厚的主观色彩。最后，绩效评估是一项复杂而细致的工作，需要评估者系统掌握有关的理论知识，并熟悉某些专门的方法和技术，因此，公共组织内部是否拥有从事绩效评估能力的专家就成为绩效评估的先决条件，很多组织绩效评估之所以失败，就是因为缺乏这方面的专家。

外部评估是由公共组织外部的评估者完成的评估。它可以由公共组织委托营利性或非营利性的研究机构、学术团体、专业性的咨询公司以及大专院校的专家学者进行，也可以由投资或立法机构组织，还可以由报纸、电视、民间团体等其他各种外部评估者组织。外部评估同内部评估相比，其优点在于外部评估者更为客观。

（二）定量评估和定性评估

定量评估就是运用定量指标进行评估的过程。定量指标也可以称作数值分析指标,它较为具体、直观,评估时有明确的实际数值和可供参照的标准值。但事实上,公共组织的绩效涉及很多定性评估,即某些公共组织行为或项目的绩效无法用具体数据来表达,无法进行定量考核,只能采用基本概念、属性特征、通行惯例等对被评估项目进行语言描述和分析转换,从而说明公共组织绩效的好坏。定性评估的不足包括指标外延宽、内涵广,难以具体化,实际操作中存在随意性和受主观意识影响大等问题,会对评估的客观、公正产生影响。但定性评估能将无法计量却反映公共组织某方面状况的潜在因素纳入评估范围,通过分析判断、验证指标、评估结果,得出综合性评估结论。

由于定量评估和定性评估各有优缺点,在公共组织管理绩效评估的实际操作中必须结合使用,根据不同的情况来确定它们的比重,以便全面有效地反映公共组织的实际绩效。

(三)正式评估和非正式评估

正式评估是指事先制定完整的评估方案,严格按规定的程序和内容执行,并由确定的评估者进行评估。它在公共组织管理绩效评估中占据主导地位,其结论是公共组织考察绩效的主要依据。正式评估具有评估过程标准化、评估方案科学化、评估结论比较客观全面的特点。其缺点是对评估者的要求苛刻,不仅要求其系统掌握相关信息,而且要求其具备较高的素质。

非正式评估是指对评估者、评估形式、评估内容没有严格规定,对评估的最后结论也不做严格要求,人们根据自己掌握的情况对公共组织管理绩效进行评估。平时大量进行的评估都属于此类。它具有方式灵活、简便易行的优点。通过非正式评估,不但可以基本了解公共组织管理的实际效果,而且能够吸引社会各阶层的人士参与评估活动,增强公众的参与性。非正式评估的缺点是由于评估者掌握的信息有限,同时缺乏科学的程序和方式,最终得出的结果难免粗糙,容易犯以偏概全的错误;同时它具有随意性,结论也难以收集和整理。

正式评估与非正式评估是公共组织管理绩效评估的两种主要方式,它们各有优缺点,正式评估是占据主导地位的评估,直接关系到评估活动的质量,是应该大力提倡,不断改进的一种方式;非正式评估一方面可视为正式评估的必要准备,另一方面也是正式评估的一种重要补充。因此,在公共组织管理绩效评估中,非正式评估和正式评估缺一不可,都应给予足够的重视。

(四)短期评估、中期评估和长期评估

短期评估是对公共组织在过去较短时间内行为与绩效的评估,一般以一年为限。短期评估适用于一些短时间内便可充分展现结果的项目。

中期评估是对一定时期内公共组织行为的评估,时间一般为1~5年。事物的发展变化有个过程,对大多数公共组织行为来说,其效果会在1~5年内有比较充分的表现,可以对其做出客观公正的评价。

长期评估是对一定历史时期内公共组织行为的评估,主要适用一些需要很长时间才能展现其效果的公共组织政策及行为。

公共组织绩效评估究竟选用哪种时间标准,取决于公共组织管理绩效本身。如果公共组织管理活动的绩效可以迅速地体现出来,那就选择短期评估,反之则宜用中、长期时间评估。

(五)宏观评估、中观评估和微观评估

宏观评估即对公共组织管理行为的科学性、合理性及其实际所发挥的作用进行整体性、综合性的评估。公共组织管理绩效的宏观评估是一个整体的概念,针对的是特定的公共组织在特定时期内的绩效,其评估指标是一个综合的体系。

中观评估即对公共组织内部各具体职能部门的评估。中观评估往往是对部门、行业或系统的综合评价,如行业风气、行业效益等。它起着承上启下的作用,既是宏观评估的基础(公共组织的宏观绩效建立在各职能部门绩效的基础上),同时覆盖微观评估的各项内容。

微观评估包括两大部分,一是对公共组织所实施的某些具体项目或所提供的某些服务进行的评估;二是对公共组织内部成员个体的绩效评估,公共组织的整体绩效正是由一个个公共组织人员的工作所组成的,离开他们的工作,公共组织就成了抽象的概念。[1]

(六)个人绩效评估和组织绩效评估

个人绩效评估是指基于事实,有组织地、客观地对公共部门雇员的特性、资格、能力、业务态度、工作适应性及对组织的贡献所做出的评估。个人绩效评估不但有利于管理层与雇员沟通组织的目标和目的,而且能激发雇员的工作潜力、责任感和紧迫感。公共部门传统上一般偏重的都是对个人绩效的衡量,其历史源远流长。因而,个人绩效评估无论是在方法、技术上,还是在流程设计、指标构建方面都比较完善。

组织绩效评估是指对公共部门的产品在多大程度上满足社会公众的需要而进行的评估。在微观层面上,组织绩效评估便是对政府的各部门,包括事业单位、非营利组织如何履行其被授权的职能的测评,如政策制定执行的效果、项目管理实施的状况影响等;在宏观层面上,组织绩效评估便是对整个公共部门的绩效的评估,具体体现为政治的民主与稳定、经济的健康与快速发展、人们生活水平的持续提高、国家安全和社会秩序的改变、文化的发展和精神文明的提高等方面。由于公共部门的组织行为较之雇员个人行为,具有复杂、多面与难以界定等特点,组织绩效评估相对难度较大,其在科学化、规范化、制度化方面还有待进一步发展。

---

[1] 李传军.公共组织学[M].北京:中国人民大学出版社,2008:243.

视频 7-1
中国红十字会：
接受国际评估
暴露四大问题
（资料来源：
央视网）

传统的绩效评估大多以个人层面的绩效评估为核心，然而，在新的形势下，各行各业的竞争日趋激烈，组织的团队管理、团队合作不但在私人部门中被使用，而且推广到公共部门。虽然个人的绩效无论是对本人还是对其所在组织都是一个重要砝码，但组织的整体绩效更是组织在残酷竞争中生存和发展的支柱。因此，绩效评估开始转向以组织绩效评估为核心，以个人绩效评估促进整个组织的绩效为前提。

第三节 公共组织绩效评估的实践

一 公共组织绩效评估标准和指标

绩效评估标准是公共组织绩效评估的参照系；绩效评估指标是公共组织绩效的衡量依据，它代表着绩效衡量的内容，因而，设立衡量指标的一个基本要求，就是必须准确地表示衡量对象的意义、性质与关键特征；同时，指标所衡量的因素与结果之间必须具有明确的因果关系。绩效评估指标的设计必须遵守五个原则：一是效度，即指标正确表现实际绩效的程度，差异越小，效度越大；二是信度，即指标所得出的结果要稳定，指标在不同的时间对同一对象进行衡量时，能产生大致相同的效果，效果越稳定，信度越大；三是客观性，即指标必须具有公信力，应以客观性的定量指标为主，主观的定性指标为辅；四是可行性，即指标的测量成本和困难度应在可接受范围内，资料收集、监控及评价的成本不宜过高，操作程序不宜过于复杂；五是因果关系，即指标与衡量结果之间应有直接的因果关系，不能以不具有真正因果关系的指标来衡量绩效。

从理论上讲，可使用包括下面四个方面的模式：输入（提高服务所需的资源、人员、物力、财力）、过程（传送服务的路径）、输出（组织活动或提供的服务）和结果（每一个产出或服务产生的影响）。这种模式虽然可以反映组织的绩效，但更常用的指标模式是用具体的概念来构建的。① 一般而言,学者将其概括为经济、效率、效益、公平四个方面,即"4E"标准(见表 7-1)。

表 7-1 公共组织绩效评估标准

标准类型	问题	说明性的指标
经济	获取利润及花费是否合理	投入的成本
效益	绩效结果是否有价值	服务的单位数
效率	为得到这个有价值的结果付出了多大的代价	单位成本、净利益、成本-收益比
公平	成本和效益在不同集团之间是否等量分配	帕累托标准、约翰·罗尔斯的再分配标准、卡尔多-希克斯标准

(一)经济(economy)标准

公共组织管理要遵循经济指标,就是少花钱多办事,在尽可能追求高效益的同时,尽可能减少人力、物力、财力的消耗,即要有成本意识。因此,在评估组织的绩效时,首要的问题是某组织在既定的时间内,究竟花费了多少钱,是不是依照法定程序,这正是经济指标首先要回答的问题。经济指标要求以尽可能低的投入或成本,提供与维持既定数量和质量的公共产品或服务。这种衡量只是说明花了多少钱,或是否按程序花钱。当然,成本衡量能很好地体现预算和实际成本之间的差距。然而,经济指标不能衡量服务的效率和效果,因而单一使用成本衡量并不能满足绩效评估的要求。

(二)效率(efficiency)标准

效率是指投入与产出之间的关系,指公共管理活动的产出与所消耗的人力、物力、财力等要素之间的比率。效率与投入成反比,与产出成正比。比率越大,效率越高。高效率意味着用最小的投入达到既定的目标,或者投入既定而产出最大。效率可以分为两种类型:一类是生产效率,它是指生产单位产品或提供单位服务的平均成本;另一类效率是配置效率,指组织所提供的产品或服务是否能够满足利害关系人的不同偏好,如国防、社会福利、教育、健康等政府公共服务项目,其预算配置比例是否符合民众的偏好顺序。配置效率的最佳状态即经济学家所讲的帕累托最优,也就是指资源的配置能否为多数人带来最大利益。

---

① 威廉·N.邓恩.公共政策分析导论[M].谢明,杜子芳,伏燕,等译.北京:中国人民大学出版社,2002:437.

(三)效益(effectiveness)标准

效率标准仅适用于那些可以量化的或货币化的公共产品或服务,但事实上许多公共服务性质上很难界定,更难量化。在这种情况下,效益就成为衡量公共服务的一个重要标准。效益包括经济效益和社会效益,公共管理绩效中的效益主要是指社会效益。效益衡量是看情况是否得到改善,即衡量所提供服务的影响和质量,看服务是否达到预期目的,它关心的是目标和结果。就公共组织而言,效益衡量主要是衡量管理活动的产出是否满足社会公众的需要,以及这种产出对既定目标的实现做出了多大贡献。效益可以分为两类:一类是现状的改变程度,如环境质量变化程度、国民受教育状况、交通状况改善程度等;另一类是行为的改变幅度,如以犯罪行为的改变幅度来衡量刑事政策的效益,用接受辅导者病情的改善状况来衡量社会工作的效果等。效益与技术密切相关,常常按照产品或服务的数量或它们的货币价值来计量,如核电站能比太阳能设备产生更多的能量,核电站就被认为是更有效的,因为它产生了更多有价值的东西。此外,回应时间的衡量在很多项目的效益评估中使用,如处理公民投诉的时间、履行采购订单的时间,或是警察、消防部门出警的时间等。

(四)公平(equity)标准

公平关注的是接受服务的团体和个人是否得到了公平对待,弱势群体的利益是否得到了保护。传统公共行政重视效率,不太关心公平问题。自新公共行政施行以后,公平问题日益受到人们的广泛重视,并成为衡量公共部门绩效的重要指标。公平作为衡量绩效的指标,它关心的主要问题在于"接受服务的团体或个人是否均受到公平对待,需要特别照顾的弱势群体是否能够享受到更多的服务"。因此,公平指标是指接受公共服务的团体或个人对公正性的质疑,这通常无法在市场机制中加以界定,因而难以衡量。下列原则可以指导公平性的衡量:一是帕累托标准,使一个人的情况变好的同时,不能使其他人的境况变坏,帕累托标准的目的是保障最低福利;二是卡尔多-希克斯标准:在效益上的净受益者能补偿受损者,该标准的目的是保证净福利的最大化;三是约翰·罗尔斯的再分配标准,使条件恶化的社会成员的收益增加,是正义的行为,该标准强调再分配福利最大化。[①]

此外,回应性也是非常重要的评价标准。回应性指的是效益、效率、公平标准是否真实反映了特定群体的需要、偏好和价值观。例如,一项娱乐方案可能实现了设施的公平分配,但却没有及时回应特定群体的需求。

根据上述评价标准可设立如下一些衡量指标。

(1)工作量指标。工作量指标的确定有多种方式,可根据管理层次来确定,也可根

---

① 威廉·N.邓恩.公共政策分析导论[M].谢明,杜子芳,伏燕,等译.北京:中国人民大学出版社,2002:310.

据职能部门来确定,还可根据职位或岗位来确定,或从管理环节来确定。一般从管理层次来确定,要考虑如下因素。一是决策工作量。工作量指标是不稳定的,因为决策很多是非常规的,决策工作是一种创造性的活动,而且许多工作成果是无形的。评估决策工作时,数字的指标难以全面准确地反映实际完成的工作量,因而只是参考性的。决策工作量主要包括一定时期做出决策的数量、为各项决策提出的备选方案的数量、处理的信息量等。二是中间管理层的工作量。管理层次的工作种类繁多,不同职能的管理部门,其工作的性质、任务、方式各不相同。测定这些部门工作量的一般指标有所管理的下属单位数量、地理范围、人口数量,所处理的信息量、处理突发事件的数量等。对具体部门来说,应根据实际情况测量具体的工作量指标。三是具体执行工作量。具体执行层次的工作可量化的指标较多。各职能部门工作性质不同,可根据不同情况设立各种反映工作量的指标。

(2)时间指标。时间是公共组织绩效的重要因素。测定公共组织绩效必须有时间指标。时间指标可分为两类。一是强调速度的指标,包括提供公共服务的时间间隔、社会公众提出要求与政府部门做出反应之间的时间间隔,以及这种频率变化的情况和趋向。二是强调时限的指标。在实践中,要根据需要和条件,为每项工作设定速度标准和时限标准,并不断完善,如公安部门从接到报警到抵达现场要有时间规定,要有平均个案处理时间、反应时间等时间指标。

(3)费用指标。一般来说,这是比较容易量化的指标,但公共管理中的隐性费用较难量化。费用指标通常有两种基本尺度:一是衡量人力消耗的尺度,即劳动时间尺度,以工作日或工作小时来计算;二是衡量物力和财力消耗的尺度,以货币来计算。每一项活动的费用都应该做到"可以量化的量化,不能量化的等级化"[①],如建立机关总开支、人均开支这一类的经济指标。

(4)目标实现程度指标。一是政策制定水平与实施效果。政策的质量指标主要包括方向和优化两个方面。前者指政策是否符合国家意志和人民要求,后者指是否选择了最优的行动方案。实施效果体现在社会发展、社会稳定、文化教育、公平公正、就业保障、参与程度、宗教信仰、民族关系、道德规范、妇女问题、卫生保健等方面。通过制定具有规范作用的各种法规、制度程度、指标为尺度,将实际成果与预期目标进行比较,来确定公共组织绩效的高低。要有差错率、失误率这一类的质量指标。二是公共组织管理活动的质量。管理质量指标主要有对上级命令执行的程度,反馈下层信息的准确性和及时程度,管理系统内部协调一致的程度,对所属部门工作的指挥是否正确、有效、灵活,能否及时有效地处理突发事件等公共组织目标的实现情况指标,包括社会秩序的稳定、经济持续增长、收支平衡、资源配置合理、国民财富增加、物价稳定、充分就业、生活质量提高等。具体执行工作的质量指标有服务态度好坏,工作程序是否严格,执行程度如何,工作成果是否符合计划要求等。

(5)社会公众的满意程度指标。社会公众的满意程度包括公民对社会公平和公正是否充满信心,人们对人身、财产安全受到保护的程度是否满意,提供公共服务

---

① 蔡放波."深化行政管理体制改革"理论研讨会综述[J].中国行政管理,2004(2):59-63.

是否及时与准确,是否让民众感到方便以及提供服务时的态度是否友好,民众对政府颁布的行政法规、行政规章、行政措施、政策方针的拥护和支持程度,人民群众生活水平的改善和提高程度。通过对各项实际成果进行评价,将其与预定目标和人们的期望值进行比较,从而对该公共组织绩效进行衡量和评价。通过管理与服务对象、上级组织、同级党群机构、新闻媒体、机关内部等各个方面的满意度、投诉率,多维度地进行测定。

(6)综合性的绩效指标。上述的单个衡量方法似乎都有不足,在实际生活中,人们趋向于使用综合性的绩效指标。其中,有一种衡量方法叫作全面绩效衡量(TMP)。全面绩效衡量将以工作量为导向的单位成本衡量、质量衡量、雇员态度衡量等多方面的信息综合起来。其中,衡量雇员态度的目的是为提高生产力而必须扫除的潜在的困难和障碍,而不是衡量雇员的满意程度。

二 公共组织绩效评估的程序与方法

(一)公共组织绩效评估的程序

公共组织绩效评估是有计划、有步骤的活动,是一个动态的过程。评估者在进行评估之前,通常会先形成可行的、供选择的评估方案,进而经过评估实施决策者的决策,完成正式评估之前的准备。公共组织绩效的评估会因公共组织的类型、评估的性质类型等不同,而在评估程序上有差别,但仍具有科学的评估所必需的共性。一般来说,公共组织绩效评估活动需经过以下基本的环节(见图7-2)。

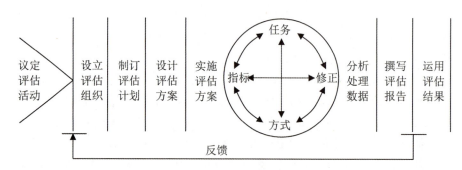

图7-2 公共组织绩效评估活动的基本环节

(1)议定评估活动。这是指评估者就评估活动的原因、目的以及结果的运用等问题进行分析,确定所需要进行的评估活动。

(2)设立评估组织。这是由评估者根据评估的内容、方法、目的和人员等确定一个合适的评估组织,包括评估组织的负责人、成员、行为规则等。

(3)制订评估计划。由评估项目负责人根据评估的时效性、实效性、目的性等制订可行的评估计划,包括评估思路、评估目的、评估重点、完成时间等。

(4)设计评估方案。根据评估计划将评估任务进行分解,构建评估方案(包括选择评估指标、确定评估方式、分解评估任务、编制执行计划等),从多个备选评估方案中确定一个最终方案。

(5)实施评估方案。根据所设计的最终评估方案实施评估,并注意对评估过程进行跟踪,根据实际对评估过程进行必要的修正。

(6)分析处理数据。由评估组织对评估过程获得的资料进行统计分析,并对评估过程做初步总结。

(7)撰写评估报告。对评估过程进行全面总结,系统地反映评估的目的、内容和结果,并将相关信息反馈给评估组织与公共组织。

(8)运用评估结果。这是评估活动的价值和意义所在。通过交流评估结果、制订反馈方案、利用前一次的评估资料对公共组织行为进行有效的测量等,来调整公共组织的运行状况。

(二)公共组织绩效评估的方法

公共组织绩效的要素是多层面的,因此,应采用多种评估方法,以综合反映公共组织绩效的全貌。公共组织绩效管理要做到公平公正、系统全面、客观可靠和连续稳定,所以绩效评估的方法应该是多元的、多视角的。绩效评估是一定的部门运用科学的方法和程序,对组织的业绩、实现目标的程度和实际工作情况等进行尽可能准确评价的过程,包括一系列衡量、评价和影响组织成员工作表现的活动。具体来看,公共组织绩效评估方法主要有以下几种。

1. 标杆管理法

从 20 世纪 70 年代起,标杆管理[①](benchmarking)的概念出现,并运用于商业领域中。20 世纪 80 年代初,美国施乐(Xerox)公司运用标杆管理的方法改善绩效,很快获得了成效,并且成为标杆管理的代表和典范。从 1990 年起,标杆管理运用于政府管理中,帮助组织发现绩效卓越的组织,了解其成功经验和做法并加以吸收、转化,从而纳入自己的组织改革方法之中,以提高绩效。在管理学上,有学者将标杆管理界定为"寻求达成卓越表现所需要的最佳经营方法、创新概念及高效率操作程序的一套系统过程"。从绩效管理的角度来看,标杆向组织提供了改进组织的信息,在了解过程中,探寻为何它们可以达到高绩效水平,哪些方法、程序是可以学习、借鉴并加以运用的。因此,标杆管理法是促进公共组织学习与变革,提高绩效的良好途径。一般而言,基于标杆管理的公共组织绩效管理包括以下步骤。

第一,确定绩效管理中的标杆内容和对象。标杆内容的确定可以借鉴逻辑分析的各个组成部分,如确定投入、产出、结果、效率等。标杆对象的确定最常采用内部标杆法和外部标杆法相结合的方法,同时公共组织对每一个程序做出解释,使参与者了解该程序产生的结果。

---

① 潘晓兰.基于标杆超越的绩效考核体系的探讨[J].商场现代化·经营管理,2005(1):18-19.

案例 7-5
标杆管理法

第二，确立标准。公共组织实施的绩效管理必须确立一整套的管理程序和标准。这些标准建立在对管理相关的资源储备、行动策略、目标对象等情况详细了解的基础上，并考虑到相关内容的重要性和关联性。

第三，制定实施行动方案。公共组织绩效管理参照已确立的标准来制订行动方案，安排实施程序。明确管理任务的优先等级，关注监督机制和授权机制建设，二者同时进行，达成既定目标。

2. 全面质量管理

全面质量管理(total quality management，TQM)的概念，最先是在 20 世纪 60 年代初由美国的费根堡姆提出的，他认为全面质量管理是为了一体的一种有效体系。它是在传统的质量管理基础上，随着科学技术的发展和经营管理上的需要而发展起来的现代化质量管理，现已成为一门系统性很强的科学。从内容上看来，全面质量管理是一种由顾客的需要和期望驱动的管理哲学，是一个以质量为中心，以全员参与为基础，目的在于通过顾客满意和本组织所有成员及社会受益而达到长期成功的管理途径。

PDCA 管理循环是全面质量管理最基本的工作程序，它是由美国统计学家戴明发明的。PDCA 管理循环流程的基本内容是在做某事前先制订计划，然后按照计划去执行，并在执行过程中进行检查和调整，在计划执行完成时进行总结处理，这也是质量管理必须遵循的四个阶段。

第一个阶段为计划(plan)阶段。此阶段的主要内容是通过市场调查、用户访问、国家计划指示等，搞清楚用户对产品质量的要求，确定质量政策、质量目标和质量计划等。

第二个阶段为执行(do)阶段。此阶段是实施上一阶段所规定的内容，如根据质量标准进行产品设计、试制、试验，其中也包括计划执行前的人员培训。

第三个阶段为检查(check)阶段。此阶段主要是在计划执行过程中或执行之后，检查执行情况是否符合计划的预期结果。

第四阶段为处理(action)阶段。此阶段主要是根据检查结果，采取相应的措施。

四个阶段循环往复，没有终点，只有起点。在全面质量管理中，通常还可以把 PDCA 管理循环的四阶段进一步细化为八个步骤(见图 7-3)。

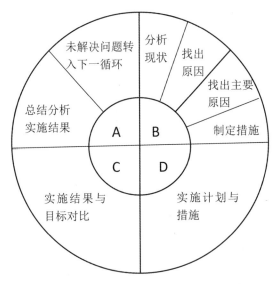

图 7-3　PDCA 管理循环的四个阶段、八个步骤

3. 平衡计分卡

平衡计分卡(balanced score card,BSC)是 20 世纪 90 年代由哈佛大学教授罗伯特·卡普兰与诺顿研究院所长执行长戴维·诺顿提出的一种组织绩效评价工具,目的是找出超越传统财务量度的绩效评价模式[①],以使组织的策略能够转变为行动。平衡计分卡的核心思想是通过财务、客户、内部流程及学习与成长四个方面的指标之间相互驱动的因果关系,发展组织的战略轨迹,实现"绩效考核—绩效改进以及战略实施—战略修正"的战略目标过程。平衡计分卡对于平衡公共组织绩效的不同要素具有积极的作用。在应用平衡计分卡实施公共组织绩效管理的过程中,绩效管理的不同价值可以分解为适应性学习与领导、内部管理流程、经济发展和顾客四个维度,以此来研究每个维度的价值类型和价值集合,并基于四个维度的内在平衡性实现各维度空间的价值平衡。[②]

据此,平衡计分卡有如下几个实施步骤。

第一,通过准确分析,把握组织的战略目标及使命,并将短期绩效与长期绩效相结合,然后将战略目标在其组织内部层层分解下去,形成目标网络。

第二,通过对公共组织服务对象即顾客的了解,正确认知顾客的需求,在顾客的需求基础上设置公共组织的行为,建立以顾客为导向的服务型组织。

第三,完善组织内部结构,在组织内部鼓励不断学习的态度,积极变革的精神,努力营造创新氛围。

第四,将财务、客户、内部流程、学习与成长四个维度的测评指标具体化、量化。[③]

---

① 张国生,都卫锋.平衡计分卡在绩效考核管理中的运用分析[J].中国总会计师,2018(6):100-102.
② 包国宪,孙斐.政府绩效管理价值的平衡研究[J].兰州大学学报(社会科学版),2012(5):91-100.
③ 麻宝斌.公共组织理论与管理[M].北京:科学出版社,2015.

4. 关键绩效指标

关键绩效指标（key performance indication, KPI）是对组织内部某一流程的输入端、输出端的关键参数进行设置、取样、计算、分析，是衡量流程绩效的一种目标式量化管理指标，是把企业的战略目标分解为可运作的远景目标的工具，是企业绩效管理系统的基础。[①] 它主要是借助对公共组织内部运行过程中重要成果要素的提炼和归纳，设立关键指标体系，组织评估结果、做出决策、重组过程、分配责任。关键绩效指标体现了组织中最重要的目标，是从众多复杂指标中所抽取的重要的指标。关键绩效指标主要有以下三个实施步骤。

第一，确定公共组织的总体战略目标。公共组织的总体目标是与其部门特性、业务范围以及其地位职责密切相关的。通过对这些要素的熟悉以及目标客户的考察，梳理、归纳组织的整体目标。

第二，抽取确保组织目标实现的关键要素与领域。通过主观经验、等级序列、对偶加权、权值因子判断、层次分析等方法来考察组织各目标的重要性，从中抽取去组织总体目标有关的决定性指标。

第三，打造关键指标体系。将已抽取的关键要素和领域进行甄别筛选，明确它们之间的相互关系，确保其关键性和重要性。通过一系列评估选择，将它们有机连接起来，构筑关键指标集，确保组织总目标的实现。

视频 7-2
组织绩效如何评价
（资料来源：腾讯视频）

三 公共组织绩效评估的改革和发展

当今世界各国行政改革无不将建立以绩效为导向的公共组织作为追求目标。公共组织绩效评估作为一种有用的工具历来受到人们的广泛关注。在当前建设服务型政府的过程中，完善公共组织绩效评估体系对于提升公共服务水平有着十分重要的意义。公共组织绩效评估与服务行政在本质上是一致的。这是因为服务行政强调"公民本位"，政府把主动为公民提供服务作为其天职。政府与公民之间由治理者与被治理者的关系转变为公共服务的提供者与消费者的关系。公共组织绩效评估则把政府为公众提供的服务作为考核的对象，把公众对政府的满意度作为政府绩效考核的主要依据。服务行政本身包含着公众对政府的绩效评价，包括政府绩效的

---

① 卓越.政府绩效评估指标设计的类型和方法[J].中国行政管理，2007(2)：25-28.

公众满意度评价。公共组织绩效评估内在地包含在服务行政的整个体系和内容之中，它是服务行政区别于传统行政的重要标志。

公共管理理论提出了"结果导向的政府再造策略"[①]，即在目标管理的基础上建立定性分析与定量分析相结合的公共组织绩效评估体系。近年来，英、美等国的行政改革皆采用绩效评估制度。我国政府在实施目标管理、改革人事考核制度等方面也做过有益的探索，但仍然不能改变凭印象打分、平均主义、"大锅饭"等问题，依然存在一些不合理现象，这就需要我们尽快完善公共组织绩效评估体系，解决以下问题。

第一，公共组织绩效评估应将公众满意、以人为本作为根本价值取向。公共组织绩效评估与企业绩效评估的最大不同就在于，企业绩效评估是以实现企业的最大盈利为根本价值取向；公共组织绩效评估尽管也要考虑成本与产出等经济指标，但政府提供的毕竟是公共产品与公共服务，不同于企业提供的私人产品与私人服务，它必须以社会公共利益的实现为己任，以公众满意为根本价值取向。公众满意度既是服务行政的基本行政准则，也是公共组织绩效评估的重要评估向度。它既表明了公众对政府行政行为的直接控制，使政府行为沿着民意的方向发展，又表明了公共组织绩效评估更深层次上的结果取向和顾客取向，是服务行政设计的最高准则，体现了执政为民的理念。公众满意的价值取向与以人为本的价值取向是一致的。我国当前出现的部分经济社会矛盾，与以 GDP 为取向评价政府和官员的业绩有密切的关系，应尽快按照服务型政府的要求，建立以人本主义为取向的政府业绩评价体系，坚持以人为本，将政府职能切实转变到为社会提供基本的公共产品和公共服务上来，强化政府的社会服务功能。与此同时，建立科学的行政问责机制，追究政府行政机关和官员在公共服务职能方面失职的责任。只有这样，才能建设一个以人为本、让人民满意的服务型政府。

第二，公共组织绩效评估要考虑以下几个维度。① "4E"标准的维度[②]。"4E"标准在西方新公共管理运动中被证明是行之有效的指标体系，我们可以适当借鉴、引用。② 公共服务质量维度。政府的主要职责是为公众提供公共产品和公共服务，其提供公共产品和公共服务的质量如何，直接关系到公众对政府绩效的评价。公共服务质量概念的提出为进行公共组织绩效评估提供了新的视野和角度，它表明公共组织绩效评估不仅有量的要求，而且有质的要求。新公共管理在很大程度上表现为追求服务质量的运动，如服务价格、服务速度、服务品质、服务人员素养等。③ 廉洁维度。在现实政府行为中，政府是否廉洁影响着政府的形象，也影响着公众对政府的评价。廉洁的目标表明政府及其工作人员在从事国家与社会公共事务的管理时，不仅与公众建立良好和谐的行政关系，而且不滥用公共权力谋求合法报酬以外的收益。④ 公众满意维度。现代政府是人民的政府、为公众服务的政府、满足公民需求的政府[③]，理应把公众满意度作为公共组织绩效评估的一个重要标准。

---

① 姜晓萍,刘汉固.建设"服务型政府"的思路与对策[J].四川大学学报(哲学社会科学版),2003(4),51-55.
② 欧文·E. 休斯.公共管理导论[M].2 版. 彭和平,周明德,金竹青,等译. 北京:中国人民大学出版社,2001:281.
③ 林琼,凌文辁.试论社会转型期政府绩效的价值选择[J].学术研究,2002(3):87-91.

第三,建立多层次、多元化的评估组织。公共组织绩效评估首先必须明确谁来评估的问题,过去对政府机构和公务员的考核往往局限在部门内部上对下的考察,部门保护和人为因素会干扰评估的公正性,也会形成各级组织和公务员只对上级负责,不对下级负责的错误导向。实际上,政府服务品质的好坏,必须取决于公众的满意度,因此评估主体的组成应是多层次、多渠道的,可以成立由政府官员、社会组织代表、企业代表、人大和政协委员代表、专家学者、社区居民代表组成的综合性的政府服务绩效评估委员会,负责指标制定、信息收集整理、评估和鉴定以及综合协调等工作,以确保评估工作的公正、公平。

第四,采用科学、合理的评估方法,完善评估的方法体系。公共组织的绩效很难像企业那样采用成本效益分析,而必须以效能分析为主,因此在绩效评估的方法上也必须从公共组织自身的特质入手展开探索。首先,在绩效指标的设定方面必须与目标管理结合,通过将组织任务具体化为组织目标,再将组织目标转化为可操作的绩效指标。绩效指标的设定也要注意定性分析与定量分析相结合,与组织的业务性质相结合,才能建立客观且实用的指标体系。同时,绩效指标的设定还要鼓励公务员和有关政府部门积极参与,取得他们的认同,这样才能将评估的外压力转化为自觉的内动力。在评估信息的采集方面,也应该是全方位、多渠道的,大致应包括来自上级主管、下级部属、同级同事、服务对象以及被评者自身,尤其要疏通政府服务对象——公众参与评估的渠道,可以设立民意信箱、开展民意调查、建立明白卡制度等,使普通公众可直接表达对政府的评价和意见,让公众评议、让人民监督。在实施组织绩效评估时还应建立分级、分类评估制度,将业务性质相近的部门归为一类,以增强可比性。考虑到我国的国情,也可先挑选易于衡量其绩效、与民众直接接触较多的窗口部门进行试点,以便积累经验。

第五,在评估的基础上建立激励、约束机制。绩效评估的目的是建立行之有效的激励、约束机制,激发公共组织及其成员自觉提高服务品质的意识。在设计激励机制时应注意以下几点。首先,注意精神激励和物质激励相结合。大量的研究和调查证明,成就感、职业发展机会对公共部门及其成员的激励作用大于物质激励,因此,各级政府可以通过评优嘉奖、提供学习培训机会、非领导职务提前晋升等措施激发公共组织成员的荣誉感和成就感,也可以通过绩效工资、绩效奖金、带薪休假、共享节余等形式进行鼓励。其次,在激励对象方面,注意团队激励与个人激励相结合。组织的绩效取决于员工之间的合作与互助,以团队为基础进行激励,有利于强化团队的合作精神。同时,在个人绩效能够明确区分和测量之时,也有必要实施个人激励。应合理采用负激励方法,建立行政执法责任追究制。在现代民主法治社会,如果政府不承担责任,行政权的运行就没有制约,公民权的行使就没有保障,违法行政就不可能得到追究,依法行政就不可能真正推行。因此有必要通过组织告诫、责令改正、扣发奖金、末位离岗培训或待岗、末位调整工作岗位、辞退等制度,明确职责,奖惩分明,激发工作人员的责任感。

四 公共组织绩效评估面临的困难

公共组织提供的公共产品和公共服务所产生的价值是无形的，如公共产品具有非竞争性和非排他性，难以获得其产生的效益数据。公共组织的公共性以及垄断性也使其难以从市场中获得反馈信息以进行价值量化。公共组织的公益性也促使它的目标多元化。公共组织必须回应公众的不同需求，这必然导致公共组织具有不同的目标，且这些目标大多以抽象的形式描述，不同的衡量主体也会具有不同的主观价值排序，这必然导致公共组织对目标实现的程度具有不同的评价结果。这些都是国内公共组织在绩效管理实践中无法回避的困难，也给绩效管理带来一定的问题。我国现有公共组织绩效管理还不是十分完善，尚存在以下问题需要解决。

（一）评估主体单一，公民参与评议未成常态

评估主体是指评估活动的行为主体，评估主体确定是保证公共组织绩效评估结果真实性、公正性、全面性的基本条件。因此，评估主体应当具备客观公正的态度和特定的专业知识。一直以来，我国公共组织绩效评估的主体都较为单一，主要是上级主管部门。若考评内容涉及上级主管部门的管理职责和连带责任时，绩效评估的公正性便有可能受到影响。上级主管部门作为单一评估主体时，公共组织的考核主要采用的是自上而下的评估方式。这虽然有利于实现上级对下级的引导和监督，但在实践过程中却容易导致一些下级只唯上不唯实，政绩做给上级看，注重形象工程、面子工程而不做实绩工程，只求数量不求质量，致使评估结果失真。公民导向则要求公共组织绩效评估必须立足于公民，评估内容、标准和指标体系设计等应从公民的立场出发。目前，我国公民在绩效管理评估的参与方面仍然处于探索阶段，没有全面铺开。绩效评估环节缺少公民的评估，公共组织就难以真正将公民的需求纳入绩效目标体系，难以切实反映人民群众的要求和愿望，这就违背了实施绩效管理的目的。

（二）过程导向为主，责任机制不完善

在西方国家的绩效管理实践之中，结果导向是绩效管理的重要原则，而在我国公共组织绩效管理的实践中，增加投入和注重过程仍然处于主导地位。绩效管理的目标是提高公共组织的效率，从经济学意义上说，就是以最少的投入获得最大的效益。从公共组织的构成来看，公共组织包括行政组织和社会组织，其中行政组织包括政府、事业单位和国有企业，社会组织包括非政府组织、民间团体等。每个部门都有不同的服务对象，服务对象不同，评价指标也相应有所不同，因此公共组织复杂的构成使绩效指标体系难以统一。现今，在我国公共组织中，政府处于绝对的领导地位和中心地位，组织绩效指标体系一般以政府机构为基础，其他部门没有各自完善的指标体系，这使我

国公共组织绩效管理的结果导向难以落实。尽管我国公共组织绩效管理中的程序、信息质量、指标等存在一些缺陷，但责任追究却毫不含糊，一票否决、末位淘汰等处罚都相当严厉，在这种严厉的责任机制下，部门和官员有时甚至靠杜撰数据来提高绩效。

（三）信息系统不够完善，绩效结果趋于失真

目前，我国的信息系统尚不完善，信息系统建设主要面临两大阻碍。第一，无法掌握全面的信息。政府及其组成人员掌握着大量的信息，但是在绩效管理过程中，地方组织一般报喜不报忧，隐报、瞒报、错报现象时有发生；另外，搜集信息需要耗费大量的人力、物力和财力，受成本限制，难以获得全面的信息。第二，政府与公民之间的信息沟通渠道不畅通。我国政府处于信息垄断地位，政府一般筛选性地提供信息，公民的知情权并未全面落实，公民也就无法将信息反馈给政府；由于缺少直接的沟通渠道，即使公民将信息反馈给政府，在信息传递过程中同样存在信息失真的风险。信息系统的不健全导致公民信息无法反馈，组织绩效的结果也可能失真。

（四）绩效管理制度化程度低，主观性较强

法律是公共组织运行绩效管理的法理依据，也是公共组织规范、公平地执行绩效管理，得出客观、公正结果的保障。西方国家对绩效管理进行立法，具有明确的绩效管理制度。"与发达国家的实践相比，我国政府绩效管理存在的最突出问题是规范化程度明显不足。主要表现在，缺乏统一规范和指导，绩效评估分散在多种管理机制中，评估内容和侧重点差别很大，评估程序和方法不一致，在这些问题当中，缺乏制度化的评估标准，是政府绩效评估科学化的主要障碍。"[①]也正是因为制度化程度不高，"我国地方政府绩效评估实践十几年来一直处于自发状态，工作的启动和开展主要取决于地方政府领导人对这项工作的认识程度"[②]。从我国的实际来看，2006年中共中央组织部正式印发了《体现科学发展观要求的地方党政领导班子和领导干部综合考核评价试行办法》[③]，我国关于绩效管理的立法还处于探索阶段。我国公共部门绩效管理实践还不够成熟，绩效管理实施在程序方面既没有明文规定，也没有严格的规范，在绩效管理中，程序的随意性较大。一些地方政府要进行绩效评估或者对绩效进行跟踪时，由上级主管部门临时抽调人员，组成临时工作小组，存在走过场、讲关系、做人情等问题；由于缺少程序规定，有的组织人员在评估事实依据上弄虚作假、瞒报虚报，选择性评估，针对有关评估指标按照主观意愿事先定下基调。

---

① 中国行政管理学会联合课题组.关于政府机关工作效率标准的研究报告[J].中国行政管理，2003(3):8-16.
② 桑助来.中国政府绩效评估报告[M].北京:中共中央党校出版社，2009:192..
③ 中央组织部印发实施《体现科学发展观要求的地方党政领导班子和领导干部综合考核评价试行办法》[N].人民日报，2006(07).

五　公共组织绩效评估的策略

公共组织绩效评估面临重重困难,其中有些困难是我们难以改变的,如产出的特殊性和目标的多重性,但这并不意味着我们就束手无策。许多公司、政府机关绩效评估的成就就是明显的例证。我们可以在其他很多方面进行一些尝试。

(一)引入公民参与机制

改善公共组织绩效评估的一个有效途径是引入公民参与机制。公共组织绩效评估的最好选择是将决定权交给公众,交给公共服务的对象,以"人民满意不满意,人民答应不答应,人民赞成不赞成"为最高准则。虽然公众的评判有种种缺陷,如缺乏评估的专业技术、知识,缺乏必要、准确的信息或存有短视、自利动机,但公共组织本身就是为民众而存在的,政府绩效评估本身就蕴含着服务和顾客至上的管理理念,政府绩效理应以顾客为中心,以顾客的需要为导向,树立公民取向的绩效观。因此,改进公共组织绩效评估必须取得民众的关注与参与,民众的关注与参与必定能有效地改进公共部门绩效评估。

首先,公民参与意味着公民可以以社会的主人和服务对象的身份对公共组织绩效提出要求,协助和监督机构对开支负责、对行动负责、对承诺负责,同时衡量并让公众知道它们到底完成了什么,是否为公众提供了高质量的服务,是否使其真正受益并得到满足。这样的绩效评估不但能帮助公共组织以民众的需求目标为运作和努力的导向,而且能使政府运作过程透明化。

其次,公民参与意味着我们要重新定位公民的作用,他们不再只是传统意义上的投票人、纳税人、服务的接受者,而且也是公共组织问题的架构者。充当问题架构者的公民能积极参与公共事务,帮助公共组织界定重要问题,提出解决方案,判断目的是否达成。

最后,公民参与意味着由公民选择、界定应评估的对象。在公共服务设计中引入"使用者介入"机制,通过公民的参与将事实与价值取向结合起来,增加指标体系的社会相关性,选择那些最需要监控又最能体现对公民负责的重要项目,以保证公共组织的提供机制符合公民的偏好。得到公民理解和支持的绩效评估,成功实施的概率也就更高。

(二)争取高层的支持

公共组织管理理念的变化和绩效评估的最初推行在很大程度上得益于高层领导人的支持,如英国前首相撒切尔夫人便坚信公共组织的管理亟须改革,而在改革中可以向最好的私营部门学习经验,于是英国开展了大规模的对公共组织和管理进行调查和改革的雷纳评审。美国审计总署于1983年对许多公司和地方政府实施绩效评估的做法进行调查后,发现高层的支持和承诺同样是公共组织绩效评估改进的重要因素。更重要的是,它要求高层管理者定期审查组织以及组织管理的绩效,培养组织成员的绩效意识,并促使组织成员参与绩效评估改进的过程。此外,公共部门的高层决策者和管理者还控制着相当一部分评估资源,如评估数据、评估经费及评估人员(甚至包括他们自身的价值取向、个人偏好)等,没有他们的合作和重视,评估工作就难以展开。因而,高层的明确认同和支持可以使绩效评估具有更高的合法性和有效性。

(三)建立绩效评估信息系统

完备的评估资料和数据是开展公共组织绩效评估的基础。公共组织绩效评估需要的信息量大,涉及的部门多,信息来源渠道广泛,不但包括直接来源于公共部门、社会公众及评估者等的原始资料和数据,而且包括其他来源的间接材料。若是在具体开展绩效评估时临时去收集,十分困难,对于某些资料和数据,临时收集有时甚至是不可能的,比如社会发展指标、衡量民主化程度的政治性指标等。由于涉及不同地区和国家的复杂情况,临时确定的评判标准很难具有代表性,而必须由权威机构进行界定。为使公共组织绩效评估有准确、完整的评估材料以及有效的反馈、扩散机制,建立高效的绩效评估信息系统是很有必要的。首先,应组织专门力量,收集国家有关政治、经济、社会文化、军事等各个方面的信息,进行必要的统计、归纳、整理和加工,并根据不同时期的不同情况及时予以调整、充实,为评估工作中有关材料的收集与查询提供方便。其次,应建立评估信息的传递网络,把公共组织绩效评估的结果尽快反馈和扩散给有关各方,使评估信息得到广泛的使用。最后,要充分利用电子计算机和现代通信技术,实现评估信息系统的现代化、评估信息传递的网络化。

(四)充分利用电子政府的新载体

电子政府并非现代政府的代名词,它只是现代政府有效行使职能的强有力的工具。它之所以令众多有远见的政治家"怦然心动",主要是因为它带来的开放性大大增强了政治行政的透明度和民主化程度,为公共部门绩效评估提供了可资利用的载体。[①] 一方面,电子政府的信息网络使得行政信息的传递更为迅速及时,反馈渠道更为畅通。对公共部门内部而言,电子政府打破了传统的金字塔式的政府管理层次结构,使政府的组织结构出现扁平化趋势,加强了操作执行层与高层决策层的直接沟通,有利于组织成员全面了解情况,从而切实推动绩效评估活动的开展;对社会公众而言,电子政府为公民广泛、深入、普遍的行政参与开辟了有效途径,它鼓励公民积极参与政府管理生活,为公民、集团、组织、机构提供了直接的普遍交互式的表达意愿、传递信息、咨询、商议、监督、审核、建议、表决的机会。如前所述,公众参与本身就是公共组织

---

① 汪寅.电子政府对公民政治参与的影响[J].国家行政学院学报,2000(6):65-67.

绩效评估改进的强大动力。另一方面,电子政府为公共组织绩效评估朝科学化、标准化、制度化的方向发展提供了多方面的支持。电子政府的组织结构主要由实体要素、支撑要素、目标要素和人员要素构成。实体要素包括硬件环境、软件环境及其信息资源库;支撑要素是保证电子政府顺利运作的法律制度,包括法律规范、共享信息的范围和参与者的身份确认机制;目标要素指电子政府要达到的目标,包括电子公文、电子商务、电子税务、电子民主等内容;人员要素是维系电子政府良好运行的人员素质保证,包括对系统的维护和数据的采集、处理。这些要素不但为绩效评估体系的建立提供了信息、技术、人员上的支持,而且为整个绩效评估活动的开展创造了良好的物质基础和制度环境。

本章小结

效率就是指投入与产出之间的比例,力求以最少的投入获得最大的产出。绩效有成绩和效益的意思。效率是一个单向度的概念,而绩效是一个综合性的范畴。公共组织绩效是指公共组织利用组织资源的经济性、效率和效益,是公共组织功能的实现程度。公共组织绩效的影响因素主要包括外部因素和内部因素。绩效管理就是指收集绩效信息,进行绩效衡量,设计绩效标尺与执行有效管理,推动公共部门组织绩效持续改进的整体活动和过程。

绩效评估标准是公共组织绩效评估的参照系。绩效评估指标是公共组织绩效的衡量依据,它代表着绩效衡量的内容。一般而言,绩效评估标准包括经济、效率、效益、公平四个方面,即"4E"标准。根据上述评价标准可设立如下一些衡量指标:工作量指标、时间指标、费用指标、目标实现程度指标、社会公众的满意程度指标。公共组织绩效评估是有计划、有步骤的活动,是一个动态过程,需要有相应的准备、实施和总结。

经典案例7-1

督查+第三方评估:国务院常务会这天的议题安排有深意

9月13日的国务院常务会议专题听取了两项汇报:一是国务院第四次大督查情况的汇报,二是对推动大众创业万众创新、促进民间投资等重点政策措施落实情况进行第三方评估的汇报。

督查+第三方评估,前者是政府自我查找问题、自我加码,后者是借用"第三只眼睛"冷静分析、客观评价。两者皆按问题导向,互为印证。此次又将大督查和评估结果安排在同一天常务会上汇报,可谓大有深意。

对此,常务会新闻通稿表述得非常清楚:"督查是政府完善事中事后监管、提高政策执行力的重要举措",而"开展第三方评估对提高公共政策绩效具有把脉会诊和促进完善的积极作用,是督查工作的重要补充"。

从逻辑上看,督查是"自上而下",督的是政策是否"一竿子插到底",即各地区各部门对党中央、国务院确定的重大政策措施、重点任务等落实情况怎样,成效如何,事中事后监管是否仍有不到位之处。而第三方评估引进的是"非关联方",主要以市场主体感受和诉求为导向,通过实地走访、座谈,甚至暗访等方式发现"问题",重点评估中央政策在市场主体层面的知晓度和受益度。

概括起来,可以说督查重在督"执行力",而第三方评估重在评"获得感"。获得感是检验执行力最真实有效的标尺,所有政策的贯彻落实,不正是为了使企业和百姓最终受益吗?执行力则是产生获得感最坚实有力的保障,再好的政策一旦悬空,社会层面的效果就很容易变质,所谓"千条万条,不落实等于白条"。

时任总理李克强在政府工作报告中提出建设服务型政府。事实上,更有效地发挥国务院大督查作用,同时引入对公共政策绩效的第三方评估,是本届政府的创新举措。第三方评估以群众和市场主体的感受和诉求为导向,这既是服务型政府的题中应有之义,也构成打造服务型政府的实际抓手。

政府自身督查和引入第三方评估,两者相辅相成、相得益彰。正所谓:1+1>2。

(来源:督查+第三方评估:国务院常务会这天的议题安排有深意[EB/OL].(2017-09-16). http://www.gov.cn/hudong/2017-09-16/content_5225607.htm)

讨论题

1. 第三方评估的独立性和专业性从何体现?
2. 为何在督查工作中要突出第三方评估的重要性?

中英文关键术语

组织绩效　organizational performance;

公共组织绩效　public organization performance;

绩效管理　performance management;

社会效率　social efficiency;

公共组织绩效评估　performance evaluation of public organizations;

绩效评估标准　performance evaluation criteria;

第七章
拓展阅读资料

管理要素评分法　management factor scoring method；

绩效评估指标　performance evaluation indicators.

复习思考题

1. 效率与绩效有何区别和联系？
2. 简述公共组织绩效的概念。
3. 简述公共组织绩效的影响因素。
4. 简述公共组织绩效评估的标准。
5. 简述公共组织绩效评估的程序。
6. 简述公共组织绩效评估的方法。

第七章 自测题

案例分析题

一、阅读材料

我国政府购买社会组织服务绩效评估的发展现状

20 世纪 90 年代，我国上海、广东、北京等部分地区就已经开始进行政府向社会组织购买公共服务的尝试。进入 21 世纪，地方政府购买社会组织公共服务的探索进程不断加快，公共服务的领域逐步扩大，形式更为多样化。"十二五"时期政府向社会力量购买服务工作在各地逐步推进，购买服务平台和机制初步形成，相关制度和法规建设取得明显进展。党的十八届五中全会提出，要创新公共服务提供方式，能由政府购买服务并提供的，政府不再直接承办；能由政府和社会资本合作提供的，广泛吸引社会参与。由此，政府向社会组织购买公共服务有了明确的政策依据。

2013 年 9 月 26 日，国办发〔2013〕96 号《关于政府向社会力量购买服务的指导意见》发布，为政府向社会组织购买服务提供了基础性的制度框架。在该文件"规范有序开展政府向社会力量购买服务工作"的部分中，对绩效考核问题做出了指示，规定要"加强政府向社会力量购买服务的绩效管理，严格绩效评价机制。建立健全由购买主体、服务对象及第三方组成的综合性评审机制，对购买服务项目数量、质量和资金使用绩效等进行考核评价。评价结果向社会公布，并作为以后年度编制政府社会力量购买服务预算和选择政府购买服务承接主体的重要参考依据。"

近几年来,我国政府购买服务的项目、数量和金额在逐年增长。我国政府一般委托第三方评估机构来强化对政府购买服务项目的绩效评估,这对于加强政府购买公共服务法治化、规范化、专业化、科学化的建设,激发我国社会组织的活力,起到了积极的作用,但也存在一些值得关注的问题。比如我国政府购买社会组织服务绩效考核存在不够全面、公开、公正和透明的问题。

二、讨论题

1. 运用本章学习的知识,试分析为何政府要"建立健全由购买主体、服务对象及第三方组成的综合性评审机制,对购买服务项目数量、质量和资金使用绩效等进行考核评价"。

2. 试论述我们可以采取什么样的公共组织绩效评估策略及具体措施去解决"我国政府购买社会组织服务绩效考核存在不够全面、公开、公正和透明的问题"。

3. 查阅西方发达国家政府购买社会组织服务绩效评估的相关资料,你认为有哪些经验和做法值得我国政府借鉴?

第七章
参考答案

第八章

公共组织伦理

> ## 本章引例
>
> **中华人民共和国宪法宣誓制度**
>
> 2015年6月24日,十二届全国人大常委会第十五次会议审议全国人大常委会关于实行宪法宣誓制度的决定草案。决定草案提出了65个字的誓词,适用于所有宣誓人员。这65字誓词为:"我宣誓,拥护中华人民共和国宪法,维护宪法权威,履行宪法职责,恪尽职守、廉洁奉公,忠于祖国、忠于人民,自觉接受监督,为中国特色社会主义伟大事业努力奋斗!"
>
> 2018年2月24日,全国人大常委会对宪法宣誓制度做出修订,新的誓词为:"我宣誓:忠于中华人民共和国宪法,维护宪法权威,履行法定职责,忠于祖国、忠于人民,恪尽职守、廉洁奉公,接受人民监督,为建设富强民主文明和谐美丽的社会主义现代化强国努力奋斗!"
>
> 2018年3月11日,第十三届全国人民代表大会第一次会议通过的宪法修正案,将宪法第二十七条增加一款,作为第三款:"国家工作人员就职时应当依照法律规定公开进行宪法宣誓。"
>
> 2019年7月8日,国务院在中南海举行宪法宣誓仪式。国务院总理李克强监誓。
>
> 权力是由人民赋予、由宪法具体表现出来的。被任命者拥有权力后,宪法宣誓制度可以通过看得见的仪式,表示其会如何对待责任和职权,培养被任命者对法律的敬畏,强化被任命者对自己的约束。同时宣誓本身也代表了宣誓人内心的认同和良心上的约束。宣誓人也会因为想到表过态、宣过誓而提醒自己履行誓言。

  讨论题

请你谈一谈宪法宣誓制度以及宪法宣誓活动蕴含着怎样的公共组织伦理价值。

在现代社会生活中,组织不仅是社会的基本单元,而且也是现代社会的基础,遍布社会的各个角落。在一个高度组织化的社会中,要保证组织高效运行,除了制定一系列的制度、规则等硬性规定外,还应该在伦理道德等软性层面上进行规范。在实践上,公共组织伦理在公共组织管理中拥有极其重要的地位,构成公共组织管理的一个核心内容,也是实现行政责任的基本途径。任何公共组织行为都必须具有为之服务的公共组织伦理及公共责任制度。本章探讨公共组织伦理的基本理论、公共组织责任以及公共组织伦理建设的途径等相关内容。

第一节 公共组织伦理

一 伦理与伦理学概述

自从人类社会出现以来，人类为了维持自身的生存和发展，开始思考人与人之间、人与自然之间的关系问题。人们在长期共同的社会生活中，逐渐形成了规范人与人、人与自然关系的道德观念、道德认识和行为准则，并发展成较为系统复杂的道德伦理思想，进而促使伦理学产生。那到底什么是伦理，什么是伦理学呢？要对此有比较深刻的认识，我们有必要从词源上进行考察。

（一）伦理与道德的词源含义分析

在我国古代，伦理与道德的意义基本相同，指的是一种社会行为规范及其内化为人们的自觉操守。最初，"道"与"德"是分开的两个概念。"道"的最初含义是"道路"，如《诗经》用"周道如砥，其直如矢"形容周代的道路状况很好。以后从"道路"这一基本含义延展开来，"道"便引申为"原则、规范、道理"。《论语》中说："朝闻道，夕死可矣。"他这里所说的"道"，便是指为人处世、立业治国的根本原则。东汉的刘熙对"德"的解释是："德者，得也，得事宜也。"意思是说"德"就是把人与人、人与物的各种关系处理得当，使自己和他人都有所得。许慎在《说文解字》中提出："德，外得于人，内得于己也。"也就是说，"德"就是一个人在处理各种关系时，一方面能够"以善念存储心中，使身心互得其益"，提高自己的修养水平，获得精神上的愉快，就是"内得于己"；另一方面，则是"以善德施之他人，使众人各得其益"，对外做事讲求道德操守，不损害他人利益，就是"外得于人"。从这些解释来看，在中国古代，对"道"和"德"的认识，已经开始接近以后人们对"道德"概念的认识，即认为"道德"是对人际关系和行为的一种规范、准则的认识。"道德"二字连用而成一个概念，最早见于《荀子·劝学篇》："礼者，法之大分，类之纲纪也。故学至乎礼而至矣。夫是之谓道德之极。"在这里，荀子不但将"道德"作为一个单独的概念来使用，而且赋予它比较明确的意义，即人们在社会生活中所形成的一套调整人与人之间关系的道德品质、道德原则和道德规范。

为了在人与人的相处中，在人的各项行为中，做到彼此都有所得，达到一种良好的境界，中国古代思想家做了很多思考和探索。《论语》便集中论述了许多这方面的问题，《论语》可以说是中国最早的一本伦理教科书。从中国文字的本原意义来看，"伦"是"辈、类"的意思，是对各种人际关系的区分；而"理"是"条理、道理"的意思，可引申为

"原则、规范"。"伦理"二字连用,在中国最早见于《礼记·乐记》:"乐者,通伦理者也。"东汉著名学者郑玄对此解释道:"伦,犹类也;理,犹分也。"亦即分类条理的意思,还不包含人伦关系的意义。孟子、荀子以"伦"来阐述人类社会的关系。孟子说:"使契为司徒,教以人伦:父子有亲,君臣有义,夫妇有别,长幼有序,朋友有信。"这里的"父子""君臣""夫妇""长幼""朋友"就是指社会中人与人的关系,俗称"五伦";而"亲""义""别""序""信",则是用于调整、处理"五伦"关系的道德原则和规范,以后"伦理"一词便逐渐用来专指人类社会生活中应当遵循的处世关系的道理和规则,或处理人际关系的秩序、规则及合理、正当的行为。在《孟子·离娄上》中有言"规矩,方圆之至也;圣人,人伦之至也"①,意思为如同规矩是物理中方圆的衡量准绳一样,人事的伦理就应该以圣人为准绳。"伦理"一词发展到西汉时期,演化为"纲常"观念,也就是所谓的"三纲五常",即"君为臣纲、父为子纲、夫为妻纲",用来指称处理君臣、父子、夫妻这三类人际关系的原则,而"仁义礼智信"之五常则用于指称践行这"三纲"所需要的道德心理基础。因此伦理往往被看作"一种处理人际关系应遵循的原则"。

伦理的英文为 ethics,来源于希腊文 ethos 一词。开始,希腊文中的 ethos,只是表示一群人共居的地方,词义引申后,还指居住在这一地方的一群人的性格、气质及其所形成的风俗习惯。从古希腊哲学家亚里士多德开始,ethos 这个词就专门用来表示"研究人类德行的科学",亚里士多德把 ethos 的意思加以扩大和改造,先构建了一个形容词 ethicos(伦理的),之后又构建了一门新的学科 ethika,即伦理学。他的《伦理学》一书是古希腊思想家有关伦理学思考的最杰出代表。在西方社会中,伦理和道德有着密切的关系。在西方,"道德"一词源于拉丁文 moralis,该词的复数 mores 指风俗习惯,单数 mos 指个人性格、品性。与"ethos"一词的含义相似,二者都有品质、性格的意思,因此,在绝大多数人的眼中,伦理与道德并无区别。直到黑格尔,二者含义才有了明确区分,他将伦理规定为社会行为规范(包括风俗习惯),将伦理内化为人们的操守,即道德。伦理的社会功用必须通过道德的环节,使之成为人们的自觉意识或认同的意识并在行动中加以体现,才能发挥作用。从西方早期思想家对伦理问题的思考,以及伦理学在西方世界的起源,我们可以看到,伦理从其一开始就包含对人的行为和思想,以及人民关系、人与社会关系的调节和管理作用。伦理既作为一种众人认同的规范,起着维护社会公共秩序和约束人们社会行为的作用,又内化为

视频 8-1
"让座" PK "要求"
(资料来源:腾讯视频)

---

① 孟轲.孟子[M].北京:中华书局,2017:23.

人们的内在操守和准则，促进人的完善和全面发展，因而具有调节人们社会行为、管理社会的职能。

（二）伦理与道德的现代含义分析

现代意义上的伦理与道德是既有联系又有区别的两个概念。许多学者从各自的视角论述了它们之间的联系与区别。

李泽厚认为，伦理指的是人类群体，从狭小的原始人群到今天全人类的公共规范，既包括原始的图腾、禁忌、巫术礼仪、迷信律令、宗教教义，也包括后代的法规法律、政治宗教，以及各种风俗习惯、常规惯例。[①] 这些词都属于伦理的范围。他认为伦理是群体对个体行为的要求、命令、约束、控制和管辖，多种多样，繁多复杂，不一而足。冯益谦在《公共伦理学》中指出，伦理的价值目标是至善，这种善既表现为客观的，即人类社会最理想的存在状态，也表现为主观的，伦理不仅是一种规范约束，而且以这种观念的善为摹本，作为一种推动力量去促使人类实现这种善。人类正是在这种善的理念的推动下，不断地寻找实现这种善的社会组织方式。[②]

何为道德？李泽厚在《伦理学新说述要》中指出：所谓道德则指群体规范要求，通过历史和教育，培育内化为个体的自觉行为和心理，从自觉意识一直到无意识的直觉。所以道德不是本能的欲望和冲动，而是包含理性和情感的某种情理结构，并且以理性主宰情感、欲望、本能为特征。理性在这里又分作为内容的观念和作为形式的意志，它不同于也是情理结构的认识（理性内构，并不主宰行为）、审美（理性融于情感，也不主宰行为）。[③]

关于伦理与道德之间关系的论述是学术界讨论的热点。李建华和左高山认为，伦理是道德的来源和依据，道德产生于人的伦理世界，其目的在于维护伦理的应然性，依据伦理的应然性要求而运行，所以道德始终追求合乎伦理。同时，道德是伦理的展开与实现。出于对伦理的理性自觉，人们为了合乎伦理，对人的行为进行规约，便产生了道德，可见，道德是人们在伦理世界中一种精神-实践的存在方式。最后他们指出，伦理与道德之间存在张力，伦理作为人的应然性关系，道德作为人对伦理的精神-实践的实现，两者虽然紧密相连，但不完全等同，它们之间存在一种张力关系。[④] 朱贻庭通过运用伦理与道德之间的历史辩证法指出：伦理规定了道德；而自由意志的"道德反思精神"又激发了伦理的内在否定性，从而冲破旧的伦理实体，通过变革实践的批判与继承，构建起新的伦理关系和新的道德。[⑤]

因此，从伦理与道德的区别来看，伦理范畴侧重于反映人伦关系以及维持人伦关系所必须遵循的规则，道德范畴侧重于反映道德活动或道德活动主体行为的应当性；

[①] 李泽厚.伦理学纲要续篇[M].北京：生活·读书·新知三联出版社，2017：108.
[②] 冯益谦.公共伦理学[M].2版.广州：华南理工大学出版社，2010：7.
[③] 李泽厚.伦理学新说述要[M].北京：世界图书出版社，2019：34.
[④] 李建华，左高山.行政伦理学[M].北京：北京大学出版社，2010：52.
[⑤] 朱贻庭.伦理学大辞典[M].上海：上海辞书出版社，2002：14.

伦理是客观法,是通过他律来实现的,道德是主观法,是通过自律来实现的;伦理概念的西方文化属性较强,而道德概念的东方文化色彩更浓;道德包括伦理,都属于调整和约束人们行为的社会规范,但伦理常用于有亲属关系的人,道德使用范围更广。总之,伦理与道德既有密切联系,又有差别,二者之间的联系与区别是多层次、多侧面的。

(三)伦理、道德和伦理学

接下来我们来分析伦理与伦理学、道德与伦理学之间的关系。一般来说,伦理学就是关于伦理的学说,是一门以道德为研究现象的独立科学。对于什么是伦理学,自从伦理学产生以来,就存在许多不同的理解。从总体来看,绝大多数的伦理学家都认为伦理学以道德作为研究对象,即伦理学是研究人类道德现象的科学。

从伦理学产生至19世纪末,大多数的伦理学家都赞同以道德规范为研究对象,从而形成规范伦理学学派。这一学派在20世纪以前一直在西方伦理学研究中居于主导地位。1903年美国著名伦理学家摩尔的《伦理学原理》出版,宣告规范伦理学退出主导地位,取代它的是元伦理学。元伦理学声称伦理学不是研究所谓的道德规范,而是从逻辑学和语言学视角来研究道德,是关于伦理术语的意义和道德判断的确证的科学,是分析道德语言的科学,其根本问题是道德判断或价值判断的确证,即道德推理或价值推理的逻辑。它把伦理学导向一种脱离人的道德实践的空洞的、抽象的伦理概念分析的研究道路上来。

之后,伦理学便分为规范伦理学和元伦理学两类,但元伦理学的地位并没有维持多久。20世纪60年代以来,脱离规范伦理学而失去研究目的和意义的元伦理学开始走下坡路,取而代之的是传统规范伦理学的复兴和反对规范伦理学的美德伦理学的兴起。前者以罗尔斯《正义论》一书为标志,后者以麦金泰尔、彼得·杰奇、泰勒等为代表。美德伦理学不认同规范伦理学的观点,两者的不同不在于研究对象,而是在研究侧重点上。规范伦理学侧重以道德、规范和行为为研究中心,而美德伦理学侧重以美德、品德和行为者为研究中心。依据王海明的观点,伦理学如果被看作是关于优良道德的制定方法、制定过程及其实现途径的科学的话,那么,元伦理学就是研究优良道德的制定方法,主要研究"应该如何与事实如何"的关系;规范伦理学就是研究优良道德的制定过程,主要通过社会习惯制订道德的目标;美德伦理学就是研究优良道德规范的实现过程,三者是西方伦理学独立化绝对化又不可分离的组成部分。因此,在现实生活中,这三者是不可分割的整体,这是因为元伦理学脱离规范伦理学研究就使伦理学失去了目的和意义,而规范伦理学抛弃元伦理学的研究就使伦理学丧失了科学的研究方法,美德伦理学只是以美德中心论自居,夸大了美德伦理的结果,从而颠倒了道德与美德的关系。

随着伦理学研究的发展,这三者有趋于整合的倾向,这将有助于人们更全面、深刻地认识伦理学和科学发挥伦理在现代社会的作用,以促进人与人之间、人与自然之间的和谐相处和共同发展。伦理学、伦理、道德的关系,如图8-1所示。

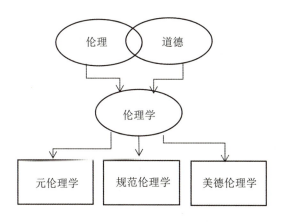

图 8-1　伦理学、伦理、道德关系图

二　公共组织伦理的内涵

公共组织作为社会的一个分支系统,其行为同样要受到伦理的制约。公共组织伦理就是公共组织在其行为和扮演角色功能时所应遵循的最基本的原则和规范。通常意义上,公共组织可以分为政府组织和非政府组织。因而公共组织伦理也自然可以分为政府组织所应遵循的伦理原则和非政府组织所应遵循的伦理原则(见图 8-2)。同时,无论政府组织还是非政府组织,都应该遵守它们作为公共组织所应遵守的伦理规范。

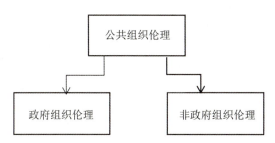

图 8-2　公共组织伦理的组成

政府组织伦理是相对于非政府组织伦理及个人伦理而言的社会伦理范畴,是政府组织在治理社会、维护和实现公共利益的过程中,以协调个人、组织和社会的关系为核心,以政府组织"责、权、利"相统一的一整套的政府组织行为规范和行为准则系统,是通过政府组织行为体现出来的社会道德意识形态的一种表现形式,反映出社会对公共权力进行伦理道德约束和控制的必要性和不可忽视性。政府组织伦理主要表现为政府组织既要遵守一般的社会伦理规范,又要遵守其作为公共服务的提供者要遵守的特殊伦理规范。它是由观念要素、行为实践要素和观念与实践的结合要素等多种要素构成的一个有机系统。政府组织伦理的主体不仅包括政府组织系统,而且包括政府组织成员个人。这是因为政府组织的成员虽然是个体的人,但其身份却是非个人化的,在其担任组织职务和实施组织行为期间,他的行为不再代表个人的意志、动机,而代表社会利益和政府组织利益。政府组织伦理不仅依赖社会舆论和人们的内心信念起作用,而且需要制度作为外在的约束。政府组织系统和政府组织成员个人的行为会对社会公众产生作用,因而政府组织伦理可以与所有社会成员发生关联。因此,对政府组织伦理的评价,不仅要看其整个系统的实际功能和作用,而且要看它是否真正维护和实现了社会公共利益,是否为社会公众谋取切实的经济、政治和文化利益。

非政府组织伦理是指非政府组织从事其组织活动,即开展公共事务或与维护和增进社会公共利益有关的活动时,所应遵守的伦理原则和伦理规范。非政府组织伦理与政府组织伦理一样,也是一种社会角色伦理,是在国家与社会的良性关系构建中应社会需求而产生的。在现代社会里,随着国家与社会关系的调整,非政府组织在社会公共管理中的作用日益重要。非政府组织作为自治组织,在其开展公共服务的活动中必然要与外部和内部发生各种利益关系,在这些利益关系中内含着各种伦理关系,非政府组织要开展正常的公共服务活动就必须处理好各种利益关系,因而也就必须把握其中的伦理关系,树立自己的理念及相应的组织行为规范,以此指导和规范组织的公共服务活动。因此,作为一种社会角色伦理,非政府组织伦理不只影响个人或一定的公共产品和非公共产品的消费者,而且影响社会环境及其他非政府组织。

案例 8-1
非政府组织
伦理核心

非政府组织伦理与政府组织伦理也有一定的区别,它不是与权力运作有关的伦理。非政府组织伦理指非政府组织的发展与活动不只影响个人或服务对象,而且影响政府、社会、环境及其他政府组织对内外关系的处理,包括非政府组织与其成员、管理者、社会、国家、市场以及国际社会的关系中的善恶价值取向和行为规则。非政府组织伦理涉及公平、服务、和平的伦理理念,是非政府组织的一种自我约束机制。

三 公共组织伦理的功能

由于公共组织自身的特性,公共组织伦理作为协调公共组织与个人、社会及其他组织之间关系的行为规范和价值总和,对整个社会领域都会产生不同程度的影响和作用。这就涉及公共组织伦理的功能问题。公共组织伦理的功能,归结起来,大致可以从政府组织伦理的功能和非政府组织伦理的功能两个维度进行考察。

(一) 政府组织伦理的功能

政府组织伦理是产生于一定经济基础之上,反映一定社会经济关系的上层建筑,它一经产生便对一定的社会政治经济关系起到能动的反作用。政府组织伦理在社会政治生活中的作用是巨大的,具体表现在以下几方面。

1. 规范约束功能

政府组织伦理的首要作用是对政府组织及其工作人员的行为和活动进行规范和约束,使得政府组织和政府工作人员能够在既定的规则和程序下实施社会管理行为,为社会的最大多数成员谋取公共利益。它以善恶标准来认识、评价和把握政府组织从行为到结果过程中担任政府组织角色的政府组织行为,通过一系列的伦理准则和价值判断来限定政府组织活动的行为模式和范围,通过给其工作人员的内心信念和外在的舆论评价的体验及一定的制度约束,形成强大的规范力量,约束和引导政府组织系统的运行和工作人员的管理行为,使政府组织的管理过程程序化和规范化。

同时,政府组织伦理中的道德规范对组织中的工作人员起到自律、指导、监督和自我评价的作用。它对于组织工作人员合乎政府组织伦理要求的信念、情感和行为给予奖励、强化和巩固,对于组织中工作人员的不符合组织伦理要求的信念、情感和行为给予批评、纠正或弱化,从而使政府组织中工作人员的信念、情感和行为始终受到一个约束力量的限制,而不至于出现过度偏离政府组织伦理要求的行为、情感和信念,在政府组织中产生负面影响。特别是在政府组织工作人员对政府组织行为有错误或偏颇认识时,政府组织伦理能够纠正行为者的个人私欲或偏颇情感,改变其错误或不当的想法或行为,从而避免违背政府组织伦理要求的行为或后果发生。

2. 评价引导功能

对于社会成员来说,政府组织伦理具有评价引导功能。它能够帮助社会成员认识什么行为是合乎政府组织伦理要求的善行,什么行为是违背政府组织伦理标准的恶行,从而为社会公众提供评价政府组织行为好坏的伦理标准,也引导社会成员明辨是非、弃恶行善,从而促进社会正气和良好风尚的养成。这是因为政府组织伦理是现实社会的主体道德规范,在社会中具有普遍性、公共性和影响力,渗透在社会生活的方方面面,对社会公众的心理和行为具有很强的示范效应,并直接影响民风民俗的形成。一旦它成为人们内心评价衡量行为好坏的标准,当组织成员违背组织的伦理规定时,就会受到社会舆论的谴责和批评;当其成员表率遵守组织伦理规范时,就会得到社会舆论的好评和表扬。这种善恶好坏的评价所产生的社会舆论和压力,一方面帮助人们形成明确的善恶好坏评价标准,而引导人们做该做的行为,不做不准做的行为,起到提倡公众的某些行为和抑制公众的某些行为的作用;另一方面使组织成员形成抑恶扬善的情感和坚定高尚理想和信念的信心。

3. 凝聚民心、维系社会发展功能

政府组织伦理的主要作用在于对政府组织和其工作人员的行为和道德进行约束和规范，使组织行为能够在较长时期内保持社会公平和正义，使组织成员能够真正为民服务，为民办事，从而为社会最大多数的成员谋求最广泛的社会福利，而不是使组织行为成为少部分人谋求私利的工具。这样不仅能够化解社会矛盾和冲突，维护社会稳定和和谐，而且能够使民众意识到政府组织存在的合理性和有效性，从而支持和拥护政府组织，起到凝聚民心、化解矛盾、促进社会和谐的作用。相反，如果政府组织行为没有伦理规则的约束和规范，它就不能按照其伦理要求来实施组织行为，也就有可能失去其行为的公平性和正义性，从而使组织行为成为少数人谋求私利的手段，那就会损害社会公众的利益，伤害社会成员的情感，使社会成员产生对政府组织的不信任感和抱怨感，不利于政府组织行为的实行，使政府组织失去公众的支持和拥护，造成社会成员对政府组织存在合理性的质疑，而不利于团结民众，不利于社会问题的解决和社会矛盾的化解，最终使政府组织走上不归之路。古语"得民心者兴，失民心者亡"，说的就是这个道理。因而，政府组织伦理具有凝聚民心、维系社会正常发展的功能。

4. 衡量选择功能

政府组织伦理要求政府组织必须以社会或公众的利益为标准，这为政府组织在不同的价值准则或善恶冲突之间提供了一个参照标准，为其做出正确、自觉、自主的抉择提供了一个衡量标准。这是对政府组织的行为意图、动机、目的和行为方式、过程和结果的一个选择。这一功能要求政府组织在行事之前，必须从优化管理的目的出发，依据政府组织责任的伦理要求，对政府组织本身的行为动机、方式和结果进行审查，之后再做出具体的组织行为。从本质上讲，协调利益分配和各种利益关系是政府组织进行组织行为抉择的关键性影响因素，并成为一切政府组织伦理的基础。

总之，政府组织在一定的伦理意识支配下实施组织行为，这一伦理意识对政府组织本身、组织成员和社会公众都会产生作用和影响。

（二）非政府组织伦理的功能

1. 有助于推动政治民主化，促进政府伦理建设的发展

现代参与型公民文化是政治民主化的社会基础。非政府组织作为现代参与型公民文化的组织形式，在公共管理中发挥着重要作用，有效地推动了政治民主化进程，推动了行政伦理建设。非政府组织伦理的功能主要体现在以下两个方面。①

一方面，非政府组织是横架于民众与政府之间的桥梁，是双方沟通、联系的中介，

---

① 若弘.中国 NGO：非政府组织在中国[M].北京：人民出版社，2010：78.

通过非政府组织可以把最真实的社情民意以及公众利益要求传递给政府,使政府在充分占有信息的基础上做出更加准确的判断,制定科学合理的政策,从而保证决策的科学性和民主性,保证政府行政坚持公共利益和民众利益的基本伦理原则。

另一方面,非政府组织进入公共管理领域,改变了政府组织对公共事务垄断管理的局面,形成了政府组织与非政府组织共同管理公共事务的格局,使民众可以通过多种渠道和方式直接了解政府的各项方针政策,并且审视这些方针政策是否真正代表社会公共利益和广大民众的意愿,从而保证一些重大政策的伦理性;同时可以代表民众直接参与、质询、监督政府行政的全过程,促使政府改变官僚主义作风,提供高质量的公共产品,避免腐败现象发生,促进政治民主化进程。例如,美国在华盛顿的公仆廉政中心就是通过对政府官员廉政行为进行调查和分析,并提出合理性的建议及反馈给政府的方式来监督政府。

2. 有助于实现社会公平公正,促进社会伦理的发展

公共政策的制定通常是以社会中的大多数人的利益为出发点,从而忽视了社会小众的利益需求。然而,基于现实来看,涵盖社会各个层面,辐射各个阶级民众利益的社会政策几乎是不存在的,社会弱势群体的利益往往不被身处主流阶层的政策制定者们注意。所谓弱势群体,是指那些在社会资源占有和分配上具有经济利益的贫困性、生活质量的低层次性、社会承受力的脆弱性的特殊社会群体。相对于主流阶层来说,处于社会底层的人的自卑感、失落感和被剥夺感强烈,生活质量相对低下。社会矛盾的触发往往就是因为这部分群体的切身利益没有被考虑甚至完全被忽视,从而影响了社会稳定。而非政府组织是具有高度公益性和非营利性的组织,始终以政府管理难以涵盖的地区和人群,如边远地区以及贫困人员、失业者、残疾人等弱势群体为重点关注对象,通过慈善、捐助、志愿者、扶贫项目的方式给予这些群体切实有效且十分必要的援助。从一定层面来说,非政府组织的工作弥补了政府政策及管理中的伦理不足和公益缺失,推动了社会公平和公正的实现。

3. 有助于调整国家民族关系,促进国际伦理的发展

和平发展作为全球伦理的价值诉求,体现了全人类的共同利益。国际非政府组织由于范围广泛,人员众多,拥有强大的人力、物力和信息资源等方面的诸多优势,在扩大国际交流、促进人类和平和全球共同利益发展方面,具有政府组织不可替代的伦理作用。在全球范围内,非政府组织的分布范围广泛,参与人员众多,使得其在建立国际价值体系和行为规范上能够发挥重要作用,在一定程度上能够促进公共利益的发展和人类命运共同体的构建。此外,非政府组织还是加强国际交流与合作的桥梁和纽带。非政府组织可以以民间组织的身份,开展国家之间的科学、技术、文化、教育、体育等方面的交流与合作,促进人类精神文明的传播与融合,推动人类和平事业的发展,特别是在一些意识形态对立的国家之间,非政府组织在其中发挥的科技文化互动作用是政府和国家所不能比拟的。

4. 有助于弥补市场的不足，促进经济伦理的发展

市场经济是一种资源优化配置的经济体制，能够促进社会生产力的高速发展。但是，市场也是一把双刃剑，市场的利润原则、功利原则，极易诱发拜金主义、利己主义和极端个人主义，从而带来一系列的社会问题，包括利己主义、拜金主义等。这些问题仅仅靠国家的政策和法律是难以根治的，需要借助非政府组织在经济生活中的特殊功能和作用来共同解决。非营利性是非政府组织伦理的特殊属性。它要求非政府组织不能以营利为目的，也不能进行利润的分配和分红，以此保证其纯洁性。非政府组织在促进经济伦理发展中的功能主要体现在非政府组织能够维护市场的正常秩序，保障消费者的合法权益。非政府组织通过维权意识教育、维权宣传以及帮助民众进行权益维护实践的方式，积极帮助消费者维护自己的权益；同时通过各种行业、职业协会，对市场经济主体进行职业道德和政策法规教育，以规范市场行为，整肃市场秩序，推动公平竞争，保障消费者的合法权益。

5. 非政府组织的公益性、志愿性和非营利性，促进公民道德的发展和提高

公益性、志愿性和非营利性是非政府组织的重要伦理属性。这些伦理属性决定了非政府组织成员的活动是以公共利益为宗旨的、出于道德良知和社会责任感而发生的、不谋求私利、不要求回报的自觉行为，是一种高尚的道德行为。非政府组织的这种道德优先性，在组织内部形成了良好的道德关系和浓厚的道德氛围。此外，作为公共管理主体之一，非政府组织成员在参与国家政策的制定，为政策制定建言献策，维护自身权益的同时，也锻炼了自己的民主意识、独立人格意识和自我管理能力。在这个过程中，非政府组织成员的道德人格不断发展和完善，道德素质不断提高，从而在很大程度上促进了公民道德建设。

第二节　公共组织责任

一　公共组织责任的概念

公共组织是社会的重要分支，公共组织责任的履行对于社会的运行及规范成员的行为具有重要意义。公共组织责任是指公共组织的管理者运行公共权力所承担的责任，并有义务对过去、现在、将来的行为向公共责任的对象，即公民和民意机构，做出解

释和辩护。公共责任与公共权力是对应关系,在公共组织人员享有公共权利的同时必须承担相应的公共责任。从公共权力的来源看,公共责任是公共组织整体上对全体国民负责任。

对公共组织责任还可以从广义和狭义两方面进行理解。狭义的公共组织责任是指公共组织人员作为代理人,担负复杂的责任,对多种委托人负责,这些委托人包括组织的上级、政府官员、职业性协会和公民。在这种情况下,公共组织人员要对自己的违法失职行为及后果负责,公共组织及其他特定机构将依法追究其公共责任并予以惩罚。广义的公共组织责任包括三个层次的内容:第一,公共组织作为一个整体对公众负责;第二,在公共组织系统内部的各环节、各层次之间进行责任分工和权限分解,通过确立垂直的责任关系和层级负责的方法,将分散的组织和个人的工作拧成一股合力开展工作;第三,上述狭义的公共组织责任。本教材探讨的是广义的公共组织责任概念。

案例 8-2
责任的定义

公共组织的目标、管理活动涉及的领域以及管理方式都不同于私营组织,因此,公共组织责任除了具有一般责任的性质外,还具有其特殊性。① 公共组织责任是一种责任,其中包含四个方面的内涵:第一,公共组织责任是一种行政责任,它规定作为公共组织的政府及其官员有作为或不作为的义务,要求他们对自身的所作所为承担行为责任,如果出现违背义务的行为,将受到追究和制裁;第二,公共组织责任是一种政治责任,公共组织由国家权力主体赋予公共权力,因而要对公众负责;第三,公共组织责任是一种法律责任,政治责任的落实由法律的规定性和强制性来保障,任何违背公共责任的行为都将受到法律的制裁;第四,公共组织责任是一种道德责任,公共组织及其成员根据社会普遍的道德原则行使公共权力,并为其活动中出现的不恰当或失误行为对公众负责。② 公共组织责任是一种义务。公共组织或公共管理者在接受了公共权力之后,也就承担了为社会谋取公共利益的义务,这是公共组织责任的目标导向的要求。在不同时期、不同的社会形态下,公共组织责任的义务的内涵是不同的。随着世界各国民主与法治化进程的推进,公共权力与公共责任主体多元化,各国公共组织及其成员所承担的服务公众的义务,逐渐由道德、契约形式转为以法律形式加以规范,即法律义务。③ 公共组织责任是一种任务。公共权力主体在赋予公共组织公共权力时,对公共权力的作用目标、范围、方式、内容都有较具体的规定,即规定应该做什么(或不能做什么),需要达到什么目标,如果在行为过程中出现违规或失误应该受到什么惩罚等。这就是与公共权力相应的公共责任。公共组织及其成员运用公共权力,完成具体任务的过程就是落实公共责任的过程。④ 公共组织责任是一种制度。在国家整体制度内部,公共权力授予主体依法明确规定公共组织的公共责任,并对违背责任的行为进行追究和惩罚;同时,公共组织又在系统内部用法规、规章以及行政纪律,将公共责任进一步明确化和具体化,并以此作为追求公共责任的依据。⑤ 公共组织责任是一种监控。公共责任的核心在于保障公共权力主体对公共组织行为的有效监督和控制。凡违反法律或违背职守的行为都要受到相应的惩处。

二 公共组织责任与官员问责制

公共组织的责任因为委托者的授权而产生,其核心目的在于维护委托者的权利和利益,承担相应的责任是公共组织得以存在和运行的合法性依据。公共组织责任要求公共组织迅速、有效地回应委托人的诉求,并采取行之有效的措施。但是,基于对利益最大化的追求,政府组织中时而出现懒政、怠政或不作为的现象,因此需要建立一套机制来规范和约束政府组织的行为,使其忠实履行职责。由此产生了官员问责制这种对政府履行职责的激励和不履行职责的处罚机制。

(一)官员问责制的内涵

官员问责制既是对政府官员失责行为的一种责任追惩机制,也是保障政府官员忠实履行责任的一种激励机制。对政府来说,其天职就是为人民服务,政府的合法性基础就在于人民的同意和授权,因此对于政府官员来说,行使公共权力和处理公共事务的出发点都应该是人民的利益。但是在现实生活中,部分官员缺乏责任意识,没有担当精神,滥用人民赋予的神圣权力。政府问责制就是针对政府官员的责任意识淡薄而建立的一套保证政府官员按照公民的集体意愿而运行的责任约束与追惩机制。在现代责任政府的建设中,核心要素就在于建立一套完善、合理的政府问责追惩机制,官员问责的目的在于保证政府履行政府责任,使得政府官员能够依法行政、依规办事,在法律范围内,以公众利益为导向,处理公共事务和政府管理事务。一个良好的责任政府的外在标志就是较强的政府回应力,也就是能够对社会公众关心的问题做出及时、公正的处理。在这个过程中,官员问责制发挥着重要作用,政府机关及其官员因人民授权而履行政府职能,因问责制的存在而不得不履行其职能,政府问责制在这一过程中起到威慑与激励的作用,就其不作为行为来说,是一种威慑与追惩;就其作为行为来说,则是一种激励与保障。所以说政府问责制是建设责任政府的关键,也是建设责任政府的实质与保障。

(二)我国官员问责制的实践

官员问责制起源于西方,是伴随着现代政党制度和议会制度而产生和发展起来的,是西方国家政治生活中的常见现象。官员问责制真正进入国人的视野是在 2000

年,当时的香港特别行政区行政长官董建华在施政报告中明确提出,要研究和引入一套新的主要官员问责制度。2002 年 7 月 1 日,香港正式开始实行官员问责制,问责制的主要官员直接向行政长官负责。此后,香港财政司司长梁锦松因"买车避税"案成为推行问责制以来 7 个月内首名被行政长官公开批评存在严重疏忽、行为极不恰当的主要官员。

2003 年非典时期,发生了新中国历史上首次在突发灾害事件中、在短时间内就同一问题连续、大范围地追究官员责任的一次重大实践,大批包括省级领导干部在内的官员因负有重要领导责任而受到查处与追究。近年来,无论是从制度建设还是从实际运行状况来看,我国的官员问责制都得到了显著的发展。结合不同时期出现的重大事故、重大事件,中央和国务院出台了多项责任追究的党内法规和行政法规,如《中国共产党党内监督条例》《中国共产党纪律处分条例》《关于实行党政领导干部问责的暂行规定》《中国共产党问责条例》等。其中,中共中央、国务院于 2009 年 6 月 30 日发布的《关于实行党政领导干部问责的暂行规定》标志着我国官员问责制的规范化发展,是专门针对党政官员不作为、不当作为、低效作为、乱作为导致重大事故发生而实行的党政系统内部监督和追究的规定。2016 年 7 月,中共中央政治局审议通过的《中国共产党问责条例》正式施行,该条例的出台标志着我国党政官员问责制度的进一步完善。

各地也根据本地区、本部门的具体情况,制定并颁布了具体的党政领导干部问责办法,进一步完善了我国官员问责制,例如,云南省出台的《云南省党政领导干部问责办法(试行)》、湖北省颁布的《湖北省行政问责办法》等,此外广州市、南京市、哈尔滨市、六盘水市等市级单位都相继出台了地方的官员问责制度。

(三)我国官员问责制存在的问题

尽管我国官员问责制不断发展,并取得了一定的成效,但是我国官员问责制并不完善,目前仍然存在许多问题,在一定程度上阻碍了官员问责制作用的发挥。我国官员问责制存在的问题主要包括以下几个方面。

1.官员问责的相关法律法规不健全

目前我国的官员问责条例的主体文件主要是 2016 年中共中央政治局审议通过的《中国共产党问责条例》。这一问责条例的出台在一定程度上填补了我国官员问责制的空白,但是这仅仅是党内法规,对党员干部具有较强的约束性,但是在现实中,有许多行政官员并非党员身份,许多民主党派以及无党派人士担任各级政府的领导职务,对于这些官员的问责缺乏相应的法律规范依据。

2.信息壁要求过高,限制官员问责制的发展

在我国,大部分的信息资源都掌握在政府手里,政府信息不透明,信息不公开,公众缺乏知情权,问责也就无从谈起。与信息公开紧密联系的是新闻媒体的独立报道

权,因为被公开的信息只有通过媒体报道才能为公众所知晓并使用。而现实情况是,一些地方的领导习惯于报喜不报忧,对于负面信息总是以维护安定团结、注意影响等为借口竭力掩盖,禁止报道,甚至违法动用行政权力,千方百计阻挠新闻媒体对不利于官员仕途的事实真相进行报道,使新闻媒体的舆论监督作用受到很大的限制。这些都极不利于官员问责制的发展。

3. 官员问责程序不完善

一些被追究责任的官员,无论是被免职的,还是引咎辞职的,大都是在行政层面进行的,对其责任的追究并不是依据专门的问责制法律做出的。行政上的官员问责制度,虽然在一定程度上体现了责任政府理念,但由于没有相应的法律制度做支撑,在执行过程中往往存在不确定性。在迄今公开"问责"的所有案例中,除几位主要领导外,其他人应负何责、受何处罚、问责程序应怎样进行,均未对公众进行说明。这就使得"问责"表面上是问出了一个大快民心的"责任",但最终仍然"问"得一头雾水。这样的"问责",结果或许是可喜的,但效果却是可疑的。而且如果官员问责制不能实现法治化和程序化,就可能导致上级领导裁量权的扩大,甚至出现主要领导一言而定这样的局面。所以,如果官员问责制不按规章程序进行,没有法律保障,就失去了其本来的意义。

4. 官员问责制缺乏第三方问责机制

问责主体分为同体问责和第三方问责。同体问责是指政府系统内部对其行政官员的问责,或者执政党内部对其党员领导干部的问责;第三方问责的主要内容是指涉宪主体之间的问责制,其中包括人大代表对政府的问责制;民主党派对执政党的问责制;民主党派政府的问责制;新闻媒体对执政党和政府的问责制;法院对执政党组织和政府的问责制。在我国现行的问责实践中,问责主体更多的是同体问责,这其实是一种利益相关者的责任追究机制,既然是利益相关者,那么问责很可能沦为形式。今后我国应大力发展第三方问责机制,进一步建立不信任投票制、弹劾制以及主要责任人引咎辞职制度等,增强人大监督的问责手段和力度,加强媒体的舆论监督等。

案例 8-3
官员问责制
重要意义

三 公共组织问责的优化

（一）健全相应法律制度，加强法律监督

在公共选择理论的视角下，追逐自身利益最大化的问题同样存在于政府组织及其公务员队伍中。在利益的驱动下，政府权力的膨胀性越来越显著，这也是行政权力的根本特性。法约尔指出："责任是权力的孪生物，是权力的当然结果和必要补充，凡权力行使的地方就有责任。"[1]权力必然要受到约束，失去约束的权力就像一只失去枷锁的猛兽，会在公众利益上到处肆虐。因此，从总体上看，必须对政府的权力加以约束，必须通过相应的责任追究机制，对政府公职人员进行约束，使得政府的权力与责任相适应，使掌握的权力与承担的责任在量度与效度上相匹配。同时，必须对政府所承担的责任明确化，制定相应的政府责任问责追究的法律规范，将政府因其职能而承担的责任加以统一整合。出于简明易行的需要，这套法律机制并不要求对内容进行全面的编写，而是在我国现有的宪法和普通法律中对政府责任的相关规定的基础上进行汇编与补充，从而填补目前我国法律对政府责任的规定比较模糊或者根本没有明确的空白。同时，需要建立与之相适应的保障机制，对其在现实中的遵照执行保驾护航，具体来说，可以在最高国家权力机关设立专门的政府责任监督机构，对法律的执行和落实情况进行监管。

（二）落实政务公开的制度，提升政府透明度

委托-代理理论认为，由于委托人和代理人之间关于代理人行为的信息不对称，代理人在最大程度上增加自身效用的同时，会做出损害委托人利益的行为。在信息不对称的情况下，道德风险问题会充斥于委托人与代理人之间的交流联系中，主要以消极怠工、欺瞒诈骗和"搭顺风车"及各种机会主义行为的方式呈现出来。问题的根源在于庞大的信息资源被政府所垄断，政府组织与公民之间的信息不对称问题极其严重，这就导致来自社会和公众的监督形同虚设或者没有很强的效力。要想根本性地解决这个问题，就必须不断推进信息资源公开化的进程，具体来说，就是要不断完善政府政务公开制度，提高政府信息透明化水平。建立一套政务公开制度和完善的保障制度是十分必要的。有哪些政府信息必须公开，要做出明确的规定，同时制定相应的违法惩戒措施，这就使得政务公开走上了制度化的轨道，从而增强政府行政行为的透明度，进而有效地保障公民的知情权和参与权，也能使公民对政府的监督真正落到实处。

---

[1] 亨利·法约尔.工业管理与一般管理[M].张扬,译.北京:北京理工大学出版社,2014:156.

（三）强化政府行政人员的责任意识，进一步完善决策责任追究机制

明确政府责任是实施政府问责制的前提，要以法律的形式对政府所应承担的责任进行明确，同时对政府组织公职人员在公共事务管理过程中的可为与不可为也需要以法律、规章的方式加以确认，做到有法可依、有章可循。通过建立健全各种责任制度及可操作性强的失职、失责追究制度，保证问责制建立在有法可依的基础上，并能保证在实施责任追究时，在各个方面和环节上都能具有逻辑性，使每一位行政官员都明确自己岗位的职责，杜绝传统机构臃肿、人浮于事、职责不清等现象。

（四）完善群众参与机制、拓宽群众参与渠道

通过构建政府与公民之间的良性互动，原本由政府对公民单方面公布信息的沟通机制，以协商交流的方式转化为政府与公民之间的双向互动，从而进一步完善群众参与机制。政府的一切权力来源于人民，国家一切权力的最终所有者同样是人民群众，因此，对政府行为最有力的监督就是人民群众的监督。只有鼓励和支持人民群众积极参与政府事务，才能从根本上保证政府为实现人民群众的利益而行动，这样也更有利于公民监督政府负责任地行政，加强政府和公民之间的信息沟通。也只有公民亲身参与政策制定，才能加深公民对政策的了解，从而带动公民更有效地对政策进行全方位的监督和问责。

第三节 公共组织伦理建设的途径

加强公共组织伦理建设不仅是外在的社会发展大环境所决定的，而且是其内在的自身成长发展所要求的，有其必要性和紧迫性。首先，社会转型引发社会朝着现代、市场、开放的方向发展，给社会带来更大的不确定性、风险性和难预见性，因此不仅要完善法制的约束力，而且要发展完善伦理的规范力。其次，社会转型引发社会治理模式从政治统治行政向公共管理再到公共服务的转变，与之相适应，公众也在呼唤公共服务伦理的到来。再次，公共组织及其成员的身份和利益的二元多重性也决定了我们必须加强公共组织伦理建设。最后，我国社会近些年来因社会伦理失范导致的各类公共事件，也反映了公共组织伦理建设的迫切性。

一　负责任行为的构成要素

公共组织的管理者怎样才能保证下属在遇到决策困境时，以一种负责任的态度来对待公共事务，并做出合理决策呢？在库珀看来，这是一个行政伦理的问题，他指出，科学的行政决策既离不开行政人员个体对主观责任和客观责任的承担，也离不开行政组织的内部控制和外部控制。基于这种思考，库珀提出了负责任的行政行为模式，即当行政组织内部实现了主观责任和客观责任、内部控制和外部控制、个人自由裁量权与伦理立法的有机统一时，其决策必然是科学、合理、负责任的。也就是说，只有充分结合主客责任、内外控制，才能够推动符合道德规范的、契合科学发展的行政决策出台。库珀的负责任的公共组织行为主要包含四个方面的要素，即个体道德品质、组织制度、组织文化和社会期待。[1]

（一）个人道德品质

在行政决策中，个人是行政责任的实际践行者和最终承担者，因此，行政行为的道德性很大程度上受到个人道德品质的影响。库珀认为，个人的道德品质主要包括伦理决策技巧、精神品质、德性和职业价值观。伦理决策技巧主要体现为：先对行政事件进行全面的了解，在伦理层次思考之后，进行伦理决策的流程，伦理决策技巧能够提高行政决策的有效性。精神品质和德性则是就行政个体内化的价值、信念和潜在道德而言的。最后一个重要的个人道德品质就是职业价值观，即关于职业行为和目标的信仰，与精神品质的德性相比，职业价值观是在实践经验中形成的，与实践的联系更加紧密。伦理决策技巧、精神品质、德性和职业价值观四者相互补充、协调，有助于促进个体道德品质的长远发展。

（二）组织制度

组织制度是另一个保证公共组织决策和道德的行为因素。在行政决策中，对行政组织的重视程度有待提高。而组织制度作为组织的一种约束形式，主要是强调组织层面的道德，并寻求鼓励道德行为的组织制度维度，即在创造适合道德行为发展的制度的同时，既保护个体的伦理自主性，又限制对组织资源的滥用。

---

[1]　特里·L. 库珀. 行政伦理学：实现行政责任的途径[M]. 张秀琴，译. 北京：中国人民大学出版社，2010：131-160.

（三）组织文化

组织领导的行为对组织文化有重要的影响，领导的独特而有必要的作用就是文化操纵。也就是说，组织文化是由组织领导影响的、组织成员共同具有的价值观。其中，领导者对培育支持道德行为的组织文化起着潜在的重大杠杆作用。为此，培育组织文化可以从以下两个方面着手。首先，组织领导有必要认识到并不停地提醒自己：在组织文化中，自己是最明显的伦理角色模范。其次，看得见的对道德行为的明显奖赏是领导参与和塑造组织文化的一种有效方式。

（四）社会期待

社会期待主要指人们在不同的方面对政府工作人员寄予的希望，包括薪酬水平、行为约束和公众形象等。其中，公众参与是社会期待的主要表现形式之一。在保持负责任的过程中，公众参与有两大关键作用，其一，它保证公共行政人员心中有公众意识，保证政府是人民的政府这一首要原则；其二，公众参与还有助于澄清和明确法律和政策的意图。换句话说，公众参与是重要的行政力量，社会期待是行政冲突得以解决的重要推手。

综上所述，负责任的公共组织行为是个人道德品质、组织制度、组织文化和社会期待四者在一定程度上的共同设计，以期相互促进、共同发展，促进行政冲突的有力解决。概而言之，在组织个体主客统一的决策起点上，公共组织的内外整合是决策的关键，这种负责任行为既要内部控制与外部控制相结合，又要主观责任和客观责任一起抓；既要考虑组织制度和文化的建设，又要提高个体自身的道德素质。只有这样，才能在伦理立法和有限自由裁量权的基础上，实现行政冲突的解决，达到公共组织伦理学的价值诉求——负责任的行政行为，实现决策科学化、伦理化。

二 公共组织伦理的建设途径

从宏观上来看，公共组织伦理建设应从两条途径展开，一条是从加强公共组织伦理建设的外部硬控制视角来思考，可以称之为制度体制建设；另一条是从加强公共组织伦理建设的内部软控制视角来考察，可以归结为德行兼用建设。只有两条途径齐抓共管，才有可能达到公共组织伦理建设的目标。从制度体制建设来看，应该建立健全公共组织服务体系、公共组织相关的法律法规和政策、公共组织监督机制和评价教育机制，其目的在于加强对公共组织及其成员的制度约束和安排。

首先，从建立健全公共组织服务体系来看，现行政府组织应尽快革新观念，转变职能，加快政府组织改革，尽快使政府组织职能由传统的统治行政向现代的服务行政转变，尽快使政府组织从"全知全能"的角色中脱离，对政府权力进行分化，重新划分不同性质的公共组织及其成员的权利和义务,该由市场实施的交给市场来完成,该由非政府组织承担的交给非政府组织承担,建立一个完善合理的公共组织服务体系。这是因为结构决定功能,一个合理的公共组织社会结构利于发挥公共组织的各项功能,利于服务社会公众和维护公共权益,而一个畸形的公共组织结构体系不可能使公共组织的作用得到充分、合理地发挥。

其次,从建立健全公共组织相关法律法规和政策来看,应加强公共组织法制建设,完善公共组织相关法律法规和政策,使公共组织的管理和建设有章可循,有法可依。进行公共组织伦理建设,并不是把法治抛在一边,不讲法治或不要法治,反而更应该以法治为基础。当然,法律法规和政策的制定本身应有伦理的情怀,违反伦理的法律法规及政策本身不是善法善政。就目前而言,我国公共组织相关法律法规及政策的制定存在一定的缺陷,包括其制定的公平目标缺乏公共性、制定的程序缺乏民主性、制定的内容缺乏公平性、制定的理念缺乏人本性。要克服这些缺陷,应该从伦理的视角来审视公共组织相关法律法规及政策的制定,包括提高公共组织相关法律法规及政策制定者的伦理素质、增强公民的伦理意识、建立法律法规及政策的评估体系,并设立专职的法律法规和政策评估组织,实现法律法规和政策的评估制度化,形成法律法规和政策的伦理评估信息网络系统,加强对法律法规和政策制定的监督反馈。

视频 8-2
加强红十字会的
监管体制建设
(资料来源:
新华视频)

再次,从建立健全公共组织监督机制来看,要完善对公共组织及其成员伦理行为的监督机制,保证公共组织及其成员能够按照基本的伦理规范行事,以实现和维护公共利益。公共组织伦理的本质特征是主观与客观的统一,公共组织行为是他律与自律的统一。从自律的角度来看,公共组织伦理需要在重视公共组织伦理教育的同时,突出强化公共组织伦理的修养,强调必须把客观、外在的组织行为转化为主观、内在的组织行为良心。从他律的角度来讲,公共组织伦理,特别是组织成员的伦理行为规范的实施,需要接受公共监督,这是保证公共组织伦理得以科学制定与切实实施的必要条件之一。公共组织伦理(包括组织成员的行为规范)的公共监督有多种形式,如组织监督、立法监督、司法监督、社会舆论监督、社会公众监督等。它们相互结合,共同构成公共组织伦理及其成员伦理行为规范的监督机制。其中,组织监督包括公共组织内部对其成员的监督和专职监督机构对组织本身的监督以及组织与组织之间的相互监督。立法监督就是逐步使有关公共组织伦理及公共组织成员的行为规范化,并使其具有可操作性,这是当前加强公共组织伦理及组织成员伦理行为规范建设的重要方面。司法监督就是要发挥司法机关对公共组织及其成员的行为监督,包括人民法院和人民检察院对公共组织及其成员的违法行为进行检察、审判,以纠正、惩戒违法和犯罪行为,保障公共组织依法行使职权,保护公众的合法权益。社会舆论监督就是要发挥新闻传媒的舆论导向和监督作用,改善社会公众的生活质量,改进和提高公共组织特别是政府组织维护和保障公共利益行为的活动,并使这种监督正常化、规范化、制度化和法治化。社会公众监督就是发挥公众对公共组织及其成员行为的监督作用,必须采取多种措施,建立健全公众监督公共组织及其成员行为的运行机制,包括激励公众监督、保护公众监督和方便公众监督的运行机制。这些监督形式相互配合、相互作用,共同构成公共组织伦理及其成员行为的监督体系。

又次,要建立和完善公共组织伦理的评价教育机制。评价公共组织行为,分析组织成员的责任,首先需要确立公共组织行为好坏和善恶的标准,然后根据这个标准,对公共组织及其成员的行为动机、行为效果以及相互关系进行评价。只有全面地把握组织行为动机和效果的辩证统一,才能对公共组织及其成员的行为做出正确的评价。

最后,进行公共组织伦理建设,还应该加强公共组织成员的职业道德建设。职业道德是同人们的职业活动紧密联系的、具有自身职业特征的道德准则与规范的总和。它由公共组织职业理想、公共组织职业态度、公共组织职业责任、公共组织职业良心、公共组织职业荣誉、公共组织职业技能、公共组织职业纪律和公共组织职业作风八大要素组成。公共组织职业理想是公共组织成员对自己所从事的职业的向往、希望以及成就的设想和目标,是组织成员的精神支柱和精神动力,能使组织成员在从事具体的组织活动中更有信心、勇气,使其能知难而进,为实现目标而奋斗。公共组织职业态度是公共组织成员在职业活动中的举止、神情,以及对自己职业的看法和采取的行动,体现的是组织成员的精神境界和道德风貌,要求组织成员在从事具体的组织行为中要态度端正、谦和、诚恳,这有利于其克服职业态度中的不道德行为。公共组织职业责任是从事公共组织成员必须承担的职责和义务,一般通过具有法律和行政效力的职业合同来规定。公共组织职业责任的核心是要求组织成员正确处理好各种义务之间的关系,处理好个人、家庭、组织、社会之间的责任或义务,要求组织成员从事公共组织职业不是为了谋求自己的利益或报偿,而是为了更好地服务社会公众。它有助于增强组织成员的职业感和使命感,从而使其自觉履行职业责任,服从工作的需要。公共组织职业良心是组织成员在自己的职业活动中,对自己行为的责任感和自我评价的能力,是组织成员自我认识和职业伦理控制的工具。它要求组织成员坚定为社会大众、为人民服务的思想,树立较强的社会责任感,培养良好的社会道德责任感和义务感。加强公共组织成员职业良心的培养,就是要把公共组织职业伦理原则规范作为职业要求,灌输到每一个组织成员的心中,使其按职业伦理原则和规范办事时就感到欣慰,违背职业伦理原则与规范时就感到内疚、羞愧、自责和悔恨。公共组织职业荣誉是对公共组织职业伦理行为的社会价值所做的公认的客观评价和主观意向。客观评价是对组织员工为社会发展和进步事业所做的贡献的褒奖和赞许,而主观意向是组织成员自尊心、自爱心和进取心的意向。通过公共组织职业伦理的客观评价和主观意向的不断增强和升华,形成组织成员的公共组织职业荣誉观念。公共组织职业荣誉不仅对组织成员的道德行为起社会评价的作用,而且能够培养组织成员知耻和自尊的意识,同时是一种激励组织成员关心荣誉、积极上进的精神力量。公共组织职业技能是从事公共组织职业所应该具备的基本技术和能力,是组织成员顺利完成组织行为和组织任务的基本保证。良好的职业技能有助于组织成员服务社会大众和履行职业职责。加强组织成员的技能训练,提高他们的职业技能水平也应该成为公共组织伦理建设的一个环节。公共组织职业纪律是公共组织职业的行为规范,要求组织成员在组织活动中遵守秩序、执行命令和履行自己的职责,对组织及其组织成员具有一定的约束力和强制性。公共组织职业纪律是调动组织成员与他人、组织、企业、社会以及职业活动中局部与全局关系的重要方式。公共组织职业作风是公共组织成员在其组织行为和生活中所表现的一贯态度和习惯性表现。公共组织职业作风对组织成员具有潜移默化的作用。优良的职业作风可以形成风气和舆论,在组织成员和组织之间起到互相影响、教育、表率和监督的作用,使好品质、好思想、好行为、好形象发扬起来,使不良习气、品质、行为受到抵制。公共组织职业作风具有深刻的道德意义,也是职业道德的一种表现。

三 公共组织伦理体系的形成

体系泛指一定范围内或同类的事物,按照一定的秩序和内部联系组合而成的整体,是不同的分系统组成的整体系统。公共组织伦理是由组织中的个人与个人之间的伦理、个人与组织之间的伦理以及组织与组织之间的伦理三方面综合的伦理系统,因此要站在体系的角度去研究公共组织伦理。建立一个合理有效的公共组织伦理体系,对于公共组织的运行具有重要的作用。构建一个合理有效的公共组织伦理体系,主要包括以下三方面的内容。

(一)以公共利益为目标,增强人民群众的认同感

公共组织伦理体系的形成必须以公共利益为目标。这里的公共利益并不是众多社会群体利益的简单叠加,而是广大人民群众利益的最大公约数,体现为民众最迫切、最真实的需求。公共组织及其成员必须强化自我认知,增强责任意识,不断提升个人的自律和奉献精神,严格遵守道德和法律规范,正确看待个人、团体以及公共利益之间的关系,要将公共利益放在首位。与此同时,公共利益往往体现为民众的共识,公共组织及其成员必须以社会主义核心价值观为导向,提升公共组织的透明度、人民群众的参与度和对人民群众呼声的回应度,要始终将人民的利益放在首位,在实际行动中践行和维护社会的公共利益,不断提升人民群众对公共组织的认同感。

(二)以公共责任为导向,注重伦理价值建设

公共组织责任的核心目的在于维护委托者的权利和利益,承担相应的责任是公共组织得以存在和运行的合法性依据,因此,公共组织伦理体系的建设必须以公共责任

为导向，加强公共组织的伦理建设，增强组织成员的公共责任意识。公共责任意识的强化途径包括内部道德规范和外部责任伦理制度建设。内部道德规范是指公共组织成员在内心酝酿的对道德意识和责任的遵循。内部道德规范的形成是公共组织成员的公共责任意识形成和维持的重要基础。外部责任伦理制度建设需要一系列的制度实施细则从外部对公共组织及其成员施加压力，促进其落实自身责任。

（三）以公正严明为指向，完善监督制约机制

在公共组织伦理体系的建设中，监督制约是极为重要的一环。公共组织是以公共利益为目标、以公共责任为导向的组织，必须对其施加一定强度的监管，使其能够从广大人民群众的利益出发处理公共事务。然而，当前对公共组织的监管方式比较单一，监管力度也有待商榷。一个合理的制度体系离不开科学的监管制度，因此必须不断地完善监督制约机制。一方面，可以设立专门机构或者部门行使监督职权，将监管体系从原有的组织框架内剥离，这样有助于排除组织内部对监督审查的干扰，消除监督人员的心理负担和精神压力。另一方面，要拓宽新闻媒体等第三方机构的监督渠道。当今社会信息高度发达，新闻媒体的舆论监督已经日益成为各级政府、企事业单位以及公共组织监督的重要力量，因此在公共组织的伦理建设中，必须充分发挥新闻媒体等第三方机构的作用，完善监督制约机制。

第四节　公共组织伦理的失范与匡正

作为社会伦理的一个组成部分，公共组织伦理在当今社会转型和伦理转型的社会环境景下，呈现出一种失范状态。

一　公共组织伦理失范的表现

现代公共组织是一种科层组织，具有科层制组织结构。科层制组织结构是20世纪以来世界各国政府普遍采用的组织结构，在提高行政效率与贯彻政策执行方面取得了巨大的成功。但科层制本身并不是一种完美的制度，科层制的结构化与理性化在面对信息化的社会发展与异质化的社会需求时显得无所适从。现代公共组织所具有的科层制组织结构不可能完全对应或充分体现韦伯的理念构想，只是将科层视为组织设计的原理之一，特别强调由上主下从关系构成的层级节制体系，从而呈现出金字塔型

的外貌。金字塔型的组织设计遵守专业分工、分层负责、正式程序和管理权威等原则,并且可以从分工的专门化、工作程序的标准化、工作指示的正式化和决策权威的集中化等不同程度来观察。大规模的科层组织对组织中个人道德的影响常常是消极的,组织特征以及组织内的政策和程序可能助长组织成员的非道德行为,产生无意的、确实的结果。总的说来,科层制组织结构不仅不能很好地鼓励其组织成员按公共道德规范行事,而且常常会造成障碍。

归结起来,公共组织的伦理失范主要表现在以下几个方面。

(一)组织制度和组织结构排斥个人的伦理判断

组织制度是行政人员个人发挥作用的重要的工作环境之一,组织结构是影响组织运作的关键因素。组织制度和组织结构通过规范人与人、组织与组织之间的关系,左右组织群体的行为表现,对行政人员的道德行为产生重大的影响。

公共组织的科层化特征之一就是具有处理大规模工业社会复杂的行政管理任务的独特能力。科层制不管是在以前,还是在现在,甚至在将来都是不可或缺的,如果没有科层制,大规模的集中行政就很难维持。专业化、权力等级、连续性、非人格化这四个因素是科层制组织的基本特征。但权力等级特征最直接的表现——命令服从,阻碍了成员个人的伦理判断。从这一角度看,每个行政人员都服从于整个组织活动,难以对这些行动做道德判断。

非人格化是科层制组织的结构特色之一,它强调无论是在制定政策方面,还是在管理方面,科层制组织成员的行动和决定都只能受组织目标和需要的支配,而不是受个人需要或意愿的支配。从这个角度看,科层制就是以人的需要、个人选择、责任感、自由和信仰为代价,来提高行政效率与贯彻政策的执行。科层制组织有压制个人伦理自主性的倾向。

组织规章与程序是科层制的明确要求。公共组织的一切权力来自明确的法律授权,没有法律授权的权力行使均属违法,因而严格的、无条件的执行法律规章应当是行政人员应恪守的义务。这就使行政人员只能以消极的方式履行职责,只能简单地运用法律、标准、规则和程序,服从上级或其他更高的权威,不能以行政"个体"身份实施任何与形式上"合法的"要求不符的行为。这实际上基于这样一个假定:上级命令永远是合法的,并且总能正确表达社会的公共利益,行政主体的任何价值判断和主观因素都是多余的,必须去除。但是,法律、法规和规章一旦制定出来就是既定的,而现实却是始终变化的,这就存在着法律、法规和规章无法根据环境变化及时调整的问题。即使有相应的法律、法规和规章存在,也不可能对行政活动的每一环节,甚至所遇到的突发情况,做事无巨细、详尽无遗的全面规范,这就造成了在缺乏规章的情况下,行政人员无所适从的难题。另外,在自由裁量权问题上,用法律、法规和规章把行政人员的裁量处置权一一规定下来,使其没有任何"自由"的余地,这既不可能,也不现实;而给予行政主体一定的"自由"处置范围,又难以避免不道德行为出现。

科层组织又一典型特征是等级制。为了有效地进行社会管理,按照科层制原则,公共组织与权力设置是一种层级结构,这种结构包括上下级之间的领导与被领导、命令与服从的关系。在这样的组织系统内,下级与上级的地位是单向的,也是不可逆转的,下级部门与个人必定处于从属地位,其职责也十分明确,下级对上级具有绝对服从的义务,个人应该效忠于组织。但上下层级关系使得参与沟通的上下级无法完全以平等的地位来对组织活动的伦理性质进行讨论。实际情况往往是下级仅被允许或鼓励去做好职责范围内的任务,而不去注意其行为道德与否;上级可能已经丧失了进行伦理判断的视角,这就使伦理问题处于一个真空地带之中。

(二)组织权威造成组织与公众的对立

科层组织从上到下构建了一套权威,使得下级要服从上级的权威,并使这种权威合法化。通过在组织各等级中制定规则、章程和制裁措施,组织得以行使自己的主要权威,即让个人执行特定的任务。组织能给个人带来归属感,组织不仅使个人得到安全、依靠和情感的依托,而且使个人慢慢同化,成为组织的一部分。组织要求其成员有所回报,即忠诚,将个人的伦理自主性吸纳为对集体目标的忠诚。组织对行政人员忠诚的要求往往以某种对不忠的惩罚表现出来。杰拉尔德·E.蔡登指出了组织对行政人员的这种影响:内部的社会化和同侪的压力掩盖了公共组织官员的不端行为,或至少使他们对不端行为表示默认。那些揭露内部丑行的人被认为是叛徒,必须当众受辱。这样,内幕揭发者从组织那里获得的归属感便遭到了破坏,而个人对这种归属感的需求若得不到满足,则会想尽一切办法来满足,要么妥协,要么另投其他的组织。从委托代理的角度来看,科层组织的上下级关系中,下级是代理人,上级是委托人,代理人对委托人负责,自然是下级忠于上级,严格地执行上级的意志或指示。但上级又不是最终委托人,最终的委托人是公众,行政人员也是公众利益的代理人,要对公众负责、忠于公众。而在实际情况中,两者常常不一致,这就产生了一个极为复杂的问题,即下级究竟应对最终委托人负责,还是对直接的委托人负责?对前者的责任是间接的,对后者的责任是直接的。这两个不同的先后主次顺序,可以从一个侧面解释公共部门人员面对公众所产生的不负责行为,或者能部分说明,为什么有些人对待上级与对待普通公众是不同的态度。[①]

换言之,上级与组织是具体的,而公众则是抽象的、遥远的。理论上,公共组织和行政人员都公开、反复地宣称要对公众负责,然而实际的做法常常只是对上级负责。而不道德的上级、不代表公众利益的指示总是存在的,这就为行政人员做出不道德的行为提供了可能,从而直接造成公共组织与社会公众的对立,组织利益与公共利益的对立。

---

① 陈静.公共组织的伦理困境[J].行政论坛,2006(5):41-43.

(三)组织价值高于个人价值

首先,组织形成权威性的价值观,并要求组织成员来加以实现,这必然要取代个人的价值。组织中的个人不能在社会接受的价值框架内发挥作用。相反,他们只能遵从组织的价值框架,这一框架能够有效地、高效率地满足组织的需要(例如,有秩序的权力等级、规则系统或组织生存的重点等),而对行动的社会效果和价值效果却关注甚少。其次,组织价值与人格成长相背离。从公共行政事务的辩证本质来看,民众与公共组织间存在"相互争取认同"的紧张关系,而这种紧张关系也可能成为行政机关组织学习的动力;但是,当行政系统无法获得有效的民众支持投入时,也可能引发退缩保守的反应,形成封闭的体系,拒绝外在环境的影响。行政系统越封闭,民众抱怨就越多,民众越不支持,系统则越封闭;再加上公共组织产出不易衡量的特性,以及公共组织绩效考评的认知差距,行政人员难免会产生社会的孤立感,进而产生逃避学习的倾向。最后,效率成为组织的优先价值观。把效率作为衡量公共组织成功的关键指标突出地体现了私营企业方法和价值观的移植。早期的公共组织理论就是能使组织更有效率的理论。怀特认为,公共行政的目标是最有效地利用行政人员可以支配的资源,但是寻求行政效率不是扩大而是限制了民主体制,不是使行政人员免除了道德责任,而只是使他们看不到道德。另外,效率标准可能与我们判定公共组织工作所使用的其他标准,如公正和参与的标准冲突。特里·L.库珀指出,组织通过对狭隘市场观的强调,使其成员热衷于追逐经济利益的最大化,而排除了对所有道德和法律因素,以及组织之外其他各种重要因素的考量。对理性效率的追求存在着非人格化和客观化的倾向,使得个人日益成为"组织人"[①],因此组织价值与组织价值观掩盖和压倒了个人价值和个人价值观。

总之,组织制度、组织结构、组织权威和组织价值作为组织的组成部分,对组织及其成员既有正面的作用,也有负面的影响。其内在的矛盾对立不仅是组织伦理失范的根源,而且是其具体表现。

二 公共组织伦理失范的原因

公共组织伦理失范的原因主要包括以下四个方面。

(一)伦理道德缺位

中国社会正处于由计划经济向社会主义市场经济转变的过程中,原来适应计划经济体制下的伦理道德防线被冲破,新的与社会主义市场经济相适应的伦理规范体系还

---

① 特里·L.库珀.行政伦理学:实现行政责任的途径[M].5版.张秀琴,译.北京:中国人民大学出版社,2010:161-191.

没有建立起来。伦理道德对社会成员及公共组织成员的约束处于一种"缺席"和"乏力"状态,致使极端个人主义、享乐主义、拜金主义思想以及封建和资本主义腐朽思想侵蚀社会成员和公共组织成员,导致公共组织成员全心全意为人民服务的宗旨和无私奉献、忠于职守、遵纪守法等道德信念的约束力逐渐弱化。再加上公共组织成员的工资福利待遇难以使其过上"体面"的生活,因而部分公共组织人员失去了忠于职守、勤奋工作的动力,淡化了责任感和使命感,做出了有损公众利益的不端行为。

(二)制度缺漏

社会转型必然引发社会管理制度的转型。原来适应于旧的计划体制下的社会管理治理制度在社会转型和市场经济体制的冲击下,难以发挥约束的功效,而与市场经济体制相适应的社会管理治理制度也没有完全建立起来,从而出现制度缺漏,导致一部分社会成员和公共组织成员钻制度的空子,谋取个人私利。同时,对违反组织伦理规范的行为没有相应的惩罚制裁,使一些人铤而走险,不但违反伦理道德,甚至触犯法律法规,败坏社会风气。

(三)特权思想复燃

在伦理道德缺席和法律法规制度欠缺的情形下,一部分社会成员和公共组织成员的思想在退化,为民服务的责任感和使命感在淡化,再加上封建思想和资产阶级腐朽思想的侵蚀,一部分掌握"公权"的组织成员的特权思想泛滥,出现蛮横霸道的作风,自命不凡,高高在上,盛气凌人,欺压和愚弄公众,侵犯公共利益,损害了公共组织的形象。

视频 8-3
中央纪委国家监委
公开通报六起违反
中央八项规定精神
典型问题
(资料来源:
荔枝网)

(四)监督缺失

不受监督和约束的权力容易导致腐败。在我国,虽然有对权力的多种监督形式,但大多流于形式而不能真正落实,特别是手无权力的社会公众相对于拥有特权的公共组织成员来说,完全处于弱势的地位,没有任何优势来保障其实施监督权。新闻和社会成员的监督到目前为止缺乏一部真正的监督法,监督不得力也是公共组织伦理失范的一个重要原因。

三 公共组织伦理失范的匡正

对公共组织伦理的失范状态进行匡正,应从以下几个方面进行考虑。

首先,重新设计和构建公共组织体系和伦理规范。针对组织制度及组织结构的内在逻辑特性所引发的组织伦理失范问题,要切实从公共组织伦理执行的外部环境及成效来考量,通过外部控制方式,重新构建公共组织体系及其伦理规范,完善监督体系及机制,确保公共组织伦理的执行成效。应该从加强公共组织的人性化内涵和削弱公共组织的制度或结构性要素出发,重新对公共组织体系、制度、结构、伦理和规范进行设计。重视公共组织的改革,强化其独立性和特殊性,对其服务体系进行重新设计和构建。同时,要加强公共组织伦理的制度化建设,引领积极体现公平正义的伦理价值观念及具有责任感和使命感的价值认同成为组织成员的主流意识,这样的伦理规范不但具有引导性,而且具有监督性和评价性作用。

其次,加强公共组织伦理自主性建设。为了控制唯上文化及特权思想,公共组织成员要加强伦理自主性建设。主要从公共组织伦理的发展因素来考量,通过内部升华的方式,防止伦理道德缺位及特权思想复燃,通过内部的优化,促进公共组织伦理良性自主运行机制的形成。以伦理的正义感、公正性和服务的原则性去维护公共利益,抵制上级组织违背公共利益的行为,是下级公共组织及其成员必备的责任感和美德。一个具有伦理性质的、有道德感的公共组织系统,离不开下级公共组织及其组织人员伦理自主性的解放。下级公共组织及组织人员内化积极的组织伦理,会使人们养成并保持清廉、公正的品格,对不道德的组织环境有敏锐的警觉和判断力,并对其产生积极的影响。

再次,构建和完善公共组织伦理的监督机制。公共组织伦理的监督机制是维护、发展公共组织伦理建设的重要环节。公共组织伦理的基本原则和规范要真正、有效地发挥作用,就必然要依赖一定的监督机制。从这一意义上来说,监督机制既是公共组织伦理建设的手段,也是公共组织伦理建设的目的。公共组织伦理的监督主体不仅包括垂直领导关系的行政组织,而且包括政党组织、权力机关、普通公民和社会团体等,共同构成一个广泛的社会监督系统。

最后,加强公共组织伦理文化建设。公共组织伦理文化不仅是组织伦理的重要组成部分,而且是社会文化的重要组成部分。它由组织伦理物质文化、组织伦理行为文化、组织伦理制度文化和组织伦理精神文化四个方面组成,具有规范、导向、凝聚、激励、调试和辐射的功能。加强公共组织伦理文化建设,能更有效地发挥公共组织伦理文化的功能;同时能更有效地提升公共组织伦理的价值。

本章小结

伦理是人类社会的一个普遍现象，主要产生于人类为了维持其持续的生存和发展而对人与人、人与自然关系进行的思考。它是调整人与人、人与自然关系的最基本的行为规范准则。公共组织作为现代社会的一个重要组成部分，其行为不仅要受到诸如法律制度等硬控制手段的制约，而且要受到诸如伦理道德等软控制手段的约束。社会转型和伦理转型急需公共组织伦理发挥作用。这是因为公共组织伦理不仅能够在整个社会发挥规范约束、评价引导、凝聚人心和维系发展以及衡量选择功能，而且会对社会伦理、经济伦理、个人伦理和国际伦理发生作用。然而，我国公共组织及其伦理建设的薄弱性和不完善性使公共组织难以成为维护和实现社会公共利益的中流砥柱。公共组织伦理的失范状态不仅阻碍组织成员个人的伦理判断，造成公共组织与社会公众的对立，而且掩盖和压倒个人价值和个人价值观。因此，加强公共组织伦理建设迫在眉睫。要真正实现公共组织维护公共利益的伦理价值目标，应该从加强公共组织制度体制建设和伦理约束建设两方面进行考虑。

经典案例8-1

中央八项规定出台

党的十八大以来，以习近平同志为核心的党中央坚定推进全面从严治党，制定和落实中央八项规定，开展党的群众路线教育实践活动，坚决反对形式主义、官僚主义、享乐主义和奢靡之风。这对于我们党始终保持党的先进性和纯洁性、始终保持党同人民群众的血肉联系、使我们党始终成为中国特色社会主义事业的坚强领导核心，具有十分重要的意义。

中央八项规定是一个切入口和动员令，党中央从落实中央八项规定精神破题，坚持以上率下，率先垂范，从中央做起，既抓思想引导又抓行为规范，执纪问责，严肃查处和曝光典型案件，形成高压态势。各地认真贯彻落实中央八项规定精神，也结合实际制定了具体、细化的措施。这一切举措，使党赢得了人民群众的衷心拥护。经过几年努力，全面从严治党取得重要阶段性成果。应该看到，作风问题具有顽固性和反复性，形成优良作风不可能一劳永逸，克服不良作风也不可能一蹴而就。中央八项规定既不是最高标准，也不是最终目的，只是我们改进作风的第一步，必须以锲而不舍、驰而不息的决心和毅力，把作风建设不断引向深入，作风建设永远在路上，全面从严治党永远在路上。

图1是收集整理自2013年9月至2018年6月中央纪委国家监委网站上公布的每月违反"中央八项规定"问题的数据，制作的违纪数量的变化趋势图；为呈

现出年度变化趋势,以12个月为周期,添加移动平均线。

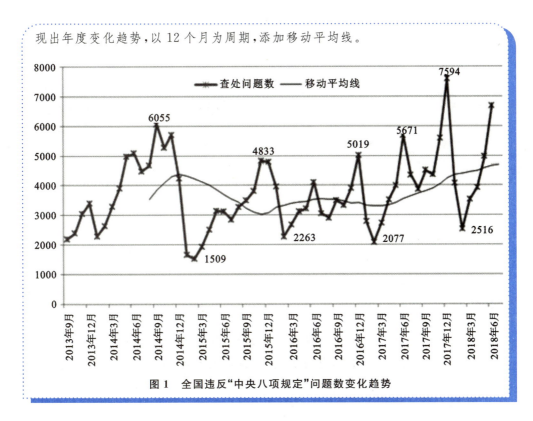

图1　全国违反"中央八项规定"问题数变化趋势

 讨论题

请结合图1所示范的违反"中央八项规定"的问题数量变化趋势及特征,阐述新时代公共组织伦理建设的策略。

中英文关键术语

公共组织伦理　public organization ethics;
公共组织伦理功能　ethical function of public organization;
公共组织责任　public organization responsibility;
官员问责制　official accountability system;
公共组织伦理建设　public organization ethics construction;
公共组织伦理建设途径　ways of ethical construction of public organizations;
公共组织伦理失范　ethical failure of public organizations;
公共组织伦理匡正　public organization ethics correction.

第八章
拓展阅读资料

复习思考题

1. 简述公共组织伦理的内涵。
2. 简述非政府组织伦理的功能体现在哪些方面。
3. 如何理解公共组织责任的特殊性?
4. 简述负责任行为所包含的四大要素。
5. 简述公共组织伦理失范表现在哪些方面。
6. 试论述匡正公共组织伦理失范的对策。

第八章
自测题

案例分析题

一、阅读材料

广东揭西发生群体冲突
——市场经济下的公共组织伦理缺失

2013年广东省揭阳市揭西县棉湖镇上浦村发生一起因争夺土地承包权利益、勾结恶势力进村滋事而引发的群体性事件。事件中有22辆车被砸,4位村民受伤。随着时间的流逝,这似乎已不再成为人们谈论的话题。然而,它留给我们的印象和记忆仍是"触目惊心"的。群体冲突造成的伤害与损失和地方政府在事件披露前的无作为现象,值得我们深刻思考。究竟是什么使上浦村委负责人李宝玉在朗朗乾坤下被殴打,并导致4位村民受伤,22辆车被砸,2辆车被烧呢? 在笔者看来,利益驱动和公共组织伦理的极度缺失是此类事件发生的根本原因。

【事件概述】

2013年2月22日上午10时50分左右,棉湖镇接到上浦村委负责人李宝玉电话,称其在村委上班时,被6名蒙面人殴打致伤。11时许,有村外人员乘坐24辆汽车进村滋事,与上浦村村民发生冲突,车上人员被迫弃车,部分车辆留在了临近上浦村路口的京棉公路上。经初步调查,有4位村民受伤,进村滋事人员的车有22辆被砸,2辆被烧。一些村民将京棉公路封堵,禁止外村人进入,自发维持本村秩序。棉湖镇郊派出所接到报警后当即出警处置。县公安局迅速在上浦村周边安排警力,维护当地社会治安。

【事件分析】

1. 公共组织伦理失范在突发性群体事件中集中体现出来

任何群体事件的发生都离不开参与者的推动,尤其是突发性群体事件,更是聚集了大量的事件参与者。而且这些突发性群体事件的参与者,从来都没有对自己参与的群体产生过丝毫的排斥或压制。正如埃利亚斯·卡内提所说:"自然天成的群众是开放的群众;完全没有为群众的增多设置任何界限。群众不承认那些在他们面前紧闭的、使他们感到怀疑的房子、大门和锁钥……群众在任何地方、任何方向上都是开放的。开放的群众只有在它增多的情况下才存在。一旦群众停止增多,它就开始瓦解。"这些不断增多的与触发事件毫无利益关联的围观者,伴随着群体规模的不断扩大,不断对群体内外传播的各种信息进行过滤性的选择、断言,进而形成凝聚群体情绪和激化群体行为的信息源流,并在群体成员自身利益状况和身份地位的空间环境中置换,"集体认同得以激活、抗议对象得以明确、抗议手段和策略得以确定、发泄不满情绪的机会得以把握,最终促使最初自发聚集的一群高度分化、个性化的'乌合之众'走向具有共同归属、目标和规范的'组织化群体',形成集体的行动者"。这种由极端异化的原初事件而形成的突发性群体事件的主要推动力量,是与事件无关的临时聚集的围观者,他们的参与不但改变了事件的进程和危害度,极大地危害了社会的和谐稳定,造成了大量财产损害,而且在社会引发了一系列的伦理危机。

2. 突发性群体事件是政府行政伦理缺失导致公共利益维护功能难以实现的结果

一些极为平常的偶发事件和街头纠纷发展为围观者参与的突发群体事件,折射出当下一些基层政府在为民谋利和引导多元文化发展方面存在较为突出的问题。群众追求美好生活的渴望与基层政府执政满足之间的差距,会不断蓄积引发群众围观偶发事件并借机参与表达的舆情动因。执政伦理是执政党掌握国家政权以后,在治国理政的实践中所体现出来的伦理取向和价值目标。先进的执政伦理是执政党获得长期执政合法性的道德基础和伦理前提。而先进的执政伦理必然是获得最广大人民群众基于内心自觉认可的道德规范。中国共产党无论是在局部执政时期还是全国范围内掌握政权时期,无论是在革命时期、建设时期还是改革开放以来,无论是在追求满足温饱的奋斗时期还是在全面建设小康社会时期,都始终把全心全意为人民服务作为执政伦理永恒的价值追求和最高的价值原则。然而当下一些地方,尤其是县域政权的一些党政机构,在贯彻党的方针政策时推三阻四,在改革转型过程中与民争利,在为民谋利的工作中能力不强,在为民服务的工作中官僚思想严重,导致一些基层政府部门的党群干群关系极为紧张,甚至由以往的鱼水关系变异为紧张的油火关系,一点就燃,一碰就炸。广东揭阳事件最终引发突发性群体事件,村民跨越伦理道德对社会成员的应有规范而参与冲突,其行为转换的背后,是当地政府在城镇拆迁、土地纠纷、劳动保障等涉及人民群众切身利益问题的长期不作为或乱作为。

3. 从强化宗旨意识和培育核心价值两方面来加强公共组织伦理建设，是杜绝此类事件的对症之方

要杜绝此类事件的发生，就要从强化宗旨意识和培育核心价值两方面来加强公共组织伦理建设。

基层政府必须高度重视人民群众的价值主体地位，切实践行全心全意为人民服务的宗旨。一是要始终牢记党的根本宗旨，时刻补充精神之钙，把"一切为了人民、一切相信人民、一切依靠人民"落实到服务于民的具体政策之中，消解围观群众对基层政府的对象焦虑。二是要始终贯彻党的群众路线政策，密切联系群众，了解群众的所需、所想、所愿，疏导、引导、预防群众的情绪焦虑，消解围观群众的不良舆情积累。三是要始终提升服务于民的执政本领，把群众的呼声作为提升服务能力的第一指向，把群众的需要作为提升执政能力的第一任务，把群众对更好生活的追求作为提升执政能力的第一动力，把群众是否满意作为衡量执政成效的第一标准，在满足民生诉求中消解围观群众聚集的可能性因素。四是要始终提升满足人民幸福感的执政能力，在人民群众幸福感动态提升和差异性需求的满足中，消解多样化诉求差距下群际矛盾生成围观者人群的现实可能。

必须在积极培育核心价值中推动文化伦理的统摄力度。一是要将社会主义核心价值观的培育建构在人民群众的利益诉求之上。物质决定意识的马克思主义基本原理，决定了社会主义核心价值观的培育必须植入人民群众民生诉求的日常生活之中。马克思明确指出："理论只要说服人，就能掌握群众；而理论只要彻底，就能说服人。所谓彻底，就是抓住事物的根本。"而马克思所指出的"彻底"，首先是物质的彻底。只有将社会主义核心价值观和人民群众在收入分配、教育医疗、住房就业等方面的切身利益诉求彻底融合，才能从根本上摆脱简单空洞的说教。二是要将社会主义核心价值观的培育建构在大众话语的传播上。构建话语的影响力，关键是通过话语表达，使所要传播的话语内容在社会大众的头脑中占据其他话语的空间，使社会大众的价值取向在这一话语的影响下做出应有的调整。培育社会主义核心价值观，应力戒枯燥、空洞、生涩的话语表达，要立足于社会大众的日常生活，以他们最乐于接受的通俗、优美、生动、活泼的话语方式，取得社会主义核心价值观的话语领导力。三是要将社会主义核心价值观的培育建构在多种渠道的传播上。社会大众思想价值的构建，离不开媒体宣传的推动，尤其是当下网络媒介的发展和人们对网络的依赖，给社会主义核心价值观的培育提供了难得的机遇。要利用网络技术的瞬间扩散效应，推动社会主义核心价值观的宣传和平台建设，积极提升主流价值观的网络话语影响力，增强社会主义核心价值观的统摄力和凝聚力。

（资料来源：王涵，民主与法制时报，有删减，2014-04-14）

二、讨论题

1. 广西揭阳事件的发生折射出什么矛盾？
2. 从伦理角度思考如何杜绝此类事件的再次发生。

第八章
参考答案

第九章

公共组织战略与变革

本章引例

国务院"十三五"国家战略性新兴产业发展规划(节选)

战略性新兴产业代表新一轮科技革命和产业变革的方向,是培育发展新动能、获取未来竞争新优势的关键领域。"十三五"时期,要把战略性新兴产业摆在经济社会发展更加突出的位置,大力构建现代产业新体系,推动经济社会持续健康发展。根据"十三五"规划纲要有关部署,特编制本规划,规划期为2016—2020年。

一、加快壮大战略性新兴产业,打造经济社会发展新引擎

(一)现状与形势

"十二五"期间,我国节能环保、新一代信息技术、生物、高端装备制造、新能源、新材料和新能源汽车等战略性新兴产业快速发展。2015年,战略性新兴产业增加值占国内生产总值比重达到8%左右,产业创新能力和盈利能力明显提升。新一代信息技术、生物、新能源等领域一批企业的竞争力进入国际市场第一方阵,高铁、通信、航天装备、核电设备等国际化发展实现突破,一批产值规模千亿元以上的新兴产业集群有力支撑了区域经济转型升级。大众创业、万众创新蓬勃兴起,战略性新兴产业广泛融合,加快推动了传统产业转型升级,涌现了大批新技术、新产品、新业态、新模式,创造了大量就业岗位,成为稳增长、促改革、调结构、惠民生的有力支撑。

未来5到10年,是全球新一轮科技革命和产业变革从蓄势待发到群体迸发的关键时期。信息革命进程持续快速演进,物联网、云计算、大数据、人工智能等技术广泛渗透于经济社会各个领域,信息经济繁荣程度成为国家实力的重要标志。增材制造(3D打印)、机器人与智能制造、超材料与纳米材料等领域技术不断取得重大突破,推动传统工业体系分化变革,将重塑制造业国际分工格局。基因组学及其关联技术迅猛发展,精准医学、生物合成、工业化育种等新模式加快演进推广,生物新经济有望引领人类生产生活迈入新天地。应对全球气候变化助推绿色低碳发展大潮,清洁生产技术应用规模持续拓展,新能源革命正在改变现有国际资源能源版图。数字技术与文化创意、设计服务深度融合,数字创意产业逐渐成为促进优质产品和服务有效供给的智力密集型产业,创意经济作为一种新的发展模式正在兴起。创新驱动的新兴产业逐渐成为推动全球经济复苏和增长的主要动力,引发国际分工和国际贸易格局重构,全球创新经济发展进入新时代。

"十三五"时期是我国全面建成小康社会的决胜阶段,也是战略性新兴产业大有可为的战略机遇期。我国创新驱动所需的体制机制环境更加完善,人才、技术、资本等要素配置持续优化,新兴消费升级加快,新兴产业投资需求旺盛,部分领域国际化拓展加速,产业体系渐趋完备,市场空间日益广阔。但也要看到,我国战略性新兴产业整体创新水平还不高,一些领域核心技术受制于人的情况仍然存在,一些改革举措和政策措施落实不到位,新兴产业监管方式创新和法规体系建设相对滞后,还不适应经济发展新旧动能加快转换、产业结构加速升级的要求,迫切需要加强统筹规划和政策扶持,全面营造有利于新兴产业蓬勃发展的生态环境,创新发展思路,提升发展质量,加快发展壮大一批新兴支柱产业,推动战略性新兴产业成为促进经济社会发展的强大动力。

(二)指导思想

全面贯彻党的十八大和十八届三中、四中、五中、六中全会精神,深入学习贯彻习近平总书记系列重要讲话精神,认真落实党中央、国务院决策部署,按照"五位一体"总体布局和"四个全面"战略布局要求,积极适应把握引领经济发展新常态,牢固树立和贯彻落实创新、协调、绿色、开放、共享的发展理念,紧紧把握全球新一轮科技革命和产业变革重大机遇,培育发展新动能,推进供给侧结构性改革,构建现代产业体系,提升创新能力,深化国际合作,进一步发展壮大新一代信息技术、高端装备、新材料、生物、新能源汽车、新能源、节能环保、数字创意等战略性新兴产业,推动更广领域新技术、新产品、新业态、新模式蓬勃发展,建设制造强国,发展现代服务业,为全面建成小康社会提供有力支撑。

(三)主要原则

坚持供给创新。创新是战略性新兴产业发展的核心。要深入实施创新驱动发展战略,大力推进大众创业、万众创新,突出企业主体地位,全面提升技术、人才、资金的供给水平,营造创新要素互动融合的生态环境。聚焦突破核心关键技术,进一步提高自主创新能力,全面提升产品和服务的附加价值和国际竞争力。推进简政放权、放管结合、优化服务改革,破除旧管理方式对新兴产业发展的束缚,降低企业成本,激发企业活力,加快新兴企业成长壮大。

坚持需求引领。市场需求是拉动战略性新兴产业发展壮大的关键因素。要强化需求侧政策引导,加快推进新产品、新服务的应用示范,将潜在需求转化为现实供给,以消费升级带动产业升级。营造公平竞争的市场环境,激发市场活力。

坚持产业集聚。集约集聚是战略性新兴产业发展的基本模式。要以科技创新为源头,加快打造战略性新兴产业发展策源地,提升产业集群持续发展能力和国际竞争力。以产业链和创新链协同发展为途径,培育新业态、新模式,发展特色产业集群,带动区域经济转型,形成创新经济集聚发展新格局。

坚持人才兴业。人才是发展壮大战略性新兴产业的首要资源。要针对束缚人才创新活力的关键问题,加快推进人才发展政策和体制创新,保障人才以知识、技能、管理等创新要素参与利益分配,以市场价值回报人才价值,全面激发人才创业创新动力和活力。加大力度培养和吸引各类人才,弘扬工匠精神和企业家精神。

坚持开放融合。开放融合是加快战略性新兴产业发展的客观要求。要以更开放的理念、更包容的方式，搭建国际化创新合作平台，高效利用全球创新资源，大力推动我国优势技术和标准的国际化应用，加快推进产业链、创新链、价值链全球配置，全面提升战略性新兴产业发展能力。

（四）发展目标

到2020年，战略性新兴产业发展要实现以下目标：

产业规模持续壮大，成为经济社会发展的新动力。战略性新兴产业增加值占国内生产总值比重达到15%，形成新一代信息技术、高端制造、生物、绿色低碳、数字创意等5个产值规模10万亿元级的新支柱，并在更广领域形成大批跨界融合的新增长点，平均每年带动新增就业100万人以上。

创新能力和竞争力明显提高，形成全球产业发展新高地。攻克一批关键核心技术，发明专利拥有量年均增速达到15%以上，建成一批重大产业技术创新平台，产业创新能力跻身世界前列，在若干重要领域形成先发优势，产品质量明显提升。节能环保、新能源、生物等领域新产品和新服务的可及性大幅提升。知识产权保护更加严格，激励创新的政策法规更加健全。

产业结构进一步优化，形成产业新体系。发展一批原创能力强、具有国际影响力和品牌美誉度的行业排头兵企业，活力强劲、勇于开拓的中小企业持续涌现。中高端制造业、知识密集型服务业比重大幅提升，支撑产业迈向中高端水平。形成若干具有全球影响力的战略性新兴产业发展策源地和技术创新中心，打造百余个特色鲜明、创新能力强的新兴产业集群。

到2030年，战略性新兴产业发展成为推动我国经济持续健康发展的主导力量，我国成为世界战略性新兴产业重要的制造中心和创新中心，形成一批具有全球影响力和主导地位的创新型领军企业。

（五）总体部署

以创新、壮大、引领为核心，紧密结合"中国制造2025"战略实施，坚持走创新驱动发展道路，促进一批新兴领域发展壮大并成为支柱产业，持续引领产业中高端发展和经济社会高质量发展。立足发展需要和产业基础，大幅提升产业科技含量，加快发展壮大网络经济、高端制造、生物经济、绿色低碳和数字创意等五大领域，实现向创新经济的跨越。着眼全球新一轮科技革命和产业变革的新趋势、新方向，超前布局空天海洋、信息网络、生物技术和核技术领域一批战略性产业，打造未来发展新优势。遵循战略性新兴产业发展的基本规律，突出优势和特色，打造一批战略性新兴产业发展策源地、集聚区和特色产业集群，形成区域增长新格局。把握推进"一带一路"建设战略契机，以更开放的视野高效利用全球创新资源，提升战略性新兴产业国际化水平。加快推进重点领域和关键环节改革，持续完善有利于汇聚技术、资金、人才的政策措施，创造公平竞争的市场环境，全面营造适应新技术、新业态蓬勃涌现的生态环境，加快形成经济社会发展新动能。

（资料来源：国务院关于印发"十三五"国家战略性新兴产业发展规划的通知［EB/OL］.（2016-11-29）. http://www.gov.cn/zhengce/content/2016-12/19/content_5150090.htm）

公共组织的战略是影响公共组织体系建设的重要因素,战略目标的科学与否直接关系到公共组织能否健康、良性运行,因此,任何公共组织都非常重视战略的确定和实施。当然,公共组织的运行并不是孤立的,受到内外诸要素的影响,而公共组织战略的不断调整与变革,不仅是公共组织发展所必备的要件,而且是其适应社会发展,保持公共管理生态平衡的必要条件。从这个意义上讲,公共组织的战略制定与变革,是一个问题的两个方面,只有两者统筹兼顾,才有可能使公共组织在变化的组织环境面前应付自如。因此,了解公共组织战略制定与变革的基本要素及重要性,对于在理论和实践上把握公共组织,具有十分重要的意义。

第一节 公共组织的战略管理

一、公共组织战略

(一)组织战略

"战略"最初是有关军事方面的概念,是指军事将领指挥军队作战的谋略,以赢得战争胜利。在中国,"战略"一词历史久远,"战"指战争,略指"谋略"。春秋时期孙武的《孙子兵法》被认为是中国最早对战略进行全局筹划的著作。在钱德勒看来,"战略"一词的含义为:企业基本的长期目标和目的性决策、行为路线的采纳以及贯彻这些目标所必需的资源的分配。[①] 在管理学中,组织战略是组织为适应未来环境的变化而做出的具有战略意义的谋划和决策,它使得组织的资源和能力与组织环境中的机会相契合,并促进组织内部构成因素与外部环境因素的相互动态作用。组织战略超脱于某些特定规划的具体细节而存在,为详细计划的设定起着建设性的指导作用,它表明了组织为达到目标、完成使命的整体谋划,反映了管理者对行动、环境和业绩之间关键联系的理解,用以确保已确定的使命、愿景、价值观的实现。因此,组织战略有以下特点。

(1)全局性。组织战略以组织整体为决策选择的基础,是对组织整体发展的总规划,广义上指以组织全局为研究对象来确定组织的战略目标、制约组织的经营管理的一切活动。

(2)长远性。组织战略立足于组织未来的长远发展,通过对当前形势的分析及未

---

① Chandler, A. D. Strategy and Structure: Chapters in the History of the American Industrial Enterprise [M]. Cambridge: MIT Press, 1962:13.

来走向的预测,经过审慎的权衡与选择,从而做出对组织长远利益更有利的正确决策。组织战略管理是一个未来导向与现实状况结合的过程,其决策、规划的制定不特别针对短期的盈亏现象,而是追求组织的持续稳定发展。

(3)指导性。组织战略是组织发展的蓝图,思索"组织为什么存在""组织要做什么""组织将走多远"等最根本的问题,规定了组织在一定时期内基本的纲领性发展目标,指导着具体计划的设定,为实现战略目标规定了路线和途径,引导组织内各部分有序运作,并激发员工的工作积极性。

(4)竞争性。组织战略制定的目的是使组织在行业领域内获得战略领先地位,通过合适的、正确的战略管理,进行有效竞争。运用竞争优势,获得核心竞争力,进而赢得市场,提高经营业绩,不断为企业增加价值。

(5)风险性。组织通过组织战略的制定、对当前形势的分析,做出预测性的规划与决策。然而复杂多变的社会环境以及组织自身条件的不确定性,使得组织战略具有一定的风险性。

(二)公共组织战略

战略的思维方法有助于将组织管理的计划功能与整体的管理功能整合在一起,并系统地考虑组织的未来愿景、长期目标,将关注的焦点由内部转向外部,能够最大限度地动员组织资源以保证其目标、宗旨实现。第二次世界大战之后,战略逐步进入管理学科的研究领域,并得到广泛应用。20个世纪90年代,公共组织部门越来越关注战略管理问题。斯蒂芬·P.罗宾斯在《管理学》一书中指出:战略计划已经超出了工商企业的领域,包括政府机构、医院、教育组织在内,都在制定战略计划。公共组织战略是指公共组织为实现公共利益和目标,为适应不断变迁的社会环境和制度需要,在分析外部环境的机会与威胁、内部条件优劣的基础上,结合当代文化公认的价值系统,根据国家或政府有关部门赋予的使命,而制定的涉及组织职能范围、成长方向、竞争优势等内容的整体性谋划。

对公共组织而言,其运作涉及许多企业组织无法涉足的公共领域,担负着促进社会良好发展的责任与使命。公共组织通常不以营利为导向,为公众提供利益与服务是其首要目标,这在很大程度上对公共组织的战略提出了更高的要求。同时,相对私人组织而言,公共组织面向的是一个相对不自由的经济市场,公共组织缺乏对资源的高度能动性应对及控制力,复杂多变的社会环境要求公共组织在战略的制高点上合理利用资源,为公众提供可持续的服务。

公共组织与私营组织在环境、使命、目标、约束条件等方面存在差异,公共组织战略主要表现出以下特征。

(1)公共性。公共组织战略管理的主体必然是政府和非政府公共组织,而公共组织的发展目标是提供公共服务以及实现和发展公共利益,因此公共组织战略管理不可避免地具有强烈的公共性,这也是其在公共领域内得到运用的本质属性,公共组织战略管理的性质是公共性的,其产生和存在均是为了实现公共利益、公共目标,提供公共服务以及创造具有公益精神的意识形态等。政府部门作为实现这些目标的最重要的主体,在其公共战略中从来不会公然宣布自己丧失公共目的而沦为私营组织,政府必须保护国家安全,提供法律手段以惩罚违规者,提供社会福利以及保护国民财产等。同时,公共组织战略管理的主体在公共性的选择上,在维护正义和提供公共物品即公平和效率的选择上,必须首先维护社会正义,其次才是提供公共物品。政府提供公共物品的好坏与自身行政效率密切相关,高效的政府提供更多的公共物品,低效的政府提供少于需求的公共物品。

(2)权威性。公共组织战略管理必须受到政治权威的影响,政府权力具有垄断性,因而在实施战略管理时会带有以国家为后盾的政治权威。其权威性可以从以下几个方面看出。首先,从公共组织战略管理所需的资源来看,由于政府部门代表国家权威,其所需的资源大多是依靠国家强制力获取的,诸如税收、紧急情况下的各种征用等。其次,由于公共组织是代表国家行使公共权力,公共组织战略代表的是国家的利益和行为倾向,不会因为个别或少数服务对象的异议而轻易发生改变。为了达到整体利益的提升,公共组织必须在不同城区、不同部门之间进行协调,以调动全国或者整个地区或部门的力量来实施战略,即使在短期内使某些地区或部门的利益受到损失也在所不惜。最后,公共组织战略不能只满足单一目标群体的特殊需求,它必须考虑绝大多数公众,维护广大人民群众的根本利益、公共利益。

(3)模糊性。公共组织战略管理目标的确定具有模糊性。首先,由于政府等公共组织所处的政治环境具有复杂性、多元性和不确定性,同时不同的利益集团对政治的各个方面具有不同程度的影响,加上政治的不断变迁等,公共组织通常同时具有很多模糊的、不断变化的目标,这些不同的目标以及长期与短期的目标有时是相互冲突且难以界定的。其次,对于政府等公共组织来说,首要宗旨是公平地对待每一位委托人并为其提供服务,即从公共组织本身的价值目标来说,公共性和公平性是最重要的。但在市场化需求下,公民对公共物品的需求呈现多样化和个性化的特征,同时公共组织越来越处在与私营组织竞争提供公共物品的位置,因此效率的提高也将随之为公共组织战略管理所关注。因而公共组织在体现公平性、公共性的同时必须做到高效,而公平与效率有时是冲突的,公共组织的战略管理目标往往要在公平与效率的冲突中进行判定而使其具有了模糊性。

(4)参与性。政府部门的公共性及权威性决定了其与公众的切身利益高度相关。为了使政府等公共组织更好地开展管理,同时受政治民主化的驱动,公共组织要以为公众服务和维护公共利益为宗旨,其运作过程就必须公开化、透明化,同时鼓励公民参与公共组织的战略管理,让公民在知情的情况下进行参与、监督、检查,同时必须寻求可以让外界参与战略制定程序和检查的有效途径。

基于公共组织战略管理的以上特性,公共组织必须在战略管理中采取适当的应对措施。在运用战略分析工具进行公共组织战略分析时,应该考虑公共权力的设立依据和范围、预算拨款、利益相关者的需求和影响力以及政治形势的变化等环境因素。在战略选择(制定和评估备选方案)阶段,公共组织要响应战略分析中所识别出的压力和制约因素,制定多个不同角度的备选方案,将战略目标和组织内的等级整合在一起,公正地评估备选方案,规避战略模糊和公众参与带来的潜在风险,以便科学决策。公共组织的战略抉择必须综合考虑效率和公平,用高效的方式实现公平。在战略执行过程中,应该充考虑公共组织的特殊因素,包括预算资金分配的政治技巧,战略执行是否合规,组织内部员工、政治家、政府官僚和公众舆论的参与等。公共组织对战略管理的每个环节都要加以控制,并通过突发事件预案来应对危机。总体上来看,公共组织的战略管理需要与政治决策协调,在政治和法律的范围内运行,保证战略管理在公共组织内的成功推行。当政治官员的利益与组织战略相冲突时,通常是组织战略服从政治官员的决定。

二 公共组织战略管理

战略管理作为一种重要的管理工具,受到很多公共组织的重视并得到广泛应用。良好的战略管理能够为公共组织提供更具全局性的思考方式,不仅能为公共组织的长远发展制定目标,而且能为公共组织的现实工作与决策提供参考,推动公共组织的发展。那么,什么是公共组织战略管理?在公共组织中推行战略管理有哪些积极作用?

(一)公共组织战略管理概述

1. 公共组织战略管理的内涵

公共组织战略管理是战略管理在公共组织中的具体应用,是为确保公共组织战略的有效实施而采取的一系列管理手段。关于公共组织战略管理的定义,不同学者有不同的观点。汤普森等人认为,战略管理是一个过程,在这个过程中,高层管理者确定组织的长期方向,设定特定绩效目标,根据与组织相关的内外环境,制定出能达成这些目标的战略,并且卓有成效地实施这些被选定的决策方案。波兹曼和斯特劳斯曼在《公共管理战略》中认为,公共部门战略管理有如下基本特征:关注长期;将长期目标与近期目标整合成一个连贯的层级;战略管理和计划并不是自行贯彻的;采取一种外部观点,强调不是去适应环境,而是期待和塑造组织的变迁。另外,战略管理必须充分认识到政治权威的影响。纳特和巴可夫在《公共和第三部门组织的战略管理:领导手册》一书中认为,战略管理处理这样一个关键问题,即为面临着日益增加的不确定性未来的组织定位,战略管理通过用以指导战略行为的计划、计谋、模式、立场和观点而为一个组织创造焦点、一致性和目的。

综合一些学者的观点,我们将公共组织战略管理定义为:公共组织根据内外环境变化,确立和调整组织的长期战略目标,制定能实现这些目标的战略,通过优化决策和公共资源的有效配置来确保战略的实施以提供更优质的公共服务的过程。公共组织战略管理包括为制定公共组织战略和确保公共组织战略实施而采取的一系列管理行为,这一系列行为既具有管理上的特点,又与公共组织战略的特点密切相关。

2. 公共组织战略管理的特征

公共组织战略管理的特征主要表现为以下几点。

(1)公共组织战略管理具有未来导向的特征。公共组织战略主要着眼于未来,因此,战略管理从某种意义上讲就是在当前与未来之间架起一座桥梁,使公共组织的部门或构成人员更有意识地去了解公共组织战略目标,从而使之有意识地围绕这些目标来共同努力,最终促成公共组织战略的实现。

(2)公共组织战略管理是感性和理性相结合的过程。公共组织战略管理既需要感性的判断,又需要理性的决策,体现了感性与理性相结合的过程。感性的判断为战略决策赢取了时机,或者说,战略决策需要依靠经验、知觉等感性认识来获取信息和决策的冲动,而理性的分析则为战略的实施提供了成功的保障。

(3)公共组织战略管理是一个持续的过程。组织的外围环境是复杂的、不断变化的,因此,在管理过程中,公共组织主体应该持续不断地关注内部和外部变化的趋势,并且根据变化的形势对战略进行及时调整,以便使组织适应形势的变化。

(4)公共组织战略管理关注的是全局性和前瞻性的问题。战略注重全局性和长远性,因此,组织的战略管理关注的也常常是全局性的问题,而非局部性的问题,同时这些问题具有一定的前瞻性。

(二)公共组织战略管理内容

公共组织战略管理内容主要包括公共组织战略规划、公共组织战略实施与公共组织战略评估。

1. 公共组织战略规划

公共组织战略规划是在对公共组织外围环境进行分析的基础上完成的,一般而言,它包括以下几个方面的内容。

(1)确定需要实现的目标和任务。在战略规划中首先需要确认公共组织战略要实现什么样的目标,达成什么样的任务。只有确定了目标和任务,才能为公共组织的战略实施明确方向和坐标,并围绕其确认的目标和任务来制定政策和具体措施。因此,对于一个好的战略管理来说,制定符合实际和发展逻辑的目标和任务是至关重要的。当然,确定什么样的目标和任务,需要对公共组织的外围环境和内部条件做周密细致的考量和分析。只有在对公共组织所面临的条件充分认知的基础上,才有可能制定出符合实际的战略目标。

(2)分析公共组织外部环境。在确定目标之前需要分析环境,实际上在确定战略目标后,仍然需要不断确认重要的环境变化的议题。大的环境可能是静态的,即在比较长的一段时间里,某些大的环境是不变的,比如市场经济、全球化的趋势,这种大的环境在很长一段时间里不会变,但是,微观环境一般是多变的,比如波及全球的令人始料未及的金融风暴。因此,公共组织战略决策和管理需要考虑各种因突发事件而带来的环境变化。

(3)强调公共组织的价值取向。服务性、公益性、社会性以及责任性是公共组织价值取向的特征,也是公共组织区别于其他社会组织的重要标志。在战略规划中,明确的价值取向不仅展现公共组织的鲜明特性,而且标明公共组织的工作内容,为公共组织的为与不为,以及如何为等问题确定清晰的边界。

(4)选择重大的关切性议题领域。战略规划不可能面面俱到,在议题的选择上依然有轻重之分,换而言之,公共组织有重点关切的领域,也有非重点关切的领域。在战略规划中,需要明确哪些属于重点关切领域,哪些属于非重点关切领域,从而为公共组织的行动提供明确的方向,避免"不务正业"之嫌。比如,政府的重点关切性议题就是如何为人民提供有效的公共服务,因此,其重大的关切性议题总是围绕如何提高为人民服务水平这个主旨而进行的。

(5)选择恰当的策略。在确定了相关议题后,需要选择恰当的策略,以保证议题的实现。如果没有恰当的策略,即使有了议题,也不能保证议题能够实现。当然,策略是保证议题可能实现的措施,策略的选择同样需要遵循科学和切实可行的原则。

(6)创设合适的行动议程。在部署了上述内容之后,需要创设合适的行动议程,包括时间、步骤、内容、策略方向和实施战略。合适的行动议程不仅能够使战略目标和任务有条不紊地进行,而且能够在具体的行动中及时发现实施过程中的问题并及时调整。

2. 公共组织战略实施

战略规划仅仅是为战略实施提供了实现的可能性,在具体的实施过程中,仍然有许多不确定的因素,因此,成功的战略规划并不能总是保证战略的成功实施。

战略实施是建立和发展行动的能力和机制,将战略构想转化为现实绩效的过程。如果说公共组织战略规划是在行动之前部署力量,那么公共组织战略实施则是运用掌握的资源进行资源配置和管理的过程。战略规划重视目标的有效性,而战略实施则关注效率,关注行动过程和行动者之间的协调。因此,从某种意义上说,战略实施比战略规划更具复杂性和难度。战略实施在组织的战略管理中是一个系统工程。在战略实施中,必须重点考虑以下三个因素。

(1)组织结构。这是管理大师钱德勒的一个著名结论,他提出新战略的实施在管理中会出现一些问题,此时,有必要建立新的、适应战略要求的组织结构,也就是说,如果原有的组织结构可能成为战略实施的障碍,就必须打破它,并建立新的组织结构。钱德勒关于"结构追随战略"的观点获得了普遍的认可。但是,在实践中,随着组织网络化、组织扁平化、组织流程再造等理论的流行,许多组织常常将结构变革作为组织管理的一个重要目标,结果就形成了结构与战略互不关联的格局,也就是说,组织结构的变革并没有反映组织战略意图的调整。这样一来,结构不是追随战略,而是影响战略。组织结构决定了组织内部人员的分组方式,它既可以支持其战略实施,也可以阻碍其战略实施。组织结构的设计既要鼓励不同部门和不同团队保持其独特性以完成不同的任务,又要将这些部门和团队整合起来为实现组织的战略目标而合作。因此,组织应该在结构设计之前,先研究组织的战略及其目标,然后将其具体化为一套组织设计的原则,并以此为依据重新审视组织的结构形式、部门设置、职能分配岗位设置,以优化其组织结构,并在变革的过程中不断思考所拟定的组织结构与其战略是否相适应。

(2)组织文化。制定战略需要考虑组织文化的因素,但不能一味屈从于文化。就像"结构追随战略"一样,文化应该适应战略需要,为战略服务。而且,改变组织文化使其适应新的战略目标,通常比改变战略目标使其适应组织文化要更为有效。组织文化通常反映了组织内部潜在的价值观、态度与行为方式,而这种价值观、态度与行为方式并不是一成不变的。随着组织外部环境的变化与战略目标的变革,组织文化必须做出相应的变革。当然,组织文化到底是一种积极的力量还是消极的力量,主要看组织文化与其战略目标相匹配与适应的程度。一种合适且先进的组织文化不仅能够激发广大员工的积极性与创造性,促使员工按照组织战略目标的方向努力,而且能够适应动态环境下组织战略的调整。而一种不适合且过时的组织文化,不仅会成为制约组织战略实现的障碍,甚至会成为扼杀组织的主要因素。

(3)组织资源。战略实施是组织发展的重要事件,它对于组织资源的需求势必会产生重要的影响,因此,围绕战略做好资源配置工作,对于战略实施的成败是至关重要的。资源是组织生存与成长的必需品,也是构建组织竞争与发展的基础要件。按照传统的观点,组织的资源可以分为四类:人力资源、财力资源、物力资源与技术资源。所谓资源配置,就是根据一定的原则,把组织所拥有的这四类资源合理分配并有效地加以运用的过程。组织将资源分配到特定部门并不意味着战略可以被成功地实施,一些普遍妨碍资源有效分配的因素包括:过度保护资源,过于强调短期财务指标,组织内的政策、战略目标不明确,不愿承担风险与缺乏足够知识等。为了使资源得到充分的利用,需要不断提高资源配置的效率。具体而言,包括以下几点:制定规范的、严格的资源配置制度,明确资源主管人员的职权范围;按照战略总目标、分目标和年度目标,依次确定资源分配比例,全面考虑各层次目标的需要,避免出现顾前不顾后,顾左不顾右的情况;资金的配置尽可能具体,年度目标通常还要分解到具体项目上,资金的使用按项目分配,由专人负责,保证使用效率;实现战略目标对资源需求有轻重、缓急之分,重点项目需要重点投资。

3. 公共组织战略评估

公共组织战略评估是战略管理的最后环节,从战略管理的整体来看,它侧重于建立一种反馈机制,因此,战略评估可以看作监控战略实施,并对战略实施的绩效进行系统性评估的过程。

建立公共组织战略评估之所以必要,是因为公共组织战略管理本身是一个封闭的系统,只有对实施结果进行评估,才能更好地了解战略实施的具体情况,从而对结果进行分析,从中寻找成功或失败的原因,为下一步提出改进方法打好坚实的基础。因此,战略评估是调整、修正甚至终止战略计划实施的合理依据的基础。一般而言,公共组织战略评估包含以下几方面的活动。

(1)检查战略实施的基础性条件。战略实施的基础性条件是保证战略实施成功的关键,这些基础性条件一般包括战略的外部环境(比如政策环境、市场环境)和内部结构等。在评估中,首先需要对这些基础性的条件进行必要的评估,看是否发生了变化,发生了何种变化,为何发生变化等,并根据现行条件分析这些问题是否依然影响战略实施,该影响是正面还是负面的。在此基础上来寻找应对之策。比如,面对当前的金融危机,过去推动中国经济发展的外部环境已经不复存在,政府在宏观调控方面的措施就需要发生变化,从扩大内需着手来刺激经济的发展。

(2)衡量战略绩效。对战略绩效进行评估是战略评估的另一个重要环节,其主要方法是将预期目标与实际结果进行比较,衡量实际结果是否达到预期目标。当然,其中最为关键的是建立绩效的评价体系,这种体系通常是通过建立指标体系来实现的。当然,指标体系的建立是比较复杂的,需要依靠科学的方法。

(3)战略的修正与调整。在检查和衡量的基础上,对战略是否需要进行修正或调整进行判断。一般情况下,对战略的修正和调整是局部性的,除非战略结果与预期相差太大。因为,大范围的修正和调整战略计划,不利于公共组织的良性运行,也是对公共组织前期工作的否定。

总之,公共组织战略管理是一个动态的促进学习和行动的过程,需要把握一些基本的原则。公共管理学家波兹曼和史陶斯对此提出一些原则:关注长期趋势;将目的与目标整合成一贯的层级体系;战略管理与规划不是自我执行;强调外部观点要适应环境,而且要预期并影响环境变迁。这些原则对于我们理解公共组织战略管理不无裨益。

案例 9-1
红十字国际委员会的职责使命

三 公共组织战略管理的问题与改进方法

公共组织战略管理为提高公共组织的运行效能发挥着积极作用,在提供战略性的发展方向,指导资源配置的优先顺序,强化组织对环境的适应能力等方面作用显著,因而受到越来越多管理部门的重视,并把它当作一种重要的管理工具。但是,由于战略管理本身在理论与实践中仍处在不断完善的阶段,在实际的操作过程中仍然存在一些问题,分析这些问题并提出改进之策是非常必要的。

(一) 公共组织战略管理的问题

公共组织战略管理的问题既与公共组织本身的结构特性有关,也与公共组织运行的外部环境有关。这些问题主要有以下几点。

(1) 公共组织的行动取向和任期的限制。比如,政府有任期的限制,不同届的政府,其施政方略和取向存在一定的差异,即使在西方公共组织比较成熟的国家,政府的施政方略有一定的连续性,但也仅局限于一些事关整个国家发展或国家利益方面的政策,其他大部分的政策都有所调整。比如,美国的两党制,共和党和民主党的执政方略存在一定的差异,一方在选举中赢得胜利,许多政策取向都会发生变化。而在我国,各级政府尤其是地方政府的行动取向在不同任期内的差异更为明显。可见,在几年的政治任期内很难发展长期的战略,而战略管理所面临的问题和难题就可想而知了。

(2) 公共规则大部分在公共组织内部进行,但外部力量通常会设法参与其中,而这常常会冲淡战略的焦点性的议题。比如,在西方许多国家,公共组织的运行受到利益集团的影响,利益集团的各种参与方式有形或无形地影响公共组织规则的实施。而现实的情况常常是:利益集团的参与活动往往从自身的利益出发,其诉求往往也是短期的,有时与公共组织的战略规划相左,甚至大相径庭。这时,公共组织战略实施会受到来自外界力量的影响而冲淡本已规划好的主题,或迂回或调整以回应外界力量的影响,其结果可能阻碍战略计划的实施或降低其效能。

(3) 公共组织各部门间的相互牵制,有时甚至相互扯皮,影响公共组织战略管理。公共组织内部往往层级比较复杂,部门主义明显,由此容易衍生部门主义利益倾向,导致资源的分割和组织的低效能运转。这种现象在各层级政府部门之间是普遍存在的。比如,中央政府与地方政府之间的功能性的部门保护现象,各部门之间的功能性的短视现象,无论在西方国家还是在中国都是非常普遍的。

(4) 公共组织战略的推行往往通过公共组织规划、预算和财务控制、人事制度和政策来实现,各个环节之间是相互联系、互相配合的。一旦一个环节出现问题,整个组织的正常运行就会受到影响,缺乏非公共组织的灵活性和策略性。而公共组织的管理者通常缺乏完全的自主性与控制力,使得各环节间的协调和执行显得困难重重。

(5) 由于预算约束和短期观念,战略规划者的规划工作是否合理,需要经过实践的检验,而这种检验常常是事后进行的,因此,战略规划常常与现实的发展不符,需要不断调整,但这种调整过程对战略实施是不利的,从而给战略管理带来了一定的难度。

总之,公共组织战略管理中的问题是多方面的,面临的困难也是显而易见的,在公共组织战略管理中必须清晰地意识到这一点。

事实上,许多学者对公共组织战略管理中的困难进行了分析,比如公共管理学家罗伯特对政府战略管理中面临的困难的分析,对我们有启示意义。他认为,政府战略管理至少面临四个难题。第一,政府管理者在进行决策时,必须与其他重要的行动者分享权力。这些行动者包括组织内外的行动者,其他政府部门如立法或司法机构,或者利益集团。第二,政府组织的功能是政治性的,与理性的环境相反,它们难以就适当绩效方案达成一致意见。比如,某一纳税团体认为很慷慨的政府社会方案,受惠者可能认为该方案有不足之处。第三,政府管理者与私营组织的管理者相比,缺乏完全的自主性和控制力,这使得政府执行和协调行动规划时困难重重。第四,由于上述因素影响,政府的战略决策环境远比私营组织困难和复杂。

(二) 公共组织战略管理的改进之策

尽管公共组织战略管理中存在诸多问题,但这并不意味着人们对于公共组织的管理毫无办法。事实上,只要采取适当措施加以改进和克服,公共组织战略管理的成功实施也是可能的。这些措施包括以下几点。

(1) 公共组织管理者必须树立全局观念,培养长期发展的意识,打破短期主义的思考。当然,除此之外,公共组织内部还必须通过制度设计来保证这种观念能够深入公共管理者内心。比如,通过改革政绩考核的评价体系等措施,推动管理者在任期内树立长期观的意识,也可以通过建立可追溯机制来纠正管理者的短视行为。

(2) 在重大问题的规划和实施过程中,尽可能地对社会开放信息,努力吸纳社会力量参与其中,充分吸收多方面的意见和建议,这不仅能够广泛地收集信息,而且有利于克服在实施过程中因外部力量的干扰而形成的障碍。

(3) 公共组织各部门之间必须打破职责的限制,克服功能性短视行为,避免部门利益倾向,通过构建协调机制和沟通机制,加强资源整合。通过设计制度推动各部门服从于全局的发展要求,树立全局意识。

(4) 合理配置公共组织内部结构,增强内部结构各部门之间的自主性和控制力,建立各部门之间的协调机制,强调整合的管理途径。

(5) 加强对公共组织管理者自身素养的培训,开阔其视域。同时,增加预算支持。为管理者的工作给予充足的财力支持和保障也是十分重要的措施。

当然,公共组织战略管理中的改进之策不是固定不变的,往往是针对问题的出现而做相应改进。改进之策是为了促进战略管理的顺利进行和提高管理的效能,从这个意义上讲,只要能够让管理者和参与者满意,就是一个重要的准则,也即满意比最佳更为重要,用可以接受的战略而实现的满意结果,比用不受欢迎的战略而没有实现的最佳结果要好得多。只要能够达到满意的结果,采纳不同的方法和途径也是必要的,因为得到成功的结果远比规定得到这一结果的方法更为重要。

上述内容阐明了公共组织战略管理中的问题与改进之策,事实上,公共组织要想保持自身活力,需要不断地进行变革和调整,以适应不断变化的外界环境。因此,公共组织的变革是公共组织健康、良性运行的重要前提,不变革的组织将无法适应变化的外界环境,注定没有生命力。当然,公共组织的变革是有一定原则和规律的,盲目的变革同样会给公共组织带来危险。所以,了解公共组织变革的全过程,掌握其变革的基本原则和规律是非常必要的。

第二节 公共组织的变革

所谓公共组织的变革,就是指公共组织为适应外部环境的变化和内部情况的变动,及时地变革自身的结构,调整战略、管理方式与文化等,使之适应客观发展的需要,以取得更好的组织绩效的过程。

案例 9-2
贵州"数字政府"当家 "一网通办"解难

一、公共组织变革的缘起、类型、程序和方式与内容

(一)公共组织变革的缘起

公共组织的变革是公共组织为适应不断变化的外部环境和内部情况而做出的调整活动。因此,引起公共组织的变革的原因归结起来有两方面:一是外部环境发生了变化,公共组织已经不能很好地适应这一变化;二是内部情况发生了变化,这一变化已经影响到了公共组织的正常运行。

第一,公共组织运行的外部环境对公共组织提出了变革的要求。公共组织的运行总是处在一定的政治、经济、文化背景之下,为适应公共事务的需要而不断调整工作内容。社会是不断发展的,政治、经济、文化也处在一个不断变迁的动态过程中,尤其是经济环境、科技发展环境可谓日新月异,其变化的速度更快,而公共事务也会随着社会的变化而变化。有些公共事务逐渐弱化,甚至消退,而有的公共事务则逐渐衍生,甚至不断加强。这时,公共组织就需要根据这种变化来调整自身的结构,变革自身的战略规划,由此引起公共组织权力关系等一系列变革。

第二,公共组织内部情况出现了变化,这种变化已经降低了公共组织的绩效,从而提出了变革的要求。公共组织内部的情况变化主要包括几个方面:一是公共组织结构配置不合理,部门林立,相互扯皮,工作效率低下;二是公共组织战略目标不合理,战略管理混乱,官僚主义盛行,已经影响到组织的正常运行;三是组织内部激励机制不合理,人员工作积极性不高,"大锅饭"、平均主义现象严重,在用人上任人唯亲。这些现象已经造成了公共组织效率的降低,而且公众对此也十分不满,必须对公共组织进行变革,以规范公共组织权力的运行。

可见，当公共组织的外部环境和内部情况发生了变化，公共组织变革就成为必然。

（二）公共组织变革的类型

公共组织变革的类型是多种多样的，其变量的变化也是相互的，因此，注意这种相互的变化是非常重要的。当然，尽管公共组织变革的类型多样，但一般情况下可归结为以下两种基本类型。

一是以组织结构为重点的变革。这种变革主要是通过改变公共组织内部的结构来实现的，即通过划分或合并新的部门、改变职位及其权责范围、协调各部门之间的关系、调整管理幅度和管理层次、下放部分自主权等来实现。当然，由于公共组织内部结构的复杂性和层次性，变革所涉及的要素也非常多且复杂。

二是以人为重点的变革。公共组织的运行最终是通过人来实现的，无论是制度还是结构。人的观念和态度、人的知识水平和行为都将影响公共组织的运行效能。因此，公共组织的变革一定程度上就在于改变人的观念和态度，提高人的知识水平和改善其行为方式等。实现人的变革通常有以下几种方法。第一，调查反馈。运用一定的方法，先了解公共成员的基本情况，比如观念、态度等信息，经过统计分析，形成一些有条理的分析报告，再把分析报告反馈给相关的部门。收集信息的方式是多种多样的，既可以通过发放问卷的方式，也可以通过访谈的方式，还可以通过观察的方式。第二，团队建设，即通过对团队进行诊断，使成员明白问题所在。团队建设的目的在于通过问题的分析来提高成员对工作的热情和团队合作精神，通过为集体变革确定目标和重点，有效完成工作任务，协调集体内部的人际关系，从而达到改进集体工作的方法的目的。团队建设通常是通过部门讨论和角色分析的方法来进行的。第三，敏感性训练。这种方法一般是把不同单位、不同级别的人员编成小组，围绕权力、动机、谅解等问题展开评论，以提高参加者对自己和别人的敏感程度，增进相互谅解和团结，促进管理者态度和行为的转变。当然，具体的方法可因情况差异而不同。第四，情景模拟训练。一般包括业务游戏、公文处理和角色扮演等方法，这也是训练管理者的一般方法。所谓业务游戏是为受训者制造某种工作环境，然后由他本人提出对策，进行演练，从而积累决策经验，锻炼决策能力。所谓公文处理是为受训者准备一些背景材料、文件、信件等，让他在规定的时间内阅读完毕，并分别提出详细的处理意见，决定采取什么行动。所谓角色扮演是由参加训练的人扮演纠纷事件的两个方面（如上级和下属），模仿该角色的言行，用以学习如何应付不同的情况，以及如何运用已有知识解决纠纷事件，进而锻炼和提高处理实际问题的能力。[①]

（三）公共组织变革的程序和方式

公共组织变革需要遵守一定的程序，这是保证变革取得预期效果的前提。许多公

---

① 唐兴霖.公共行政组织原理：体系与范围[M].广州：中山大学出版社，2002：331-332.

共组织管理学家对公共组织变革的全过程做了系统研究。美国组织管理学家唐纳利认为,公共组织的变革分为八个环节,每一环节相互之间构成一个系统。[①] 这八个环节的具体内容如下。

(1)变革的力量。

(2)认识变革的需要,领导者应在组织危机来临之前,从组织内部各种端倪中认识到变革的必要性。

(3)诊断问题,尤其是抓住那些根本性的问题。

(4)确定可供选择的组织发展的方法和战略。

(5)认识限制条件,摸清这些限制条件及其影响程度。

(6)方法和战略的选择一般有两种情况。一是单方面行使权力,即领导部门发布命令,告诉较低层次的人员改革的目标、方式以及问题解决办法,并在成员中讨论,征求他们的意见与态度;二是权力下授,即把改革方面的权力全部交由下属,由他们安排和解决。

(7)实施方案,抓住适当时机贯彻变革的方案,同时选择适宜的变革规模。

(8)评价方案,在组织变革的实践中要不断评价变革方案的长处和不足,及时修改或补充,使之成为组织变革的指导性文件。

唐纳利的研究为我们认识公共组织变革的程序提供了指导。结合实际情况,公共组织变革的程序可概括为以下几方面。

(1)诊断问题。就是对公共组织的问题进行诊断,以公共组织问题出现的征兆为根据,与公共组织战略目标进行比对,通过调查来收集公共组织问题的相关信息,并进行综合分析,找出问题所在。诊断问题是公共组织变革的准备,是信息收集的重要阶段,因此,信息收集得是否全面、准确,直接关系到后续的公共组织变革的实施是否顺利。

(2)科学规划。在收集信息的基础上,根据公共组织的基本理论,进行科学规划,包括变革的指导思想、原则、方式、步骤等内容。规划方案要尽可能全面、详细,且一般需要准备几套方案,以备管理者选择。

(3)实施方案。公共组织变革的实施是最为关键的环节,在实施前需要做大量必要的准备工作,包括对组织变革的意义、必要性、变革的步骤和方式等进行动员和宣传。与此同时,要确定好领导机构,进行人、财、物的准备,在组织实施的过程中,做好沟通、协调等工作,保证实施方案能够顺利进行。

(4)效能评估。对公共组织变革的最后结果进行检查、分析和评估。效能评估最为关键的环节是建立一个科学的评估指标体系,以此作为评估的标准和手段。评估的实际结果如果与预期存在差距,要么从实施过程中寻找原因,要么修改规划,直至最后达到预期效果为止。

当然,公共组织变革的成功除了遵循一定的程序外,选择符合实际的变革方式也是非常重要的。从国内外的实践来看,公共组织变革一般采取以下三种方式。

---

① 唐兴霖.公共行政组织原理:体系与范围[M].广州:中山大学出版社,2002:334-335.

一是渐进式的变革,即以循序渐进的方式进行。一般是先试点,在试点的基础上摸索变革的问题领域、方式方法与范围幅度等,然后把试点取得的经验运用于实际的变革过程。这种变革方式一般从容易的问题开始,不触及对组织有可能带来严重后果的问题,是一种非常谨慎的变革方式。其最大的优点在于不会带来混乱和动荡,但缺点也明显,那就是费时,且不能适应社会的快速变化和发展对公共组织提出的急迫要求。二是突变式的变革。就是在比较短的时间里,实现公共组织内部结构、目标等的重大变革。这种变革一般不考虑变革后可能引起的反应,而是从公共组织的目标着手。这种变革如果方向准,内容科学,能够在比较短的时间内达到公共组织的目标,从而满足公众的期望,但是这种变革方式因民众的思想准备不足,且有可能牵涉利益问题而阻力重重,甚至引起混乱和动荡,甚至有可能最终失败。三是计划式变革。这种变革方式介于上述两种方式之间,它不同于两者的地方在于变革的进程始终在计划的前提下进行,一般先对需要变革的问题进行调查研究,再商讨具体的改革方案,在具体的实施过程中,又可能随时调整方案。总之,在变革的全过程,它始终是有重点、有计划、有步骤地进行。这种方式的特点是:有战略眼光,适合组织长期发展的需求;组织变革可以同人员培训、管理方法改进同步进行;组织成员有一定的变革思想准备,因而抵触情绪相对较小。①

案例 9-3
唐纳利组织
变革论

当然,上述三种方式各有其优缺点,适应于不同的情景,在组织的变革过程中,具体选择何种方式,要具体问题具体分析。但一般情况下,由于计划式变革介于渐进式变革和突变式变革之间,且引发的反应较小,这种方式的变革适用范围相对广一些,一般性、常规性的变革都可以运用这种方式。

(四)公共组织变革的内容

公共组织变革的内容较多,且涉及公共组织内部诸多方面,但主要还是与提高公共组织运行效能方面的因素有关。一般而言,影响公共组织运行效能的因素,都需要列入变革的内容之中,由此,公共组织的体制以及公共组织的管理就自然成为变革的主要对象。公共组织的体制包括的内容也是方方面面的,而且与国家的整个体制环境相关,因此,我们的讨论也只能限于有限的范围,主要在公共组织结构、职能以及管理技术等方面进行探讨。

---

① 张建东,陆江兵.公共组织学[M].北京:高等教育出版社,2003:306-307.

1. 公共组织结构的变革

如前所述,任何组织都有结构,"结构关系是组织理论家和实际管理者研究与考虑的基本对象"[①]。公共组织结构则是指公共组织各构成要素排列组合的方式。公共组织结构是否合理关系到公共组织运行的效能高低,在行政管理过程中,常常出现的官僚主义作风,如办事效率低下、职责不分等现象,与公共组织结构有莫大的关系。因此,根据体制环境,在可能的范围内对公共组织的结构进行改革和适度的调整是非常必要的,这也是公共组织变革的重要内容。

公共组织结构的变革主要是指通过调整公共组织内部结构,以提高公共组织的运行效能和适应能力的过程。因此,公共组织结构变革的主要内容实际上就是围绕如何来提高公共组织的运行效能和适应能力这个中心展开的,合理的组织结构形式、权力结构构成以及组织控制幅度是公共组织结构变革的主要内容。

前文已经提到,公共组织结构的形式众多,主要有直线式、职能式、直线职能式以及矩阵式结构。不同结构形式的特点不一样,且适应不同的制度环境的需要。传统的公共组织结构显然不能完全适应现代信息化时代的需要,因此对组织结构类型的变革刻不容缓。为了适应现代社会发展的需要,公共组织结构出现了新的类型,比如委员会式组织结构、董事会式组织结构、理事会式组织结构等。

2. 公共组织职能的变革

公共组织职能是指公共组织在一定的领域和时期,公共组织所承担的公共职责以及所发挥的作用的总和。公共组织的职能反映了公共组织的职责和目标,从总体上说,公共组织的职能就是提供公共服务,但是由于公共组织是在特定的历史背景下产生的,在不同的时期,其职能存在一定的差异,也就是说,在不同的时期,其重心、运转方式等存在差异。公共组织职能的变革就是为了适应不断变化的环境的需要。公共组织职能的变革主要包括以下内容。

首先,公共组织职能重心的变革。公共组织职能与环境密切相关,在早期的公共组织职能中,由于没有进行结构的分化,许多公共组织的职能相对单一,主要表现在政治职能方面。公共组织的主要职责贯穿政治生活领域,政治宣传、政治动员、政治沟通等是主要职能,而衡量公共组织的功能也主要是看其在政治领域中所扮演的角色。然而,由于生产社会化程度不断提高,分工越来越细,对公共组织的要求也越来越高。传统的公共组织政治领域的职责显然不能适应这种要求,这种管理和服务上的要求与政治领域的那种政治动员和宣传等存在很大的差异,公共性、服务性和管理性是现代社会对公共组织提出的新要求。因此,为了适应社会经济发展的需要,促进公共组织的发展,公共组织逐渐涉及公共性、服务性和管理性等相关的事务,职能的重心也逐渐转移到社会事务上来。

---

① 弗里蒙特·E.卡斯特,詹姆斯·E.罗森茨韦克.组织与管理——系统方法与权变方法[M].李注流,译.北京:中国社会科学出版社,1985:231.

其次,公共组织职能方式的变革。公共组织职能方式主要是指公共组织采取何种方式履行其职责的过程。传统的公共组织职能方式主要以人治为主,依靠职位和权力成为履行职责的主要方式,因此,在职能实施的过程中充斥着个人的主观愿望、情感色彩以及个人好恶等因素,采取的手段也主要是行政命令等行政手段。这种职能的运行方式与现代社会法治化、市场化和社会化的发展趋势不相适应,因此,需要在职能方式上进行变革。公共组织职能的运行必须体现法治化、市场化和社会化的要求,也就是说,公共组织在履行其职责过程中,必须减少随意性、主观性,任何行动都必须在法治的框架下进行,遵循市场发展的规律,在方式上,尽可能减少行政手段使用的范围,代之以法律手段、经济手段等,来管理社会公共事务。

最后,公共组织职能关系的变革。在传统社会,由于社会公共事务比较少且单一,公共组织职能也相对单一,一般体现为维护社会稳定,抵御外来侵略,维持社会治安和公平竞争秩序等。随着社会的进步,尤其是经济的发展,公共组织与经济之间的联系开始变得密切,公共组织开始干预经济生活,公共组织的职责范围开始扩大。进入现代社会,社会的多元化趋势明显增强,市场经济的发展日益成熟,法治化水平不断提高,而大量的非正式组织开始出现,并承担了许多公共事务,公共组织所承担的社会事务也开始逐渐转移到非正式公共组织。因此,如何协调正式公共组织与非正式公共组织的关系成为当前公共组织职能关系变革的重要内容。

3. 公共组织管理技术的变革

公共组织管理技术变革是指公共组织在管理过程中,借助于现代技术的手段来配合公共组织职能及机构的变革,使得公共组织管理逐步实现信息化和现代化。

现代社会是信息社会,信息的作用已经渗透到社会的各个层面,从而也推动了公共组织管理的现代化变革。公共组织管理的技术变革,就是要打造公共信息系统,通过电子计算机技术和信息网络技术来构建信息的收集和传输系统,使公共组织的决策、执行和反馈等具体活动通过信息技术大幅度提高运行的质量,最终实现公共组织管理效能的提高。

然而,在传统的公共组织管理活动中,管理活动主要是通过一定的机构和人员来完成的,不仅效率得不到提高,而且容易形成机构臃肿、官僚主义等衙门作风。在信息化社会中,一些日常性的管理工作可以借助网络技术、办公自动化等来完成,需要的人员减少了,相应的结构也可以精简。同时,可以使过去相对封闭的、自上而下的管理模式转变为相对开放的、人员广泛参与的管理模式。在变革的过程中,借助技术的变革,人的思维方式也在发生变化,科学管理意识也在增强,从而进一步推动由非科学管理向现代科学管理的方向转变。

二 公共组织变革的阻力与动力

长期以来,公共组织变革的阻力一直是管理学家和组织实践者所关注的问题,因为只有找到阻碍公共组织变革的真正原因,才有可能采取相应的措施予以克服。然而,正如一些学者所说,在最好的情况下,阻力也只不过被视作一种容易引起混乱而令人讨厌的东西;而在最坏的情况下,阻力则被认为会引发激烈的交战过程,甚至可能破坏管理控制结构。① 这些观点可能从某种程度上揭示了阻力在组织变革中的一些看法,这些看法是否合理,还有待于从认识公共组织的实践中去把握。但不管如何,克服公共组织阻力的管理工具和技术,历来是管理学家孜孜以求的目标。我们先来了解有关组织变革阻力的经典观点,以期从中获得公共组织变革的灵感。虽然公共组织变革阻力可能与其他一般性的组织变革阻力不同,但它们在原理上具有很大的相似性。

科克和弗伦奇在1948年就Harwood制造公司的睡衣裤工厂推行的组织变革发表了他们的研究成果。机器缝纫车间操作人员的工资是按泰勒时间和动作研究确定的计件工资。他们工作单调而熟练:用机器将睡衣裤的各个不同部分缝制在一起,形成一件产品。在以往许多年里,Harwood制造公司试图进行变革,但遇到了来自操作人员的阻力。这种阻力主要是:采用新方法会影响计件工资的公平性、导致人员更新效率过高、效率低、产量受限,带来明显的攻击管理的行为。

科克和弗伦奇从操作人员的角度来评价各种试验性变革的研究设计,并假定群体行为准则和动力如同每个操作人员的态度一样,都是组织变革的障碍。于是,他们开始推行计划好的一系列小组会议,告知部分操作人员实施变革的必要性,并鼓励这些小组成员参与到组织变革的过程之中,而其他的小组成员则被有意排除在这种简报和协商过程之外。在研究中,他们发现,在那些召开过小组会议并向小组成员解释变革过程的小组中,阻力显著减少。于是,他们得出结论:解释变革和员工参与变革过程对最大限度地减少阻力具有决定性的作用。

直到现在,这些思想依然对鼓励管理人员采用小组参与变革过程的方法来克服由工作场所的群体行为所引起的阻力有着广泛的影响。

卢因在1938年提出"场论",给后人留下了深刻的印象。卢因将阻力想象成对变革力量的一种直接的反向平衡力或驱动力。他的观点实际上是,为了克服惰性,在现有驱动力能够增加到足以影响预期变化的水平之前,应该首先调查研究阻力并使之最小化。任何过早的或专制的增加驱动力的努力,都会单方面地遇到阻力在相反方向的等量增加。

可见,卢因的模型提供了一种容易理解的方法,可以形象地描述在管理变革过程中可能存在的阻力和驱动力。它提供了一个想象可能存在的方向力量的通用模型,因而或许能够帮助管理人员识别和解释这些力量。但是,它没能解释来自特殊利益群体的阻力的深层原因,至多只是提出了分析变革过程的一般分类方法。②

之后,劳伦斯强调将集体参与作为一种减少变革阻力的方法的重要性。他认为,阻力可能是计划中的变革技术引起的,也可能是受变革影响的工作中的社会关系引起

---

① 奈杰尔·金,尼尔·安德森.组织创新与变革[M].冒光灿,关海峡,译.北京:清华大学出版社,2002:191.

② 奈杰尔·金,尼尔·安德森.组织创新与变革[M].冒光灿,关海峡,译.北京:清华大学出版社,2002:194-195.

的。只要有足够的方法将工作中的社会关系维持在一个可觉察的水平,阻力就能够减少到最低水平。

研究上述有关组织变革中的常见阻力,为我们研究公共组织提供了思路。当然,由于公共组织外围环境和内部结构特征与其他一般性的组织存在一定的差异,变革公共组织所遇到的阻力也存在不同的特性。

(一)公共组织变革的阻力

公共组织变革是对传统的组织结构、组织职能进行变革,建立新的组织结构和实现职能转变的过程。因此,公共组织在变革过程中必然会遇到阻力。从实践来看,公共组织变革的确遇到了各种各样的阻力或抵抗力,正如法国著名行政学家米歇尔·克罗齐埃所说的:"任何变革社会生活组织、人际关系、决策体系的行动,都不会不走弯路和不需要付出巨大的努力"。[1] 可见,弄清这种阻力的来源和性质,是保证公共组织改革有条不紊进行的必要准备。一般来说,公共组织变革过程中常常遇到的阻力主要有以下几种。

1. 信息沟通渠道不畅导致误解而产生的阻力

公共组织变革实际上是涉及信息沟通的过程,及时的信息沟通和疏导对消除误解是非常重要的。一个人一旦确立自己的态度体系,就必然对外部输入的信息在既定的态度体系框架内做出反应。同时,人们对公共组织变革的认识和理解存在很大的差异,可能导致由于理解不清或理解混乱而产生抵制、干扰变革的行为。公共组织变革前,如果信息沟通渠道不畅,就更容易引起一些人员的不满和误解,形成一些阻力。因此,在公共组织变革前,建立畅通的信息沟通渠道,对于减少或消除阻力来说,是非常重要的环节。

2. 利益重新分配和调整而产生的阻力

公共组织的变革实际上就是一个利益重新分配和调整的过程,这意味着政府内权力、利益和资源的调整或再分配,因此,必然会触动一些人的切身利益,进而形成不满和阻力。如,在因机构变动而引起的权力再分配活动中,丧失权力的人将产生不满,并可能形成阻力;又如组织机构的变动可能会触动一些原有的宗派团体等非正式组织的利益,从而引起这些团体的不满,并形成阻力。值得注意的是,利益的重新分配,历来是改革中最大的阻力,也是改革中最难解决和处理的阻力。因此,对于公共组织变革中遇到的利益方面的阻碍,需要变革的组织者做充分准备,并采取多方面的措施来保证变革的顺利进行。

---

[1] 米歇尔·克罗齐埃.论法国变革之路——法令改变不了社会[M].程小林,沈雁南,王大东,等译.上海:上海人民出版社,1986:76.

3. 变革成本方面的阻力

公共组织的变革都要付出一定的成本,显然,如果成本投资大于收益时,变革就难以进行。这里所说的成本投资主要包括:改革时间;改革中所造成的各种损失;财政经费。美国利特尔咨询公司提出一个公式:$C=(abd)>X$。式中 C 指变革,a 指对现状的不满程度,b 指变革后可能到达情况的概率,d 指现实的起步措施,X 指变革所花的成本。该公式说明,进行组织变革还取决于需要变革的各种因素的乘积,要大于变革所花的成本,否则进行变革就得不偿失。[①]

4. 变革不确定性方面的阻力

公共组织的变革需要突破各种阻力,这使得变革的结果带有很大的不确定性。心理学研究表明,不确定性因素使人产生紧张和忧虑。变革的意义在于"新",即通过变革给组织带来某一方面的新观念、新技术、新设备、新结构、新环境、新任务、新行为、新格局、新利益、新结果。但新的东西是人们不了解和不熟悉的,而对于不了解和不熟悉的事物,人们通常会产生不同程度的隐晦的不安全感,从而对变革持一定的观望和保留态度。这种不安全感一般与守旧或稳妥的意识相联系,表现为由于担心变革可能带来的消极影响和前途未卜,比如失控、矛盾、冲突、后遗症等,对改革不轻易认可。加上公共组织变革的复杂性,人们很难在变革付诸实践之前证明改革是有益的,更难对自己从变革中获得的预期收益进行精确计算,这容易让人们产生不安心理,对变革产生疑虑,进而形成消极态度和抵触性行为,妨碍和制约变革的顺利进行。因此,变革的不确定性带来的阻力同样需要引起高度重视。

5. 习惯性的思维定势引起的阻力

由于公共组织人员长期处于一个特定的组织环境中从事某种特定的工作,在自觉或不自觉中形成了对这种环境和工作的认同和情感,同时形成了关于环境和工作的一套较为固定的看法和做法,从而形成一种思维定势。这种思维定势建立在时间延续和动作反复的基础之上,逐步沉淀在他们的意识深层,一旦形成,就会在一个较长的时期内影响甚至支配他们的心理活动和行为。除非环境发生显著的变化,否则他们通常按照自己的习惯对外部刺激做出反应,而公共组织变革本身意味着某种习惯性的否定,甚至有时人们在理智上明明知道变革将带来比现在更多的收益,但在情感上宁愿维持现状。当变革试图改变他们某种习惯的时候,就会给他们带来强烈的感情震荡,容易失去判断变革的公正、客观的尺度,或者招致他们下意识的不良反应,产生抵触情绪。

可见,公共组织变革遇到的阻力是多方面的,既有利益重新分配而引发的利益诉求方面的阻力,也有基于心理因素而产生的抵触情绪,因此,做好变革前的分析和清理对保证变革的成功具有十分重要的意义。

---

① 金太军.行政组织变革的动力和阻力分析[J].学海,2001(4):109-114.

（二）公共组织变革的动力

了解阻力是进行公共组织变革前要了解的一个方面，同时，了解变革的动力同样对公共组织变革具有重要的意义。

公共组织变革的动力是指推动公共组织管理者进行组织变革的动因。当然，公共组织的动力是一个综合范畴，牵涉诸多方面，归纳起来主要有以下几方面。

1. 外部环境的动因

公共组织是一个开放性系统，必然与外部环境产生关联，环境的改变无疑是公共组织变革的根本动因。外部环境是多方面的，但无论是一般社会环境、具体工作环境，还是团体社会环境，都会不同程度地直接或间接地影响公共组织结构和功能的变化，进而推动公共组织的变革。特别是外部的社会环境变化越来越快，对公共组织的功能和效率的要求越来越高，对公共组织产生的冲击和影响也越来越大，这就需要公共组织对外界环境可以做出迅速反应，这样才能适应不断变化的外部环境。如突如其来的美国金融风暴，进而迅速波及全球的金融危机，就要求各国政府迅速改变金融政策，以应对金融危机的影响。

2. 行政职能的动因

行政职能是公共组织存在的依据，公共组织是行政职能的载体或承担者。因此，行政职能的变化必然引起公共组织结构的变化，进而推动公共组织的变革。比如，我国过去实行计划经济体制，政府是全能性政府，对社会经济生活实施广泛的、直接的强制性管理，各国营企业的产供销、人财物等微观管理权都统一于政府，政府既是"守夜人"，又扮演"裁判者"的角色，政企不分，以政代企的现象非常普遍。这种经济管理职能决定了政府机关中要设置大量的按经济行业和产业划分的经济管理部门。随着经济体制改革的进行和市场机制的逐步形成，政府的角色发生了根本的变化，政府的权力进一步下放，而对市场进行监管的职能逐步凸显，因此，重新调整政府内部的组织结构就不可避免。

3. 目标和价值观的动因

公共组织的目标反映公共组织的价值观和它对客观环境的判断，是公共组织战略的凝聚点，而公共组织战略则是公共组织的内外因素（如环境和机会，内部的能力和资源，管理部门的兴趣、愿望以及社会责任等）。因此，公共组织目标的重新制定或修正，都将引起公共组织的变革。正如美国战略思想家柯林斯所说的："我们必须了解这一点,即使利益丝毫未变,组织像目标一样,也可能在一夜之间发生变化。"①公共组织价值观的变化也具有同等重要的意义。因为公共组织价值观是公共组织的灵魂要件以及公共行政活动的动力源泉和理性后盾,而目标的制定或修正本身是组织价值观念体系平衡的结果,价值观念方面的变化必将引起组织目标的变化,并通过组织目标的变化对组织变革产生强烈的推动作用。值得强调的是,价值观念在许多条件下构成组织变革的原动力,它往往对公共组织变革提供长期和持久的推动力。②

4. 人事的动因

组织与人事密切相关。人事变动会影响组织变动。这里所说的人事变动及影响包括两种情况。一是高级行政领导人的变动对公共组织的影响。不同的领导人一般采用不同的施政策略或领导对策,因此他总要对组织结构提出自己的特殊要求。比如在西方国家,随着政府首脑的更换,经常发生政府机构的增减裁并。我国也有类似情况,各级政府行政首长更换后也常调整机构。二是人员素质的变化对公共组织的影响。以高质量的行政人员为基础的公共组织将是一个精干、高效的组织,以低素质的行政人员为基础的公共组织将是一个拖沓、低效的组织。

5. 科学技术进步的动因

随着当代科学技术日新月异的发展,特别是电子信息技术、现代办公自动化技术在政府组织中广泛普及与应用,出现了网络政府和电子政府,也促使公共组织做出相应的变革:① 组织结构形态趋于扁平网络化,即公共组织结构从金字塔式向扁平化发展,并且更加具有有机性、灵活性和适应性;② 公共组织规模趋于小型化;③ 公共组织权力结构走向分权化;④ 公共组织信息结构走向网络化、交互化;⑤ 公共组织管理方式趋于民主化;⑥ 公共组织办公趋于虚拟化;⑦ 政府组织内部技术和专家系统的功能更为凸显,甚至连公共组织本身都被看作"学习型组织"。③

第三节 公共组织模式发展的趋势

社会在不断向前发展,尤其是信息革命改变了社会的组织形式和人们的沟通方

---

① 约翰·柯林斯.大战略[M].中国人民解放军军事科学院,译.北京:中国人民解放军战士出版社,1978:22-27.
② 金太军.行政组织变革的动力和阻力分析[J].学海,2001(4):109-114.
③ 吴爱明,祁光华.政府上网与公务员上网[M].北京:中国社会科学出版社,1999:63-70.

式,社会进入了信息时代。在信息时代里,规模庞大且层级复杂的传统公共组织遭遇了以创新为特征的信息浪潮的强力冲击,公共组织的革新势在必行;同时,广泛运用信息技术的公共组织在组织模式、权力模式、信息模式、职能模式、形态模式等诸多方面也发生了深刻的变革。这一切表明,一种崭新的公共组织形式正在孕育之中。为了把握公共组织未来的演进方向,我们有必要对公共组织模式的发展趋势进行初步的分析。[1]

一 结构上：金字塔式向扁平化方向发展

众所周知,传统公共组织的结构模式是金字塔式,它通过自上而下的层层控制实现对组织的管理,其主要特点是管理幅度窄、管理层次多、成员数量多、机构数量多、集中程度高、开放程度低、以职位为权力基础、以命令为沟通方式等。在传统的工业化时代,金字塔模式有无可比拟的效率优势,这是因为它充分体现了集中权力、统一管理、稳定秩序和机械效率的工业化理念,适应了工业化大生产的经济基础,从而有力地推动了社会的发展。

然而,进入信息时代以后,日新月异的社会进步使得公共组织的外部环境更加复杂多变,同时,公共组织成员有了更高层次的追求,社会对公共组织的服务需求也更加多样化和个性化。面对这种瞬息万变的形势,金字塔模式固有的稳定封闭的运作方式、僵化迟钝的反应能力、人员素质的低下以及同质化的管理等弊病越来越突出,其效率优势也逐渐失去作用。因此,公共组织的结构模式改革变得不可避免。在信息技术的强劲推动下,公共组织的结构模式发生了积极的变化：组织管理的幅度不断扩大、管理层次不断缩减,金字塔模式开始向扁平化模式发展。

扁平化模式的特点是管理幅度宽、管理层次少、成员数量少、机构数量少、集中程度低、开放程度高、以知识为权力基础、以建议为沟通方式等。这种模式突出了知识共享、人员协作、目标管理、信息沟通、民主参与、权力分散等理念,顺应了信息时代的快速发展步伐,使公共组织能够迅速准确地回应社会需求,及时灵活地调整组织策略,因而显现出强大的生命力。不过,值得注意的是,扁平化模式所反映的是组织管理幅度及层次动态变化的趋势,而不是公共组织结构模式发展的最终状态。一般认为,公共组织的结构模式分为金字塔模式和扁平化模式,它们都属于层级式结构。但将公共组织的扁平化趋势推至极致时,我们会发现,组织的管理幅度扩大为囊括全体组织成员,而管理层次的区分则完全消失。这种极限模式已迥然不同于层级式结构,因为它不再具有层级式结构最为基本的分层特征,这也许才是公共组织结构模式发展的理想的最终状态。不过,在技术、人员、制度、环境等相关因素还没有发展到一定程度之前,极限模式依然是一个遥远的设想,公共组织的结构模式仍将继续处于向扁平化发展的过程之中。

---

[1] 梁平,姚映远.信息时代的行政组织模式发展趋势的分析[J].求实,2004(S1):24-25.

二　权力上：集权化向分权化方向发展

在工业社会，为了有效地调配生产要素和利用社会资源，协助企业组织开展规模化的生产经营，公共组织普遍实行等级森严的集权式权力模式。这种权力模式的公共组织，通常按照制度化的程序，由低层组织或成员搜集相关信息，通过多个中间环节传递给高层公共组织或管理者，再由高层公共组织或管理者进行分析判断后形成决策指令，经过多个中间环节发布给低层组织或成员，让他们无条件地执行，从而达到维持组织正常、稳定运转的目的。但是，这种以"指令—执行"为特征的集权模式存在严重缺陷：它压抑了下属组织或成员积极性的发挥；指令的传递不仅缓慢迟钝，而且可能因为环节过多而不能得到如实传递，进而产生错误的决策判断或指令执行。特别是在知识爆炸的信息时代，公共组织时时刻刻都在接受海量信息，仅由高层公共组织或管理者承担分析和决策的重任会贻误时机，稍有疏忽就会酿成重大过失；再者，现代社会正日益朝着非群体化的方向发展，组织和个人都具有鲜明的个性和需求，高层根本无法独立回应如此多的个性和需求。为避免决策判断或指令执行的失误，公共组织的权力模式必然向分权化的方向发展。可以看到，传统公共组织的权力是通过等级高低的区分来实现的，它实际上反映了组织或成员之间地位的不平等。公共组织分权化的实质就是变"指令—执行"为"自主—参与"，淡化等级区别，强调平等协作，把过去高度集中的权力进行分解，赋予各个组织或成员更大更多的自主权、参与权、决策权，从而激发组织或成员的积极性与创造性，使之能够自如应对变化多端的社会环境和个人需求，保证公共组织的高效率运作。当然，这种变化不仅表现在高层组织把权力下放给公共组织内部不同的职能部门和不同的层级机构，而且表现在把权力交还给企业、公民以及其他社会性组织，使它们拥有各自相应的权力，民主地参与公共组织决策，督促公共组织改善自身的工作绩效。不过，分权不等于完全不管，一定程度的高层监管是必不可少的。由于地域与时间限制，运用传统手段来开展涵盖整个社会的分权化运动需付出昂贵的代价，甚至可能因为失去监控而产生相互封锁和地方割据的现象。唯有在信息网络技术的帮助下，公共组织才得以用极低廉的成本实现及时有效的监督，进而顺利地实施分权化运动。不难想象，随着信息技术进一步发展，公共组织权力模式的分权化趋势将持续深入地进行下去。

三　信息上：层级化向网络化方向发展

公共组织的信息模式与结构模式息息相关。与金字塔结构相适应的信息模式是纵向层级模式，这种模式可以形象地看作一个拥有众多节点的倒立树。倒立树的特点是：顶点只有一个，由它向下逐级分叉，越靠近底端，节点就越多；同一层级的节点没有联系，不同层级的节点间呈线性联系；一个父节点可能有多个子节点，一个子节点一般只有一个父节点。树点的节点与组织的职位对应，公共组织的所需信息就是通过树的节点或被收集或被传递或被处理或被贮存的。很明显,以倒立树为表征的纵向层级的信息模式有很大的局限性。首先,由于公共组织内部相同层级的不同成员之间缺少沟通,完整信息一旦被这些成员分散地收集、传递、处理、贮存,就可能使信息扭曲或失真,而且不同层级的成员之间存在的单一线性通道也无法应付信息时代急剧膨胀的信息量,也可能造成信息的堵塞或丢失;其次,由于纵向层级的信息模式是自成体系的,大量有用的信息基本上只在公共组织内部进行封闭式的流转和积淀,对企业等社会性组织而言,这些难以获得的信息宛如一潭死水,开发利用根本无从谈起,从而严重抑制了信息价值的发挥。于是,公共组织信息模式的变革成为必行之举。网络化信息模式克服了纵向层级信息模式的信息易被割据、信息通道易被阻塞、信息传递易被延迟等弊端,因此成为信息时代的公共组织变革趋势。

网络化信息模式与扁平化结构相适应,其特点是信息既在不同层级之间纵向沟通,也在相同层级之间横向沟通,甚至还在不同隶属关系之间斜向沟通,一言以蔽之,就是让信息在一个纵横交错的网络里通畅自如。更为重要的是,这种网络化是开放的,它把信息沟通的触角从公共组织内部延伸至整个社会。我们知道,信息是信息时代核心竞争力的要素,和传统资源相反,网络化的信息具有边际效用递增性,这意味着人们获得的信息越多,从增加的信息中所获得的额外效用就越多。

同时,网络化的信息还遵循梅特卡夫法则:每增加一个信息使用者,信息价值就会增加一个指数级。网络化信息模式有效地发挥了边际效用递增性和梅特卡夫法则,使公共组织拥有的大量有用信息不再为组织本身所独享,而是在全社会范围内得到合理地分配和流动,避免了信息不对称现象的出现,充分发挥了信息的价值,给整个社会带来了一笔巨大的财富。网络化信息模式在信息社会里无疑将会备受推崇。

四 职能上:管理化向服务化方向发展

公共组织履行多方面的职能,但最基本的职能有两种:管理和服务。传统公共组织的职能模式主要是管理模式。这种模式强调领导权威,组织成员只对上级负责而不对公众负责,由此导致公共组织超然于社会之上,以社会主人的姿态发布强制命令来开展治民活动,而在这个过程中,社会公众的利益需求却常常被忽略。这种模式有时也被称为管制模式。实行管制模式的公共组织的问题在于,它把社会公众视为手段,把自身利益视为目的,与公共组织的根本宗旨背道而驰。如果这个问题不解决,就会使公共组织日益脱离社会,最终成为不受公众支持的一片孤岛。由此,管制模式必须向公共组织的另一个基本职能——服务的方向转变。服务一词多用在商业领域,通常是指企业为了使客户满意而开展的一系列商业活动。类似于企业的服务,公共组织服务化的内涵是把企业、个人及其他社会组织看作公共组织的客户,通过一系列的政务活动来满足他们的需求。显然,公共组织的服务化模式改变了管制模式的目的与手段倒置的问题,顺应了社会公益,把组织重心从自身重新转移到社会公众身上,增强了组织对社会各个层面的回应能力,满足了社会公众的各种利益要求,因而获得了极大的支持。事实上,服务化的呼声由来已久。工业社会初期的社会契约论就指出,公共组织的权力是通过与社会订立契约而由社会让渡的,公共组织应代表社会公益,向全社会提供优质、全面的服务。特别是在近几十年诞生的各种新型行政管理理论中,服务化更是得到前所未有的关注,塑造具有公共服务精神的政府成为许多国家孜孜以求的目标。但是,旧有的结构模式、权力模式、信息模式等方面存在的弊端共同箍住了公共组织这种职能服务化趋势,使其优势在行政实践中无法有效发挥。

随着信息时代的来临,公共组织得以冲破旧有结构模式、权力模式、信息模式等枷锁,朝着以公众利益为出发点,全面、广泛、便捷、多样化、多层次、高水平的服务化方向发展,而且,这种发展还得到了社会公众的鼎力支持。毫无疑问,公共组织将在职能服务化的道路上一直走下去。

五 形态上:实体化向虚拟化方向发展

公共组织是人类社会最为古老的组织形式之一。自公共组织诞生以来,其组织形态基本上就体现为实体型模式,这种模式的公共组织一般是在较为固定的场所和时间里开展工作,拥有相对稳定的结构规模和人员成分。在这种组织形态模式下,公共组织同人们多是面对面的近距离接触,更容易取得人们的信任,所以,这种组织形态模式得以长期存在就无可厚非了。不过,实体型组织形态受到空间、时间、部门、层级等现实因素的制约,缺乏灵活性和有机性,导致行政成本高昂和行政效率低下。信息网络技术的运用,使公共组织能够通过虚拟化的电子空间与人们进行交流,公共组织也由此表现出非实体化的一面,即虚拟化的组织形态模式。虚拟化的组织形态模式以虚拟现实技术为基础,虚拟现实技术具有模拟性、交互性、远程性等特点,这不是简单的"键盘"代替"纸笔",它的产生把过去以实体为主的静态管理变为以知识为主的动态管理,这迫使公共组织成员提高自身素质;同时,它使得以前地理位置相距遥远的各个公共组织更易协同办公,整合了政府部门职能,顺畅了政府业务流程,从而减少了不必要的环节,促使公共组织由臃肿向精简转化。当然,虚拟化组织形态模式并非对实体型组织形态模式的否定,而是对实体型组织形态模式的一种有益补充,它需要以实体型组织形态为依托来实现跨越传统界限的"虚拟政府",将公共组织的服务用一个统一的电子平台展现给人们,方便人们随时随地获得政府的信息与服务。

可以预想,随着信息技术的发展,公共组织的实体型形态与虚拟化形态会结合得更加紧密,而且,虚拟化的特征会更加突出,这对节约行政成本、提高行政效率、提升公共组织的灵活性和有机性、将公共组织职能全方位地体现出来大有裨益。现在,我们还处于信息时代的初期,公共组织模式的变化趋势仅是初露端倪,展现在我们面前的并不是一幅甚为清晰的图景。随着人类社会的不断演进和信息技术的不断发展,我们还会观察到更多的更明显的组织发展趋势。但是,正如业已出现的数字鸿沟现象一样,这些趋势不都是喜人的。这就需要我们更加深入地剖析信息时代的公共组织,扬长避短,为创造人类的美好明天做出有益的探索。

本章小结

要提升公共组织适应外部环境的能力,公共组织的战略规划、实施和评估就显得非常重要。为此,进行科学的公共组织战略管理成为公共组织构建的核心环节。

公共组织变革一方面是因为外部环境变化对变革产生了要求,另一方面是因为内部变化引发的,公共组织内部的结构、目标与运行机制出现了问题,从而推动了公共组织的变革。因而,公共组织的结构、职能以及管理技术的变革成为变革的主要内容。但是,公共组织的变革并不是件容易的事情,它会受到来自信息沟通、变革成本、利益分配以及习惯等方面的阻碍。当然,任何事情都有两面性,公共组织的变革也有来自行政职能、人事以及目标等方面的推动,产生公共组织变革动力。公共组织模式的发展趋势主要体现在结构模式的金字塔式向扁平化方向发展,权力模式的集权化向分权化方向发展,信息模式的层级化向网络化方向发展,职能模式的管理化向服务化方向发展,形态模式的实体化向虚拟化方向发展。

经典案例9-1

2020年伊始,一场突如其来的疫情进一步倒逼数字政府、智慧城市建设的快速推进。疫情发生以来,长沙高度重视"科技支撑",专门成立疫情防控数据分析组,建立起"大数据分析+网格化排查"机制。作为疫情防控的新型作战力量,市数据资源管理局会同市公安局等部门以大数据、云计算和人工智能等新一代信息技术为武器,打了一场漂亮的阻击战,为长沙统筹推进疫情防控和经济社会发展披上了"坚实铠甲"。

"我的长沙"App及系列小程序不断推出在线问诊、新冠智答、患者同小区查询、确诊同程查询、疫情资讯、疫情实时通报和居民电子健康码等特色服务。疫情防控期间,为减少人员流动和聚集,市数据资源管理局运用数字化手段有力支撑"不见面"网上办公、网上办事,长沙市"互联网+政务服务"一体化平台加快优化升级,让老百姓更多的办事需求实现"全程网办"。通过数字化手段赋能,长沙在全国率先启动复工复产,率先实现消费复苏、经济回暖,2020年上半年GDP同比增长2.2%,位居万亿GDP城市增速排行榜第一。

除此之外,长沙不断拓宽数字化手段应用领域,各类应用场景和生态模式层出不穷:"智慧党建"打造"指尖党建服务大厅","智慧医疗"通过"码上挂号、码上缴费和码上看报告"提升市民就医体验,"天网工程"基本形成覆盖城乡的公共安全视频监控网络,"智慧交通"初步实现拥堵指数可视化、安全提醒自动化和出行规划智能化,"智慧文旅"打造统一入口为市民游客提供"游前、游中、游后"一站式服务。

另外，2020年，市数据资源管理局以"城市超级大脑""政务云底座"等项目为重点，加快建设集约高效、安全可靠的数字基础设施，为数字化转型持续输出强大的共性能力。"城市超级大脑"已向全市发布智能中枢能力清单148项，初步形成"一脑赋能、数惠全城"的智慧城市建设格局；同时，政务云管理服务也在持续优化，云平台物理及虚拟规模体量大幅提升，已为76家单位、330个系统提供云资源服务。通过"城市超级大脑"的加持，长沙开展了市级系统融合和政务数据归集"630"攻坚等多项专项行动，规范数据全生命周期管理，指导各级政务部门开展数据资源分类分级管理；在全国首次提出并建立"数据服务超市"，面向市直部门、区县(市)和园区共享开放，可提供857个数据接口服务；建成了人口、法人、自然资源地理空间、城市部件和房屋房产等五大基础库；"湘信融"中小微企业融资服务平台融合17类政务数据与社会数据，累计撮合融资授信突破3.28亿元。

（资料来源：长沙晚报，2021-04-01，有删减。）

中英文关键术语

公共组织战略　public organization strategy；

公共组织战略规划　strategy and planing of public organization；

公共组织战略管理　strategic management of public organization；

公共组织变革　public organization change；

公共组织变革程序　public organization change process；

公共组织变革内容　content of public organization change；

公共组织模式　public organization model；

公共组织结构的类型　types of public organizational structure.

第九章
拓展阅读资料

复习思考题

1. 什么是公共组织战略？如何实施公共组织战略？
2. 公共组织变革的程序、方式和类型是什么？
3. 公共组织战略规划的内容是什么？如何实施公共组织战略规划？
4. 试分析公共组织战略管理的重要性。
5. 公共组织变革的主要内容包括哪些？试说明不同变革内容的要求。
6. 试分析公共组织变革的阻力与动力。
7. 试分析公共组织模式的发展趋势。

第九章
自测题

案例分析题

 一、阅读材料

城市大脑，智慧之治

常住人口破千万、机动车保有量近300万辆、省会城市，对市民的交通出行来说，这样三个标签的叠加可能意味着路上体验并不会怎么舒心。

但近几年，自带这三个标签的杭州却交出了一份"亮眼"的治堵成绩单：从拥堵指数常年排名全国前十，到现在各种榜单几乎难觅踪迹。与此同时，治理方式上的"柔软"也在被更多人称道：从"一刀切"式的管理，到按需调整信号灯为应急车辆保驾护航、允许外地车主"弹性"申请入城……在杭州治堵的结果和方法转变中，看不见的"城市大脑"成了其中关键的支撑和助推。

2016年，随着基础算力的提升、云计算服务器的成熟、数据采集设备的普及……"城市数据大脑"的概念第一次在杭州这片土地上被提出。能不能用数据治理城市拥堵？杭州决定一试。

经过杭州市政府批准，当年这一项目就开始在杭州萧山区的一片试验区域启动：阿里云的工程师们通过大数据和人工智能，通过智能摄像头"感知"的数据，调配红绿灯时间，让救护车辆高效通行。

仅用了一年的时间，"城市大脑1.0"就正式与世人见面：杭州市区128个信号灯路口由城市大脑掌管；针对拥堵、违停、事故等方面问题报警，日均报告数达500次以上，准确率为92%；同时，在救护车优化调度等事件处置中，城市大脑通过管控红绿灯，平均可节省救护车到达现场时间7分钟……

而如今，城市大脑已覆盖杭州420平方公里辖区，通过视频AI计算，每2分钟可完成一次全区域扫描，自动识别40余种道路交通事件。

据介绍，目前在杭州，城市大脑在道路交通上的思考能力已经从最初控制128个信号灯，发展到对400多平方公里的城市道路进行实时监控，并可以智能化识别、反馈和处理道路交通事故。通过智能摄像头的捕捉，城市大脑对杭州的交通出行做了摸底：杭州非车流高峰时期，路上大约有20万辆车；最堵的时间段，路上大约有29万辆车，两者仅相差9万辆。

城市大脑技术攻关团队认为，有了这些基础信息，在杭州2000多公里的道路上，就有了更多新的方式来解决综合交通问题：比如，一辆车该怎样更好地通过这个路口，杭州高架上每一辆车如何进入高架，都会通过城市大脑的计算。

计算结果显示,通过城市大脑,杭州某些路口的通行效率能提高50%,最低提高15%。针对特种车辆通行,实战救援能平均提速50%,平均节省时间30%,平均控灯率达90%以上。

据阿里云提供资料显示,目前国内外已有20余个城市通过城市大脑实现管理智能化。通过融合交警、交通、城管、环保、消防等多部门数据,城市大脑已经开始支持这些城市在交通治理、环境保护、城市精细化管理等方面的创新实践,治理应用场景多达48个。"下一步,城市大脑的目标已不只是单点功能的优化,而是让城市管理更加协同高效,同时预防潜在的技术风险。"阿里云城市大脑总监崔岸雍说。

这样的协同将以城市算法服务平台、城市数据资源平台、城市计算资源平台为基础,通过城市大脑实现多场景的应用。据初步统计,杭州目前每天有来自全市70多个部门、企业的数据汇入"城市大脑",日均新增数据超过8000万条,涵盖警务、交通、城管、文旅、卫健等11个大系统。

数据大开源的同时,由于应用场景产生"压强",推动了数据在部门间的流动共享。目前,以杭州所在的浙江省为例,该省通过政务上云,已构建全省统一的公共数据平台。

"浙江省政府部门间平均每月调用、共享的数据已达1200万次,数据每多一次在'云'上的调用流动,意味着在政务服务上,让群众办事少跑腿;在社会治理上,更加高效精准。"浙江省大数据发展管理局局长金志鹏说。

张琪伟表示,数据智能正在努力推动城市治理进入一个正向循环:通过更优的数据智能推动更好部门协同,更好部门协同挖掘了更多的应用场景、提供了更多社会民生服务,最后这些场景、服务又会沉淀更多数据,推动智能化加速。"在这个过程中,每一个城市中的个体都是数据的创造者,也将是智慧城市的受益者。"

(资料来源:城市大脑,智慧之治[EB/OL].(2021-05-10). https://baijiahao.baidu.com/s? id=1699348485896984900&wfr=spider&for=pc)

二、讨论题

1. 城市大脑发展的背后离不开政府的数字化转型,请问政府数字化转型的根本动力是什么?
2. 试论述公共组织变革的意义。

第九章 参考答案

参 考 文 献

1. 罗伯特·B.登哈特.公共组织理论[M].5版.扶松茂,丁力,译.北京:中国人民大学出版社,2011.
2. 海尔·G.瑞尼.理解和管理公共组织[M].王孙禺,达飞,译.北京:清华大学出版社,2002.
3. 赫伯特 A.西蒙.管理行为[M].詹正茂,译.北京:机械工业出版社,2014.
4. 丹尼尔 A.雷恩.管理思想的演变[M].赵睿,肖聿,戴赐,等译.北京:中国社会科学出版社,2000.
5. 戴维·奥斯本,特德·盖布勒.改革政府:企业家精神如何改革着公共部门[M].周敦仁,等译.上海:上海译文出版社,2006.
6. 切斯特 I.巴纳德.经理人员的职能[M].王永贵,译.北京:机械工业出版社,2007.
7. 戴维·H·罗森布鲁姆,罗伯特·S·克拉夫丘克,德博拉·戈德曼·罗森布鲁姆.公共行政学:管理、政治和法律的途径[M].5版.张成福,等译.北京:中国人民大学出版社,2002.
8. B·盖伊·彼得斯.政府未来的治理模式(中文修订版)[M].吴爱明,夏宏图,译.北京:中国人民大学出版社,2013.
9. 卡尔·帕顿,大卫·沙耶奇.政策分析和规划的初步方法[M].2版.北京:华夏出版社,2001.
10. 威廉·N.邓恩.公共政策分析导论[M].2版.谢明,杜子芳,伏燕,等译.北京:中国人民大学出版社,2002.
11. 桑德拉·黑贝尔斯,理查德·威沃尔二世.有效沟通[M].7版.李业昆,译.北京:华夏出版社,2005.
12. 赫尔曼·阿吉斯.绩效管理[M].3版.刘昕,柴茂昌,孙瑶,译.北京:中国人民大学出版社,2013.
13. 特里·L.库珀.行政伦理学:实现行政责任的途径[M].5版.张秀琴,译.北京:中国人民大学出版社,2010.

14. 麦可尔·巴泽雷.突破官僚制:政府管理的新愿景[M].孔宪遂,译.北京:中国人民大学出版社,2002.

15. 菲利浦·塞尔兹尼克.田纳西河流域管理局与草根组织——一个正式组织的社会学研究[M].李学,译.重庆:重庆大学出版社,2014.

16. 斯蒂芬·P.罗宾斯,玛丽·库尔特.管理学[M].李原,孙健敏,黄小勇,译.北京:中国人民大学出版社,2007.

17. 理直德·H.霍尔.组织:结构、过程及结果[M].张友星,刘五 ,沈勇,译.上海:上海财经大学出版社,2003.

18. D.S.皮尤.组织理论精萃[M].彭和平,杨小工,译.北京:中国人民大学出版社,1990.

19. 迈克尔·L.瓦休,黛布拉·W.斯图瓦特,G.大卫·贾森.组织行为与公共管理[M].3版.刘铮,张斌涛,译.北京:经济科学出版社,2004.

20. 米歇尔·克罗齐埃.论法国变革之路——法令改变不了社会[M].程小林,沈雁南,王大东,等译.上海:上海人民出版社,1986.

21. 陈振明.公共管理学[M].北京:中国人民大学出版社,2005.

22. 吴培良,郑明身,王凤彬.组织理论与设计[M].北京:中国人民大学出版社,1998.

23. 教军章.公共行政组织论[M].哈尔滨:黑龙江人民出版社,2005.

24. 马国泉.行政伦理:美国的理论与实践[M].上海:复旦大学出版社,2006.

25. 朱国云.公共组织理论[M].南京:南京大学出版社,2003.

26. 苏忠林.公共组织理论[M].2版.武汉:武汉大学出版社,2013.

27. 李传军.公共组织学[M].3版.北京:中国人民大学出版社,2015.

28. 孙萍,张平.公共组织行为学[M].3版.北京:中国人民大学出版社,2016.

29. 刘熙瑞.公共管理中的决策与执行[M].北京:中共中央党校出版社,2003.

30. 张康之.寻找公共行政的伦理视角[M].北京:中国人民大学出版社,2002.

31. 方振邦,罗海元.战略性绩效管理[M].3版.北京:中国人民大学出版社,2010.

32. 秦杨勇.战略绩效管理——平衡计分卡案例·方法·工具[M].北京:经济管理出版社,2011.

33. 吕小柏,吴友军.绩效评价与管理[M].北京:北京大学出版社,2013.

34. 李文彬、郑方辉.公共部门绩效评价[M].武汉:武汉大学出版社,2010.

35. 高力.公共伦理学[M].4版.北京:高等教育出版社,2018.

36. 冯益谦.公共伦理学[M]2版.广州:华南理工大学出版社,2010.

37. 汪玉凯.公共管理与非政府公共组织[M].北京:中共中央党校出版社,2003.

38. 邓国胜.非营利组织评估[M].北京:社会科学文献出版社,2001.

39. 唐兴霖.公共行政组织原理:体系与范围[M].广州:中山大学出版社,2002.

后 记

在很多人看来,编写教材是一件费力不讨好的事情,那是因为在很多高校,教材既不算原创性的科研成果,也不计入业绩考核的工作量。因此,很多教师不愿意投入太多的时间、精力去编写教材。然而,教材是课程建设的重要内容,是教师传道、授业、解惑的载体,也是知识传播不可或缺的组成部分。从这个意义上说,编写一本高质量教材的价值不亚于做一项原创性的科学研究。也正是基于这样的认知,我们组织了一批教师来参与并高质量地推动这项工作。

"公共组织理论"是公共管理专业的核心课程,纯理论的教材在市场上可以找到很多。也有部分教材不单纯地介绍理论,而是从动态与静态等视角去剖析公共组织,呈现出丰富的教学内容。学界通常把《公共组织理论》与《公共组织学》等同起来,或者说,这两种教材虽然名称有所差异,但内容几乎大同小异,本教材基本遵循惯例,仅在第二章简要地介绍了公共管理理论的流派,其他章节的内容也与已有的教材大体相似,但是本教材又补充增加了一些最新的研究成果,更新了一些内容,添加了一些数字资源,便于读者阅读和对知识点进行理解。为了便于教师的教和学生的学,本教材提供了习题及答案,教学PPT等资料,这也是本教材的亮点之一。

合作是复杂的,会受到各种因素的影响,但人与人之间的合作,是人类文明社会的基础。这本教材正是多人合作的产物。本书的几位参与者几乎都是年轻老师,他们在本书编写过程中,不仅要承受繁重的教学科研压力,而且要分散精力来照顾家庭,十分不易。借此,感谢他们的辛勤付出。我们也知道,出版编辑工作是一件细活,要有足够的耐心,感谢华中科技大学出版社编辑们的辛勤工作。

由于时间紧,任务重,要求高,如有不当之处,欢迎读者批评指正!

2022 年 1 月 23 日

与本书配套的二维码资源使用说明

  本书部分课程及与纸质教材配套数字资源以二维码链接的形式呈现。利用手机微信扫码成功后提示微信登录,授权后进入注册页面,填写注册信息。按照提示输入手机号码,点击获取手机验证码,稍等片刻就会收到4位数的验证码短信,在提示位置输入验证码成功,再设置密码,选择相应专业,点击"立即注册",注册成功(若手机已经注册,则在"注册"页面底部选择"已有账号?立即登录",进入"账号绑定"页面,直接输入手机号和密码登录)。接着提示输入学习码,需刮开教材封面防伪涂层,输入13位学习码(正版图书拥有的一次性使用学习码),输入正确后提示绑定成功,即可查看二维码数字资源。手机第一次登录查看资源成功以后,再次使用二维码资源时,在微信端扫码即可登录进入查看。